RECLAMS STÄDTEFÜHRER

New York

RECLAMS STÄDTEFÜHRER
ARCHITEKTUR UND KUNST

New York

Von Margit Brinke
und Peter Kränzle

Mit 28 Abbildungen sowie
Plänen und Grundrissen

Philipp Reclam jun. Stuttgart

RECLAMS UNIVERSAL-BIBLIOTHEK Nr. 18778

Umschlagabbildung: *Brooklyn Bridge mit Blick auf Manhattan*
Foto: imago / Jochen Tack; Innenklappe vorne:
Chrysler Building mit Midtown Manhattan
Foto: imago / Jochen Tack – *Metropolitan Opera*
Foto: imago / Hoch Zwei / Angerer; Innenklappe hinten:
Grand Central Station, Guggenheim Museum
Foto: imago / imagebroker
Gesamtherstellung: Reclam, Ditzingen. Printed in Germany 2010
RECLAM, UNIVERSAL-BIBLIOTHEK und
RECLAMS UNIVERSAL-BIBLIOTHEK sind eingetragene Marken
der Philipp Reclam jun. GmbH & Co. KG, Stuttgart
ISBN 978-3-15-018778-4

www.reclam.de

Inhalt

Anhang

New York – eine Stadt, die niemals schläft

Ein Kurzporträt

New York – eine Stadt voller Kontraste, eine Stadt ohne Maßstäbe, eine Stadt, die niemals schläft. Die einzige Konstante scheint hier der Wandel. New York ist bunt und schrill, vielgestaltig und pulsierend. Seit jeher beliebt bei Einwanderern aus allen Teilen der Welt, ist diese Stadt auch ein ethnischer Mikrokosmos auf engstem Raum. Dennoch ist New York kein »Melting Pot«, kein ethnischer Schmelztiegel, sondern gleicht einem farbenfrohen »Mosaik«, in dem jedes Steinchen zunächst für sich steht und erst in der Gesamtschau ein harmonisches Bild ergibt.

»Mit Worten werde ich New York nie erfassen. Ich denke auch nicht mehr daran, diese Stadt zu erfassen – ich löse mich in ihr auf…«. Wie Simone de Beauvoir (*Amerika Tag und Nacht*, 1950) geht es vielen Besuchern in der pulsierenden Weltmetropole: Sie kommen aus dem Staunen nicht mehr heraus. Wie die New Yorker eine Art Hassliebe zu ihrer Stadt entwickelt haben, sind auch Gäste hin- und hergerissen: Einerseits stoßen Lärm und Hektik, die konstante Reizüberflutung und die enormen Gegensätze ab, andererseits ziehen gerade diese Kontraste, die Fülle an Eindrücken und die Andersartigkeit magisch an.

New York ist ein Unikum. Die Metropole am Hudson River hat mit den meisten anderen amerikanischen Großstädten wenig gemeinsam. Sie ist nicht nur ethnisch und kulturell vielseitig, sondern hier gehen alt und neu auch bautechnisch eine spannende Symbiose ein und in der Architektur verschmelzen Pluralismus und Eklektizismus zu einem grandiosen Stadtbild. Detailreich verzierte, altehrwürdige Repräsentationsbauten stehen unvermittelt neben stromlinienförmigen, verspiegelten Glaspalästen, hübsch renovierte Brownstone-Häuschen finden sich in der Nachbarschaft monotoner Betonwohnblöcke. Seit mehr als einem Jahrhundert gilt New York, neben Chicago, als die »Stadt der Wolkenkratzer« – und der Skyscraper ist zum Synonym der New Yorker Gesellschaft geworden: Jeder Bau ist, wie jeder New Yorker, ein Individuum für sich, doch alle zusammen bilden ein homogenes Ganzes.

Lange Zeit hieß das Lebensmotto der New Yorker »Do Your Own Thing« – frei übersetzt: »Jeder ist sich selbst der Nächste« – und eine radikale Ellbogenmentalität galt als Hauptcharakteristikum der Bewohner. Schon 1774 schimpfte der spätere zweite US-Präsident, John Adams, dass es den New Yorkern einfach an Manieren fehle. Der Rest der Amerikaner schätzte die New Yorker sowieso als unfreundlich, hektisch, zynisch, rücksichtslos und arrogant ein. Doch dann brachte gerade eine Katastrophe eine ganz andere Seite im Wesen der New Yorker zum Vorschein: Als an einem sonnigen Herbsttag, dem 11. September 2001, Terroristen zwei entführte Passagierflugzeuge in die beiden Türme des World Trade Center steuerten und damit nicht nur eine weltberühmte Sehenswürdigkeit zerstörten, sondern Tausende von Menschen töteten, saß der Schock tief. Doch gleichzeitig trat eine ungewöhnliche Verwandlung ein: Mit eiserner Disziplin, vormals unbekannter Solidarität und selbstloser Hilfsbereitschaft krempelten die New Yorker, angeführt von ihrem damaligen, zuvor eher umstrittenen Bürgermeister Rudolph Giuliani, die Ärmel hoch und packten an. Statt in Apathie und Trauer zu versinken oder sich der Wut hinzugeben, verbrüderte man sich in zuvor unvorstellbarer Weise. Die New Yorker sind gewissermaßen an »9–11« gewachsen und haben ihr Ansehen als vormals narzisstisch und egozentrisch zum Positiven verändert.

Noch einen anderen Wesenszug haben die Geschehnisse nach der Katastrophe von »9–11« zum Vorschein gebracht: das ungeheure kreative Potenzial der Stadt. »If I can make it there, I'll make it anywhere« – »wenn ich es hier schaffe, dann schaffe ich es überall« – sang schon »Franky Boy« Sinatra in *New York, New York*. Seit Generationen vertrauen Menschen aus aller Welt auf den legendären Ruf der Stadt, darauf, dass sich hier ihr Lebenstraum, der Aufstieg »vom Tellerwäscher zum Millionär«, verwirklichen könnte. Die Stadt verweist stolz auf eine lange Liste bedeutender Persönlichkeiten aus allen Bereichen, teils hier geboren, teils hier lebend: Barbara Streisand, Paul Auster, Tom Wolfe, Martin Scortese, Andy Warhol, Woody Allen, George Gershwin, Duke Ellington, Count Basie, Josephine Baker, Miles Davis, Ella Fitzgerald, Ray Charles, Aretha Franklin, Robert De Niro, Billy Joel, Herman Melville, John D. Rockefeller, Theodore und Franklin D. Roosevelt oder Babe Ruth – um nur einige zu nennen.

Schon immer war New York Symbol für die Welt: Kulturelle, ethnische und ökonomische Unterschiede prägen die Stadt und ließen sie zur einzigen echten Weltmetropole aufsteigen. Hier lebte schon immer ein buntes Völkergemisch Tür an Tür, und New Yorks erster afroamerikanischer Burgermeister, David Dinkins, umschrieb es 1989 so: »New York, das ist kein Schmelztiegel, sondern ein prächtiges Mosaik«. Glaubt man sich in der einen Straße nach Jerusalem versetzt, taucht man in der nächsten in eine geschäftige asiatische Metropole ein, duftet in einem Viertel italienische Pizza, wird nebenan Spanisch gesprochen. Die vielen verschiedenen Hautfarben, Sprachen, Traditionen und Kulturen stechen auch Fremden sofort ins Auge, schließlich sind gerade einmal 31 % der New Yorker Gesamtbevölkerung europäischer (weißer) Abstammung, etwa 28 % hingegen Hispanics/Latinos, 25 % afroamerikanischer und 12 % asiatischer Herkunft.

Waren es in der Vergangenheit vor allem Deutsche, Iren und Italiener, die in großer Zahl zuwanderten, sind es heute schwerpunktmäßig Latinos und Asiaten. Die einzel-

New Yorks Rathaus und Hafen im Jahr 1679

nen Ethnien bilden eigene Enklaven, in denen sie Sprache, Religion und Kultur, Lebens- und Essensgewohnheiten beibehalten und so für das typische Gepräge des jeweiligen Viertels sorgen. Trotzdem geben Stadtteile wie Chinatown, Little Italy oder Harlem in Manhattan heute nur noch einen schwachen Abglanz von New Yorks Vielvölkerstatus; erheblich stärker ausgeprägt ist der spezifische Charakter in den wesentlich größeren ethnischen Vierteln in Brooklyn, Queens oder in der Bronx.

Ein Element verbindet alle New Yorker – ob Pakistani oder Costa Ricaner, Mexikaner oder Chinesen, Italiener oder Iren, Deutschstämmige oder Afroamerikaner: der Stolz, Bürger der ältesten existierenden freiheitlich-demokratischen Gesellschaftsordnung und somit ein »Bindestrich-Amerikaner« zu sein, dem Hymne, Flagge und

4. Juli ebenso viel bedeuten wie die eigenen lokalen Feste und Bräuche. Sie alle hängen am »American Dream« mit Herz und Seele.

Mit Glasperlen und billigem Tand im Wert von 60 Gulden, was heute ungefähr 24 Dollar gleichkommen würde, glaubte der Verwalter der »Neu-Niederlande«, Peter Minuit, 1626 den lokalen Indianern das heutige Manhattan – in der Sprache der hier lebenden Delaware-Indianer »hügeliges Land« – abgekauft zu haben. Dabei handelte es sich um ein gängiges Missverständnis der europäischen Siedler: Nach indianischem Verständnis war Land Allgemeingut und damit unverkäuflich.

Dennoch, die Indianer mussten demzufolge den Neuankömmlingen weichen. Die ersten holländischen Siedler nannten ihre neue Heimat »Nieuw Amsterdam«, doch lange sollte die Freude über das erworbene Land und den Neubeginn in der »Neuen Welt« nicht währen: Kaum vierzig Jahre später tauchten britische Siedler auf und übernahmen – auch aufgrund ihrer militärischen Überlegenheit – die niederländischen Besitzungen in Nordamerika. So wurde aus »Nieuw Amsterdam« 1664 »New York«, benannt nach dem britischen Herzog von York. Mit dem Auftauchen der Briten nahm auch der Aufstieg zur bedeutenden Metropole an der Ostküste seinen Anfang.

Ausgehend von der Wall Street – deren Name sich von der hier einst errichteten Holzbarrikade ableitet –, breitete sich die Hafenstadt auf der Insel Manhattan kontinuierlich Richtung Norden aus. 1625 hatte zwar die Niederländische Westindische Kompanie, auf deren Initiative die ersten Siedler gekommen waren, erste Pläne für »Nieuw Amsterdam« vorgelegt, doch abgesehen von einem kleinen Fort entwickelte sich die Stadt zunächst recht planlos. Straßen entstanden nach Bedarf, und der Broadway, ein alter Indianerpfad und später die Überlandstraße Richtung Boston, und die Bowery wurden zu den beiden

Hauptachsen. 1811 legte dann Stadtbaumeister John Randall einen Rasterplan vor, der bis heute das Straßennetz Manhattans prägt. Dieser sah eine organisierte Neubebauung vor: Die Straßen nördlich der Houston Street – bis dorthin war die Stadt wild gewachsen – wurden durchnumeriert und bildeten einzelne Planquadrate. Nur der Broadway durchschnitt weiterhin diagonal das regelmäßige Gitternetz der in Nord-Süd-Richtung verlaufenden Avenues und der in Ost-West orientierten Streets. Bei Eröffnung des Central Park 1869 hatte sich New York nach diesem Schema bereits über die Parkgrenzen hinaus nach Norden ausgedehnt.

New York, im 18. Jahrhundert nach Philadelphia die zweitgrößte Stadt der britischen Amerika-Kolonien, spielte im Unabhängigkeitskrieg eine untergeordnete Rolle. Schließlich war die Stadt schon kurz nach der Unabhängigkeitserklärung 1776 von Briten besetzt und erst 1783 wieder geräumt worden. Auch wenn New York politisch in der neuen Nation nicht die erste Geige spielte, wurde hier am 4. März 1789 George Washington als erster Präsident vereidigt. Einige Monate lang fungierte die Stadt sogar als Hauptstadt der neuen Nation, dann zog der Kongress 1790 erst nach Philadelphia, im Jahr 1800 nach Washington um.

Diese politische Zweitrangigkeit konnte New York aber gut verkraften, da sich die Stadt zwischen Hudson und East River rasch zum Motor des jungen Staatenbundes, zum Industriezentrum und Verkehrsknotenpunkt entwickelte. Diesem Boom konnten weder der Bürgerkrieg zwischen 1861 und 1865 noch Wirtschaftskrisen und Börsenstürze etwas anhaben. Ende des 19. Jahrhunderts sorgte New York mit wegweisenden Erfindungen sogar dafür, dass das Industriezeitalter in den USA Einzug hielt: 1878 erschien das erste Telefonbuch mit 255 Eintragungen, 1880 wurde das Metropolitan Museum eröffnet, 1882 konstruierte Thomas Alva Edison die erste elektrische

Lichtanlage, 1883 wurde die Brooklyn Bridge eingeweiht, ein Jahr später die Freiheitsstatue, und 1892 nahm man Ellis Island als »Eingangstor in die Neue Welt« für eine wachsende Zahl an Immigranten in Betrieb.

1898 sollte zu einem der einschneidenden Jahre in der Stadtgeschichte werden. Damals entschloss man sich, New York, das bis dato nur aus der Insel Manhattan bestanden hatte, mit den umliegenden Gemeinden Bronx, Queens, Richmond – 1975 in »Staten Island« umbenannt – und der benachbarten Großstadt Brooklyn zusammenzuschließen. Auf einen Schlag wurde New York zu einer Metropole mit damals rund 3,5 Millionen Einwohnern. Dass diese fünf »Boroughs« zusammenwachsen konnten, war zum einen den Brücken über den East River zu verdanken, zum anderen dem 1904 begonnenen Bau der Subway. Sie bildet heute eines der weltgrößten U-Bahn-Systeme.

Und dennoch: Spricht man heute von »New York«, denkt man dabei meist nur an einen kleinen Teil der Metropole, nämlich an Manhattan. Bei diesem »Aushängeschild« New Yorks handelt es sich um eine gut 21 Kilometer lange und maximal 3,7 Kilometer breite Insel, die durch drei Flüsse, im Westen durch den Hudson, im Osten durch Harlem und East River, vom Festland abgeschnitten wird. Offiziell hat New York City derzeit gut acht Millionen Einwohner und davon lebt rund ein Fünftel auf Manhattan. Auf diese knapp 60 Quadratkilometer – von denen 30 Prozent im Laufe der Jahrzehnte, zum Beispiel während des Baus des World Trade Centers, nachträglich aufgeschüttet wurden – konzentriert sich auch der Großteil der Besucher.

Manhattan selbst gliedert sich in mehrere Großbereiche: Downtown, der Südteil der Insel, umfasst nach allgemeiner Definition das sogenannte Lower Manhattan, das gesamte Areal südlich der 14th Street mit dem berühmten Greenwich Village. Als Pufferzone zu Midtown fungieren zwischen 14th und 34th Street die Viertel Gramercy und

Chelsea, Midtown selbst bezeichnet das Areal zwischen 34th und 59th Street, mit dem legendären Theaterdistrikt und dem Times Square im Zentrum. »Uptown« heißen die Viertel nördlich der 59th Street beidseits des Central Park und »Upper Manhattan«, wo auch Harlem liegt, ist schließlich die Region nördlich des Parks bis zur Nordspitze der Insel.

Doch New York ist nicht nur Manhattan – im Gegenteil, Manhattan ist der flächenmäßig kleinste »Borough«. Nördlich davon erstreckt sich die Bronx, der einzige auf dem Festland gelegene New Yorker Stadtteil. Auf Long Island, der rund 190 Kilometer langen, dem Festland vorgelagerten Atlantikinsel, befinden sich zwei weitere: Brooklyn und, als größter, Queens. Im Südwesten, an der Mündung des Hudson River in den Atlantik, liegt als letzter Borough Staten Island.

New York ist als Wirtschaftsmetropole und Bankenzentrum unangefochtener Sitz von Konsum und Kommerz. Doch der »Big Apple«, wie man die Stadt seit den 1920er Jahren – ein möglicherweise von einem Sportjournalisten geprägter Begriff – nennt, ist zugleich Mittelpunkt der Kunst- und Kulturszene, eine hypermoderne Großstadt voller Attraktionen und damit ein Top-Reiseziel. In der Gunst deutschsprachiger Reisender steht New York seit jeher an erster Stelle auf der Beliebtheitsskala der US-Städte.

Dass heute Besucher staunend durch Skyscraper Canyons spazieren und unzählige Bauten Eingang in Architekturbücher fanden, geht auf eine Idee zurück, die um 1900 – angeregt von der nach einem großen Feuer 1871 neu entstandenen Metropole Chicago – das Stadtbild New Yorks komplett verändern sollte. Die »City Beautiful«-Bewegung hatte eine Neugestaltung der Stadt mittels repräsentativer Bauten in historisierenden Stilen zur Folge. Die ersten Gebäude, die in New York für Aufsehen sorgten, waren die Columbia University (1893–1913), die Penn

Station (1910), die Public Library (1911) und das Woolworth Building (1910–13), alles Musterbeispiele für das damals beliebte Stilkonglomerat aus Beaux-Arts-Klassizismus, Renaissance, Gotik und Barock. Zu den ersten Skyscrapern New Yorks zählt das damals mit 21 Stockwerken schwindelerregend hoch erscheinende Flatiron Building. Bezeichnenderweise war es ein Wegbereiter der Hochhausarchitektur aus Chicago – Daniel H. Burnham –, der dieses wegweisende Gebäude 1902 plante. Technische Neuerungen wie der Stahlgerüstbau oder die Erfindung des Aufzugs Ende des 19. Jahrhunderts hatten bewirkt, dass man fortan verstärkt in die Höhe bauen konnte.

In den 1920er Jahren lautete die Devise der New Yorker Architekten und Investoren »himmelwärts«, und so kam es zur ersten großen Ära der Wolkenkratzer. Berühmte Bauten wie Empire State oder Chrysler Building begannen um Höhenmeter zu konkurrieren. 1932 definierte Philip Johnson mit seinem Manifest *The International Style* dann die ästhetischen Grundlagen für den modernen Hochhausbau neu. Während des Nationalsozialismus in die USA geflohene Bauhaus-Architekten wie Walter Gropius, Le Corbusier, Ludwig Mies van der Rohe oder Marcel Breuer sorgten dafür, dass der erste eigenständige Stil nach all den Revival-Stilen des 19. Jahrhunderts seinen Siegeszug in den USA der Nachkriegszeit antrat.

Besonders Philip Johnson, der 2005 starb, stieg – mit dem Seagram Building, 1958 in Kooperation mit Mies van der Rohe erbaut – zur Zentralfigur der Bewegung auf. Er predigte vom Nutzwert der Architektur und vom Vorrang von Funktion gegenüber architektonischer Form, kurz: »form follows function«. Unzählige Beispiele in New York – vom Lever House (SOM, 1952) über Le Corbusiers UNO-Hauptquartier (1952) oder dem einstigen TWA Building (Eero Saarinen, 1962) bis hin zum ehemaligen PanAm Building (Walter Gropius, 1963) – gehorchen dieser Maxime. Gleichzeitig entstanden aber auch Kultureinrichtungen wie das Lincoln Center, das Museum of Modern Art oder das spektakuläre Guggenheim-Museum (1943–59) von Frank Lloyd Wright.

Entlang der Park Avenue und der Wall Street, vor allem aber an der 6th Avenue entstanden in den 1950er und 1960er Jahren zuhauf schlicht-funktionale, monotone Hochhauskästen über unbelebten Plätzen, die der Schriftsteller Norman Mailer einmal »leere Landschaft der Psychose« nannte. Die »Midtown Zoning Code« legte schließlich 1961 erstmals Gebäudehöhe, Rücksprünge, Einheitlichkeit der Straßenzüge und die Integration öffentlicher Plätze verbindlich fest. Ein 1967 ins Leben gerufenes Programm »Sculpture in Environment« sorgte dann für größere Attraktivität der Freiflächen durch die Aufstellung von Großplastiken zeitgenössischer Künstler. Abgesehen davon entdeckte man schließlich auch die Foyers der Bauten als Gestaltungsaufgabe.

Ein Ende des rein zweckbezogenen, schnörkellosen und monotonen Bauens des »International Style« verkündete Robert Venturi in den 1980er Jahren mit »Alles ist erlaubt!«. Gerade in New York sorgte ab 1972 die Architektengruppe der »New York Five« mit Peter Eisenman, Michael Graves, John Hejdrik, Richard Meier und Charles Gwathmey für Bauten, die ein zitathafter Eklektizismus auszeichnete – der »Postmoderne Stil« war geboren. Charles Jencks hakte 1977 mit *The Language of Post-Modern Architecture* nach, und Architekten wie Michael Graves oder Henry Moore, später auch Philip Johnson, nahmen die Gedanken auf, integrierten historische Zitate und machten den postmodernen Stil, auch »Pop Architecture« genannt, bekannt. Als erster postmoderner Bau der Welt entstand das AT&T (heute SONY) Building (1984, Johnson), gefolgt vom Lipstick Building (1987, Burgee & Johnson).

Wie wird die architektonische Zukunft New Yorks im 21. Jahrhundert aussehen? »The sky is the limit« wird weiterhin die Devise heißen und Projekte jüngerer und jüngster Zeit wie die Battery Park City mit dem World Financial Center, der Hearst Tower von Sir Norman Foster oder Renzo Pianos New York Times Tower zeigen das kreative Potenzial der Stadt. Neue spektakuläre Einzelbauten sind beispielsweise Frank Gehrys IAC/InterActiveCorp Building am West Side Highway, sein erster Bau in New York überhaupt, oder Bernard Tschumis Blue Building in der Lower East Side. Jean Nouvel sorgte mit einem Luxuswohnblock in SoHo für Aufsehen und wird mit dem geplanten Anbau des MoMA noch mehr Aufmerksamkeit auf sich ziehen. Architektonisch gelungen sind auch der HL23 Tower in Chelsea von Neil Denari, ein luxuriöser Apartmentkomplex, der ökonomisch-ökologisch wegweisende Beekman Tower von Frank Gehry nahe der Brooklyn Bridge oder das Bank of America Building am Bryant Park (Cook+Fox Architects) als Musterbeispiel »grünen Bauens«.

Das längste, wenn auch mittlerweile nicht mehr unbedingt spannendste Kapitel Architekturgeschichte wird derzeit auf der »World Trade Center Site« geschrieben. Dort, wo bis zum 11. September 2001 eines der Wahrzeichen New Yorks stand, befindet sich immer noch die größte Baustelle der Stadt. Da die Bebauung viele politische und wirtschaftliche Kontroversen und Diskussionen auslöste und noch immer auslöst, Architekten und Pläne gewechselt und modifiziert wurden, ist derzeit gerade ein Bau fertiggestellt: WTC 7, geplant von David M. Childs (SOM) für Pächter Larry Silverstein. Zahlreiche große Architekten aus aller Welt haben Entwürfe für die übrigen Bauten geliefert, deren Realisierung jedoch momentan fraglich ist: Santiago Calatrava, David Childs, Norman Foster, Frank Gehry, Fumihiko Maki und Richard Rogers.

Von dem ursprünglichen spektakulären Entwurf für »1 WTC«, vormals » Freedom Tower« genannt, von Da-

Mohawk-Indianer beim Bau des Empire State Building

niel Libeskind, der gegenwärtig an Stelle des zerstörten World Trade Centers gen Himmel zu wachsen beginnt, ist abgesehen von der Höhe, die der symbolischen Zahl von 1776 Fuß entspricht, nicht viel geblieben. Mehr und mehr rückten aus kaum nachvollziehbaren politischen und wirtschaftlichen Gründen und nach heftigen Machtkämpfen die Vorstellungen von Pächter Larry Silverstein und damit jene von David M. Childs von der Architekturfirma Skidmore, Owings & Merrill (SOM) in den Vordergrund. Die Leichtigkeit und Transparenz des ursprünglich vorgesehenen spiralförmigen Baus, der Bezug zur Statue of Liberty nehmen sollte, wich einem nüchternen, fast plump wirkenden »08/15-Bau«. Die Fertigstellung des Gesamtkomplexes rückt derzeit zunehmend in die Ferne.

Hochhäuser am Reißbrett zu entwerfen ist eine Sache, diese in luftiger Höhe zu realisieren, eine andere. Der Fotograf Lewis Hine hat als Erster jene Männer, die scheinbar angst- und schwindelfrei auf schmalen Stahlträgern balancieren, um Bauteile zu verschweißen und zu verschrauben, porträtiert. Die Mohawk-Indianer – der Irokesen-Nation zugehörige Ureinwohner, die in den ausgedehnten Waldregionen zwischen Atlantik und den Großen Seen lebten – waren einst als mutige Krieger von anderen Indianerstämmen ebenso gefürchtet wie von den weißen Siedlern. Sie leben heute in Reservaten am St.-Lorenz-Strom im Grenzland zwischen den USA und Kanada und lediglich ihr Stolz und der legendäre Ruf, die besten Stahlbaumonteure im Baugewerbe zu sein, sind geblieben. Unsterblich gemacht hat sie die 1930 entstandene großartige Fotoserie »Mohawk Iron Workers« über den Bau des Empire State Building.

»New York war ein unerschöpflicher Raum, ein Labyrinth von endlosen Schritten« – so beschreibt Paul Auster, einer der berühmtesten Autoren New Yorks, in *Stadt aus Glas*, dem ersten der aus drei Romanen bestehenden »New York Trilogy«, die Stadt. Aber nicht nur in Austers

Werken spielt New York eine wichtige Rolle. Die Stadt hat große Schriftsteller und Poeten hervorgebracht: Walt Whitman, Amerikas bedeutendsten Lyriker, Henry Miller, Norman Mailer, Tom Wolfe, John Dos Passos, Isaac Singer, J. D. Salinger, E. L. Doctorow oder Susan Sontag sind nur ein paar große Namen.

Zum Ventil eines wiedergewonnenen afroamerikanischen Selbstbewusstseins wurde einst die Harlem Renaissance, eine Kulturbewegung in den 1920er und 30er Jahren, die besonders in der Musik mit dem Aufkommen des Jazz, und in der Literatur mit Dichtern wie Jean Toomer, Zora Neal Hurston oder Langston Hughes, ihren Ausdruck fand. Die Namen Isaac Bashevis Singer, Jerome David Salinger und Saul Below stehen hingegen exemplarisch für die in New York lebendige jüdisch-amerikanische Literatur. Zur modernen Generation zählen Tony Kushner, Gary Jonathan, Safran Foer, Nathan Englander oder Shalom Auslander.

Dass eine Stadt der großen Literaten untrennbar mit dem Theater verbunden ist, liegt nahe. Schon 1732 hatte der Niederländer Rip van Dam in einer Lagerhalle an der Maiden Lane das erste Theater eröffnet, doch so richtig los ging es erst im frühen 20. Jahrhundert. New York entwickelte sich zur »Welthauptstadt des Theaters« und rings um den Broadway, aber vermehrt auch in anderen Vierteln, werden bis heute von Musicals über Schauspiele bis hin zu experimentellem Theater alle Genres auf etwa 40 Broadway- und mehr als 300 weiteren Bühnen geboten.

Zu Beginn des 20. Jahrhunderts stammte die überwiegende Mehrheit der in New Yorker Kunstausstellungen präsentierten Werke noch von europäischen Künstlern. Während diese – wie anlässlich der »International Exhibition of Modern Art«, 1913 – eine Diskussion über die Kunst der Moderne auslösten, blieben die wenigen vertretenen amerikanischen modernen Künstler wie Edward Hopper, Marsden Hartley oder Joseph Stella damals noch weitgehend unbeachtet. Erst zwei Richtungen, der Abstrakte Expressionismus und die Pop Art, rückten wenig später die USA und damit New York ins gebührende Rampenlicht.

Dabei reichen die Wurzeln der ersten Kunstrichtung, mit der amerikanische Maler erstmals Beachtung fanden, viel weiter zurück: Der Realismus kam im 19. Jahrhundert mit der Hudson River School auf. Sie bezeichnet den Zusammenschluss von Landschaftsmalern um Thomas Cole, Asher B. Durand oder Alfred Bierstadt, die zwischen 1825 und 1875 romantisch-atmosphärische Naturbilder schufen und vor allem den erst damals ins Bewusstsein gerückten »Wilden Westen« porträtierten. Ein anderes Anliegen verfolgte am Übergang zum 20. Jahrhundert die Gruppe »The Eight«. Unter Robert Henri, der sich ab 1900 in New York aufhielt und als Lehrer an der New York School of Art fungierte, schlossen sich Maler und Zeitungsillustratoren zusammen. Sie erhoben das wahre städtische Leben zum Thema und beeinflussten die Entstehung des amerikanischen Realismus maßgeblich.

Noch einen Schritt weiter gingen die »Präzisionisten«, die Unbewegtes, Bauwerke und Maschinen in deutlicher Klarheit darstellten und, wie Marcel Duchamps, der ab 1915 in New York war, den Primat der Idee über das Bild forderten. Zu diesem Kreis gehörten Künstler wie Georgia O'Keeffe, Joseph Stella oder Charles Sheeler. Letzterer hielt sich ab 1918, unterbrochen von mehreren Parisaufenthalten, in New York auf und stellte hier seine von Duchamp inspirierten Bilder aus: Stillleben, Innenansichten von Gebäuden und Stadtansichten.

Zur Identifikationsfigur sollte Thomas Hart Benton, ein gelernter Kulissenmaler aus Missouri werden, der seit 1911 in New York lebte. Seine Wandbilderserie *Epos der amerikanischen Geschichte* und weitere Werke für die Whitney Library stießen zunächst aufgrund ihrer Ungeschliffenheit und fehlenden Idealisierung auf wenig Verständnis. »Städtischen Sozialrealismus« nannte man die Richtung, die von einer Reihe New Yorker Künstler verkörpert wurde. Sie schlossen sich zur »14th Street Group« zusammen und stellten unverblümt die gesellschaftlichen Probleme der Stadt dar. Reginald Marsh beispielsweise schilderte den Alltag gewöhnlicher New Yorker und schuf Bilder, die eine oft übersteigerte, grelle Jahrmarktsatmosphäre kennzeichnete.

In den 1920er und 30er Jahren hatte sich in New York ein Kunstmarkt herausgebildet, Galerien und Museen waren entstanden und die Nachfrage stieg. Auch europäische Emigranten wurden Teil des Zirkels, so William De Kooning, Mark Rothko, Hans Hofmann, Lyonel Feininger oder Piet Mondrian; sie brachten europäische Tendenzen mit in die USA. Edward Hopper hingegen war eher ein Einzelgänger und prägte den Stil einer »Neuen Gegenständlichkeit«. Seine Bilder stehen synonym für das Amerikabild der ersten Hälfte des 20. Jahrhunderts.

Nach Ende des Zweiten Weltkriegs sprengte der »Abstrakte Expressionismus« alle bisherigen Kunstvorstellungen und verhalf New York zu internationalem Ruf als führendem Kunstzentrum nach Paris. Den Begriff des »Abstrakten Expressionismus« hatte der New Yorker Künstler Jackson Pollock geprägt. Die Künstler sahen ihre Werke als Symbole der Neuerung und als Provokation in der Bildenden Kunst. Mit Willem de Kooning, Ad Reinhardt, Jackson Pollock, Robert Motherwell, Barnett Newman, Mark Rothko oder Clyfford Still als Hauptvertretern ging diese Gruppe auf Konfrontationskurs gegen die laienhaft-konventionelle Stimmung in der Öffentlichkeit und nahmen dafür in Kauf, als abgelehnte Außenseiter in Armut zu leben.

Im Laufe der 1960er Jahre verschmolzen in New Yorks Kunstszene die Grenzen zwischen Malerei und Bildhauerei, zwischen Realität und Künstlichkeit; maßgeblichen Anteil daran hatte ein Galerist namens Leo Castelli. Eine neue Stilrichtung entwickelte sich mit der Pop Art – eine expressive, der Großstadtkultur entsprechende Kunstrichtung ohne Normen. Die Künstler verschufen sich, trotz ihres Vorstoßes gegen althergebrachte Vorstellungen, auf humorvolle Weise in der Öffentlichkeit Gehör. Profanes und typisch Amerikanisches, Fastfood-Restaurants, Reklametafeln, Geldscheine, Blechdosen, Comics und Fotografie wurden zu Bildobjekten, und die Grenzen zwischen Kunst, Kommerz und Kitsch verschwammen.

Dabei war 1958, als Jasper Johns in seiner ersten Einzelausstellung in der Leo Castelli Gallery in New York wirklichkeitsgetreue Abbildungen von Flaggen, Schießscheiben und Zahlen zeigte, die Ablehnung groß. Eng befreundet mit Robert Rauschenberg, dessen »Combine Paintings« – Assemblagen mit Fundstücken – im selben Jahr bei Castelli zu sehen waren, der aber auch Happenings veranstaltete, Bühnenbilder und Kostüme entwarf, ging Johns unbeeindruckt seinen Weg. Der Durchbruch ließ nicht lange auf sich warten: Erstmals umfassend widmete sich 1961 das Guggenheim Museum in einer Ausstellung dem Phänomen Pop Art (»Six Painters and the Object« – Dine, Johns, Lichtenstein, Rauschenberg, Rosenquist und Warhol), gefolgt von einer Gruppenausstellung der »New Realists«, 1962 in der New Yorker Sidney Janis Gallery. Dort wurden u. a. Werke von Jim Dine, Roy Lichtenstein, Claes Oldenburg, James Rosenquist, George Segal, Morton Wayne Thiebaud, Andy Warhol, Tom Wesselman, Christo & Jeanne Claude, Yves Klein und Jean Tinguely gezeigt.

Zum »Papst des Pop« wurde jedoch Andy Warhol. »Andrew Warhola« war polnischer Abstammung und kam aus ärmlichen Verhältnissen. Er erlernte den Beruf des Gebrauchsgraphikers in Pittsburgh und arbeitete ab den 1950er Jahren als Werbegraphiker und Schaufensterdekorateur in New York. Entsprechend waren seine ersten Kunstwerke von Werbung und Comics inspiriert. Da auch Roy Lichtenstein Comic-Figuren verwendete, wandte sich Warhol bald einem neuen Sujet zu, dem Konsumartikel. 1962 gelang ihm der künstlerische Durchbruch mit den *Campbell Soup Cans* und noch im selben Jahr gründete er sein Atelier »The Factory« (47th St., dann Union Square), in dem er sich auf die Kommerzialisierung und Fließbandproduktion von Kunstwerken oder »Readymades«, meist im Siebdruckverfahren, verlegte – getreu seinem Motto: »Good Business is the best Art«. Neben »Reproduktionen des Alltäglichen« gestaltete Warhol Szenen aus dem amerikanischen Alltagsleben, beispielsweise Pressefotos, in Kunstwerke um. Er verfremdete Prominentenbilder und reihte u. a. Marilyn Monroes oder Liz Taylors Porträts 25fach aneinander.

Andy Warhol war die Spitze der New Yorker Pop Art. Eine Reihe weiterer, heute berühmter Künstler wirkte einst in der Metropole. Roy Lichtenstein konzentrierte sich auf Cartoonfiguren mit kräftigen Umrissen, in Primärfarben und mit Sprechblasen versehen. James Rosenquist blieb hingegen seinem gelernten Metier, der Reklamemalerei, auch als Pop-Art-Künstler treu. Durch seine »American Nudes« in verschiedenen Ausführungen, oft ein Mix aus Collage und Assemblage, Bild und Plastik, wurde Tom Wesselmann bekannt. Eindrucksvoll sind die lebensechten oder verfremdeten, an lebendigen Modellen geformten und oft in eine reale Umgebung eingebetteten Figuren und Personengruppen von George Segal aus dem New Yorker Stadtteil Bronx. Claes Oldenburg, gebürtiger Schwede, der seit 1956 in New York arbeitete, war vielseitig: Happenings, Kostümentwürfe, Requisiten, Environments aus Müll; berühmt wurden vor allem aber seine Nachbildungen von Massenprodukten und Alltagsgegenständen in verschiedenen Größen und Materialien.

Der Fotorealismus in der Malerei war zwar im Westen der USA aus der Wiege gehoben worden, doch als »Fotorealist in drei Dimensionen« machte sich Duane Hanson in New York einen Namen. Anders als George Segal setzte er nicht auf Verfremdungstechniken, sondern auf schonungslose plastische Realität. Pop Art und Realismus verschmelzen zum Ausdrucksmittel eines neuen Lebensstils, den auch Happenings, Free Art, Street Work und Performance repräsentierten. John Cage verkörperte den Prototyp dieses experimentellen, modernen Künstlers.

Obwohl die Fotografie bereits 1839 »erfunden« worden war, sollte es einige Jahrzehnte dauern, ehe sie ihren ersten künstlerischen Höhepunkt erlebte. Eine Schlüsselrolle kam dabei Fotografen wie Alfred Stieglitz und Ereignissen wie die schon erwähnte »International Exhibition of Modern Art« von 1913 zu. Stieglitz, Sohn deutscher Auswanderer, beeinflusste die Entwicklung der Fotografie maßgeblich und verband erstmals Kunst und Fotografie. Nach Schulabschluss und Fotochemie-Studium in Deutschland begann er 1890 in New York neue Grundsätze und Strukturen für die Fotografie als Kunstform aufzustellen. Stieglitz' Erfindung des Gelatineverfahrens ermöglichte es, ohne Manipulation und Retuschieren zu arbeiten. Nach 1900 entstanden seine berühmten New York-Fotos, die Immigranten-Schiffe, Eisenbahnen, Pferde und Wolkenkratzerkulissen zum Thema hatten. Auch seine Wolkenbilder sollten berühmt werden.

Wegweisend war die Gruppe »Photo-Secession«, 1902 durch Stieglitz gegründet, sowie dessen Zeitschrift *Camera Work*. In seiner 1905 an der 5th Avenue eröffneten »291 Gallery« fanden bis 1917 rund 80 Ausstellungen von Kollegen und modernen Malern statt. Stieglitz war schließlich mit der berühmten Malerin Georgia O'Keeffe verheiratet. Auch wenn sein Frühwerk eher malerische Züge trägt, wurde Stieglitz mit seiner »Straight Photography« berühmt, als Wegbereiter der Dokumentarfotografie. Eine kompromisslose Frontalperspektive, gleichmäßige Bildschärfe und Plastizität und der Verzicht auf malerische Elemente und atmosphärische Stimmungen prägten diese kreativste fotografische Bewegung vor dem Zweiten Weltkrieg.

Stieglitz' Vorbild folgten andere bedeutende Fotografen, wie Paul Strand, Ansel Adams oder Edward Weston. Gerade Strand forderte schon 1917 den Verzicht auf jegliche Manipulationen, strebte nach technischer Perfektion und Einfachheit und prägte damit einen neuen, langlebigen Stil mit. So erlebte gerade die Mode- und Porträtfotografie in den »Roaring Twenties« eine Blüte, war doch die Nachfrage seitens der Glamour-Magazine wie *Vogue* oder *Vanity Fair* groß. Einen enormen Einfluss auf die Modefotografie hatte Edward (Eduard) Steichen, gebürtiger Luxemburger, der im Alter von zwei Jahren 1881 in die USA gekommen war. Ihm gelang 1923 der Durchbruch mit seinen Modefotos für *Vogue*.

Das von Präsident Franklin D. Roosevelt 1935 ins Leben gerufene und bis 1943 realisierte Federal Art Project (FAP) hatte zum Ziel, Künstler und Fotografen zu beschäftigen und eine präsentable US-Kunst zu fördern. Fotografen sollten u. a. für die »Farm Security Administration« (FSA) eine systematische Bilddokumentation über die ländlichen Regionen Amerikas erstellen. Fotografen wie Walker Evans, Dorothea Lange oder Paul Strand bannten das Elend der einfachen Landbevölkerung auf Fotoplatten und gelten als Wegbereiter der sozialen Dokumentarfotografie.

Damit berühmt wurde beispielsweise Lewis W. Hine, Lehrer und anfangs Freizeitfotograf, dann Kriegsreporter in Europa. Er schoss Serien in den Elendsvierteln von New York, fotografierte Fabriken, Ausgebeutete und arbeitende Kinder. Allerdings war es seine Fotoreportage von 1930 zum Bau des Empire State Building, *Men at Work*, die ihm zu Weltruf verhalf. Walker Evans war ab 1928 fotografisch tätig, u. a. als Mitarbeiter bei *Time* und *Fortune*. Er strebte äußerste Objektivität an und interessierte sich ebenfalls für sein soziales Umfeld.

Dorothea Lange hatte deutsche Wurzeln. Im New Yorker jüdischen Milieu aufgewachsen, ging sie trotz ihres polio-gelähmten Beins 1918 auf »Weltreise«, die allerdings schon in San Francisco endete, wo sie den Maler Maynard Dixon heiratete und ein Fotoatelier eröffnete. Ab Ende der 1920er Jahre arbeitete sie als Dokumentaristin für die FSA und kreierte sensible Zeugnisse der herrschenden Missstände – quasi Illustrationen zu John Steinbecks sozialkritischen Romanen.

Arthur Fellig – unter dem Künstlernamen »Weegee« weltberühmt geworden – würde man heute als »Paparazzo« bezeichnen. Er trieb das, was von den Vertretern der »Straight Photography« gefordert wurde, auf die Spitze und schuf Werke emotionsloser Distanziertheit. 1899 in Zloczew (Polen) geboren, war Fellig 1910 nach New York gekommen und prägte dort als Polizeireporter und Belieferer der Presse (v. a. *Daily News*) den Typus des »rasenden Reporters«.

Cindy Sherman dagegen ist eine der wegweisenden modernen Fotografinnen, die sich nach Kunststudium und ersten Erfolgen 1977 in New York niederließ. Sherman, Künstlerin und Modell in einem, schlüpft bevorzugt selbst mit Make-up und Kostümen in bestimmte Rollen, scheut dabei auch nicht vor Themen wie Ekel, Horror, Krankheit, Tod und Sex zurück und sieht sich selbst als »Image Maker«.

Annie Leibovitz, von 1988 bis 2005 mit der Autorin Susan Sontag liiert, zeigte sich stark beeinflusst durch Henri Cartier-Bresson und wurde mit ihren Fotos von US-Prominenten weltberühmt. Nach dem Studium der Malerei und Fotografie am San Francisco Art Institute arbeitete sie von 1973 bis 1981 als Chef-Fotografin für den *Rolling Stone* und war dann an der Gründung von *Vanity Fair* beteiligt. Ihre bekanntesten Fotos zeigen John Lennon und Yoko Ono wenige Stunden vor Lennons Ermordung sowie Aktfotos der schwangeren Schauspielerin Demi Moore.

Künstler/innen wie den oben genannten ist es zu verdanken, dass in der New Yorker Kunstszene heute fast alles erlaubt ist. Und auch wenn »9/11«, Börsenstürze oder die Weltwirtschaftkrise seit Herbst 2008 die Welt in ihren Grundfesten erschüttert haben, konnten Ereignisse wie diese New York nicht in die Knie zwingen. Denn Optimismus und der Glaube an eine bessere Zukunft kennzeichnet seit jeher diese einmalige Weltmetropole …

Stadtgeschichte in Daten

1524 Lange Zeit leben Lenape-Indianer auf der dicht bewaldeten Insel »Manna-hata« ungestört. Giovanni da Verrazano, ein Florentiner in Diensten des französischen Königs, ist der erste Europäer auf der Insel; er bleibt aber nicht, sondern berichtet lediglich zu Hause erstmals von »Manhattan«.

1609 Henry Hudson, ein Europäer, der im Auftrag der holländischen Ostindischen Handelsgesellschaft unterwegs ist, kommt nach Manhattan. Auf der erfolglosen Suche nach einer Nordwestpassage nach Asien erforscht er den später nach ihm benannten Hudson River. Seine Fracht, bestehend aus wertvollen Pelzen, und seine euphorischen Berichte sorgen dafür, dass sich die Niederländer für Manhattan zu interessieren beginnen.

1626 Peter Minuit kauft im Namen der Niederländer den lokalen Indianern die Insel Manhattan für Glasperlen und Werkzeug im Wert von 60 Gulden ab. Die neuen Siedler geben dem Ort den Namen »Nieuw Amsterdam«.

1646 entsteht gegenüber Nieuw Amsterdam eine weitere Siedlung, Breukelen – das heutige Brooklyn –, und im Hinterland entwickeln sich Dörfer wie Harlem (1658).

1647 Peter Stuyvesant wird neuer Gouverneur der Kolonie.

1660 steht die Stadt, in der rund 1500 Menschen leben – drei Viertel davon Holländer und Wallonen – in Blüte.

Peter Stuyvesant

1664	Die niederländische Siedlung kann sich dem britischen Einfluss in der neuen Welt nicht entziehen und Stuyvesant ist gezwungen, ihnen die kleine Stadt, die in »New York« umbenannt wird, zu überlassen.
Ab 1700	entwickelt sich New York rasant: An die 10000 Menschen haben sich zunächst im Umkreis des heutigen Finanzzentrums und der Lower East Side niedergelassen, dann dehnt sich das Siedlungsgebiet nordwärts aus.
4. Juli 1776	Der Kontinentalkongress verabschiedet die Unabhängigkeitserklärung. General George Washington konzentriert die Truppen der Aufständischen in New York, muss sich jedoch nach der Schlacht von Long Island nach New Jersey absetzen. Britische Truppen besetzen New York.
1781	müssen die Briten nach der Schlacht von Yorktown (Virginia) kapitulieren und den Kolonien die Unabhängigkeit zugestehen. Erst nach dem Friedensvertrag von Paris im September 1783 räumen die Briten auch New York, das während der Besatzungszeit vernachlässigt und zunehmend verlassen worden ist.
4. März 1789	Der erste Kongress der USA versammelt sich in New York und vereidigt George Washington im alten New Yorker Rathaus als ersten US-Präsidenten. Kurzzeitig fungiert New York als Hauptstadt, 1790 zieht der Kongress nach Philadelphia, dann in die neue Hauptstadt Washington.
1792	Gründung der Börse an der Wall Street. Aufgrund des rasanten Wachstums – 1810 ist die Stadt mit über 100000 Einwohnern

die größte der USA – entwickelt sich New York zur wirtschaftlichen Triebfeder der jungen Nation.

1811 Der Entwurf von Stadtbaumeister John Randall stoppt den »Wildwuchs« der Stadt: Die Straßen nördlich der Houston Street werden nach dem Prinzip eines Gitternetzes angelegt und durchnumeriert. Nur der Broadway, der alte Indianerpfad, der inzwischen zur wichtigen Handels- und Postkutschenroute geworden ist, bleibt als Fremdkörper im Raster der Avenues und Streets erhalten.

Die 1820er Jahre bringen rasante Fortschritte: 1825 wird der Erie-Kanal zwischen Buffalo und Albany eröffnet, der New York direkt mit den Großen Seen verbindet. Erste Gaslaternen erleuchten New York bei Nacht und die Stadt entwickelt sich zum Handels- und Bankenzentrum der USA. Über den Hafen wird der gesamte Europa-Handel abgewickelt und für viele Immigranten wird er zum »Tor in die Neue Welt«.

1851 Gründung der *New York Times*, einer der renommiertesten Zeitungen der Welt.

1857 beginnt die Planung des Central Parks, der 1869 feierlich eröffnet wird.

1870 Alfred Ely Beach legt erste Pläne für eine U-Bahn vor, die zunächst nicht realisiert werden. Dafür beginnt man ein Jahr später mit dem Bau einer Hochbahn, das bis 1954 betriebene erste Massentransportmittel New Yorks.

1878 erscheint das erste Telefonbuch New Yorks mit 255 Eintragungen.

1880 wird das Metropolitan Museum of Art (MMA) eröffnet.

1882 installiert Thomas Alva Edison die erste elektrische Lichtanlage.

1883 werden die Brooklyn Bridge eingeweiht und die Metropolitan Opera eröffnet und seit 1884 grüßt die Freiheitsstatue die Ankömmlinge.

1893 Das Waldorf-Astoria nimmt als eines der luxuriösesten Hotels der Welt seinen Betrieb auf.

1898 Der Zusammenschluss der vormals unabhängigen Städte bzw. Landkreise Manhattan, Brooklyn, Bronx, Queens und Staten Island zu »Greater New York« macht die Stadt mit gut 3,5 Mio. Einwohnern zur weltgrößten.

1904 Beginn des U-Bahn-Baus. Die erste private Linie verkehrt zwischen City Hall und 145th Street, gefolgt von der »Brooklyn Manhattan Transit«, die Manhattan und Brooklyn verbindet. 1940 werden alle Linien zu einem Unternehmen vereint.

1913 Die Eröffnung des prächtigen Bahnhofs, des Grand Central Terminal, läutet die Ära der Eisenbahn ein.

29. Oktober 1929 Der »Schwarze Freitag« an der New Yorker Börse beendet die »Roaring Twenties« und löst eine Weltwirtschaftskrise aus. Mit Bürgermeister Fiorello H. La Guardia setzt 1932 eine langsame Erholung ein. Er fördert den sozialen Wohnungsbau, baut das U-Bahn-Netz aus und verbessert mit Brücken, Straßen und dem La-Guardia-Flughafen die städtische Infrastruktur.

1929 erfolgt der Baubeginn des Empire State Building, 1931 der des Rockefeller Centers, und 1932 wird die berühmte Radio City

Music Hall eröffnet. Zeichen des neuen New Yorker Selbstbewusstseins ist die Weltausstellung von 1939/40 in Queens.

1949 New York wird fester Sitz der UN, die 1952 einen Gebäudekomplex am East River bezieht.

Ab 1978 erlebt die Stadt nach schwierigen Jahren in den 1960/70er Jahren unter dem populären Bürgermeister Ed Koch einen neuen Boom, der durch den Börsensturz am 19. Oktober 1987, dem »Black Monday«, beendet wird.

1990 David Dinkins tritt als erster Afroamerikaner das Bürgermeisteramt an, wird aber bereits nach einer Amtszeit von Rudolph Giuliani abgelöst, der auf rigide Sicherheitspolitik setzt. New York entwickelt sich zu einer der sichersten und saubersten Städte der USA.

11. September 2001 Der Terroranschlag auf das World Trade Center kostet Tausenden das Leben und verändert New York und die Welt nachhaltig.

2002 Der neue Bürgermeister Michael Bloomberg setzt den eingeschlagenen Kurs mit Schwerpunkten Kriminalitätsbekämpfung, Tourismusförderung und Reformen im Bildungssystem fort. Auch er stößt auf breite Zustimmung und wird deshalb auch 2005 und 2009 wiedergewählt.

2009 kommen 45,25 Mio. Touristen (2000: 36,2 Mio.) nach New York. Unter den Besuchern sind 8,6 Mio. internationale Besucher, davon rund 540 000 Deutsche.

Abgesehen von zwei neuen Baseballstadien – dem Yankee Stadium in der Bronx und dem CitiField in Queens – und einigen Museen, wird neu ein multimediales »Hightech«-Besucherzentrum in Midtown eröffnet. Der Times Square und andere Plätze werden »verkehrsberuhigt«, High Line Park, Greenway, Piers und andere Projekte manifestieren den Wandel New Yorks zur »grünen« und umweltbewussten Metropole.

3. November 2009 Bloomberg wird nach 2005 für eine dritte Amtszeit – ermöglicht durch eine Wahlgesetzänderung – wiedergewählt.

2010 Angesichts des verhältnismäßig geringen Rückgangs der Besucherzahlen nach dem Krisenjahr 2009 ist der Optimismus groß, bis 2012 die angestrebte 50-Mio.-Besucher-Marke zu erreichen.

Kulturkalender

Frühjahr

Chinese New Year's Celebration (je nach Vollmond Ende Januar/Anfang Februar): Mit einer großen Parade und zahlreichen Festivitäten rund um die Mott Street und den Columbus Square feiert die chinesische Gemeinde New Yorks ihr Neujahrsfest (www.explorechinatown.com).

St. Patrick's Day (Mitte März): Zu den größten regelmäßigen Events der Stadt gehört der »irische Nationalfeiertag«. Höhepunkt ist eine große Parade entlang der 5th Avenue (www.saintpatricksdayparade.com).

Greek Independence Day (Ende April): Auch die griechisch-stämmigen New Yorker erinnern mit einem eigenen Fest und einem Umzug entlang der 5th Avenue an ihre Heimat (www.paradeonfifth.org).

Memorial Day Weekend (Wochenende um den letzten Montag im Mai): Der traditionelle Beginn der Feriensaison wird durch die beliebte **Fleet Week**, einer Flottenparade im New York Harbor (Pier 85, West 46th St. / 12th Ave.) und die Memorial Day Parade (Broadway / Dyckman St.) eingeläutet.

Sommer

Puerto Rican Day Parade (1. oder 2. Sonntag im Juni): Die große Parade entlang der 5th Avenue stellt den Höhepunkt mehrwöchiger Veranstaltungen der puertorikanischen Gemeinde New Yorks dar (www.nationalpuer toricandayparade.org).

Museum Mile Festival (Anfang Juni): Neun der renommiertesten Museen sind von 18 bis 21 Uhr kostenlos zugänglich und die 5th Avenue ist für den Verkehr gesperrt (www.MuseumMileFestival.org).

Pridefest (Ende Juni): Zwischen Abingsdon Square und West 14th Street feiert in Greenwich Village die LGBT-Gemeinde mit einer Parade am letzten Juni-Sonntag, der »Ur-Love-Parade«, und diversen anderen Veranstaltungen (www.hopinc.org).

Mermaid Parade (Ende Juni): Mit einem Umzug entlang der Surf Avenue (Coney Island, Brooklyn, West 10th–15th St.) und dem Boardwalk feiert Coney Island den Sommerbeginn (www.coneyisland.com/mermaid.shtml).

Fourth of July Fireworks (4. Juli, Unabhängigkeitstag): Ein Mega-Feuerwerk von sechs Abschussrampen an verschiedenen Punkten im East oder Hudson River krönt den Independence Day.

Siren Music Festival (Mitte Juli): Indie-Rock gratis auf zwei Bühnen am Strand von Coney Island (http://siren.villagevoice.com/siren).

HBO Bryant Park Summer Film Festival (Juni–September): Während der Sommermonate werden unter dem New Yorker Sternenhimmel im Bryant Park Open-Air Filmklassiker gratis gezeigt (www.bryantpark.org).

River to River Festival (Ende Mai – Ende Aug.): Verschiedene kostenlose (v. a. Musik-)Veranstaltungen an verschiedenen Orten zwischen Battery Park und City Hall unterhalten Musikfreunde (www.rivertorivernyc.com).

Seaport Music Festival (Mitte Juni – Ende August): Regelmäßige Gratiskonzerte am alten Hafen, meist freitags 18 Uhr (www.seaportmusicfestival.com).

Central Park Summerstage (Mitte Juni – Mitte August): Gratiskonzerte locken die New Yorker auf das Rumsey Playfield im Central Park (E. 69th St. / 5th Ave.) (www.summerstage.org).

GMA Summer Concert Series (Mitte Mai – Ende August): Am frühen Morgen (7–9 Uhr) finden einige Gratiskonzerte im Rahmen der Sendung *Good Morning America* im Central Park (Rumsey Playfield) statt (http://abcnews.go.com/GMA/SummerConcert). Darüber hinaus gibt es zahlreiche weitere **Sommerveranstaltungen** im Central Park, z. B. das Harlem Meer Performance Festival oder Shakespeare In The Park (www.centralpark.com/events. php oder www.centralparknyc.org, »Events«).

Harlem Week Celebration (schwerpunktmäßig im August): Eine Vielzahl verschiedenster Veranstaltungen wie Kino, Konzerte (»Harlem Summer Stage«), Basketballturniere, die »African American Day Parade« und Kinder-Events locken in den Norden Manhattans (www.harlemweek.com).

Dominican Day Parade & Festival (Mitte August): Merengue-Musik und würziges Essen sowie eine Parade an der 6th Avenue stehen im Mittelpunkt dieses ethnischen Fests (www.aleida.net/parades-en.html).

US Open Tennis Championship (Ende August – Anfang September): Tennisfans aus aller Welt besuchen Flushing Meadows (Queens), um eines der vier Grand-Slam-Turniere weltweit mitzuerleben (www.usopen.org).

Herbst

Labor Day Weekend (Wochenende um den 1. Montag im September): Mehrere große Paraden wie die West Indian American Day Carnival Parade (»Brooklyn Carnival«, www.wiadca.com), die African American Day Parade in Harlem (www.africanamericandayparade.org) oder Labor Day Parade in Manhattan beenden offiziell die Feriensaison.

Feast of San Gennaro (Mitte September): Höhepunkt dieses italienischen Feiertags ist die Prozession und ein Fest in Little Italy (www.sangennaro.org).

German-American Steuben Parade (3. Wochenende im September): Der Umzug von der 5th Avenue (Ecke 63rd St.) hinauf zur 86th St. mit Trachtengruppen, Chören, Blaskapellen und Kulturvereinen feiert die deutschen Wurzeln Amerikas (www.germanparadenyc.org).

Openhousenewyork (Anfang Oktober): Während eines Wochenendes können rund 200 normalerweise nicht zugängliche Gebäude und Einrichtungen kostenlos besichtigt werden (www.ohny.org).

CultureFest (Oktober): Mit kostenlosen Vorführungen auf zwei Bühnen und Ständen präsentieren sich verschiedenste Kultureinrichtungen im Battery Park.

Halloween (31. Oktober): Das »Gruselfest« feiern die New Yorker mit Hundeparade, Geisterhäusern und Halloween-Partys, legendär ist z. B. diejenige im New Yorker Club »1 OAK«.

Winter

New York Marathon (Anfang November): Der seit 1970 stattfindende legendäre Lauf durch alle fünf Boroughs der Stadt ist nicht nur ein Erlebnis für Läufer, sondern auch für Zuschauer (www.nycmarathon.org).

Macy's Thanksgiving Day Parade (letzter Donnerstag im November): Das weltgrößte Kaufhaus Macy's veranstaltet seit 1924 eine Parade mit riesigen Aufblasfiguren und Wagen, Bands, Tänzern und Clowns von der 77th St. / Central Park West südwärts zum Columbus Circle und von dort auf dem Broadway zum Kaufhaus am Herald Square / 34th St. Die Parade markiert den Beginn der Vorweihnachtszeit. Das Aufblasen der Riesenballone findet am Tag zuvor, um 15 Uhr, am American Museum of Natural History (79th St. / Central Park W) statt (www.macysparade.com).

Tree Lightning Celebrations (Vorweihnachtszeit): Aufstellung von geschmückten Christbäumen z. B. am Lincoln und Rockefeller Center sowie am South Street Seaport. Außerdem beginnen **Weihnachtsmärkte,** unter anderem im Grand Central Terminal, im Bryant Park und am Union Square.

Annual Radio City Christmas Spectacular mit den **Rockettes** (Anfang November – Ende Dezember): Show der legendären Tanzgruppe (www.radiocitychristmas.com) und des New York City Ballet at Lincoln Center mit »**The Nutcracker**« (www.nycballet.com).

Hannukah (beweglicher Termin im Dezember): Jüdisches Lichterfest, an dem die weltgrößte Menorah acht Nächte lang an der Ecke 5th Ave. / 59th St. brennt und mehrere Veranstaltungen stattfinden (http://nymag.com/guides/holidays/hanukkahevents oder www.mjhnyc.org).

Times Square New Year's Eve Celebration & Ball Drop (31. Dezember): Spektakel zum Jahreswechsel am Times Square (www.timessquarenyc.org), außerdem mehrere Feuerwerke und New York Road Runners Midnight Run (www.nyrrc.org).

Rundgänge

In New York kann man mühelos mehrere Wochen verbringen, ohne dass es langweilig werden würde. Die meisten Besucher kommen jedoch auf einen Kurztrip. Hier sollte man sich gleich zu Anfang über eines klar sein: Es ist unmöglich, alle Attraktionen auf einmal »mitzunehmen«. Das Motto muss lauten: »Weniger ist mehr!« Präferenzen, abhängig von Interessen, Konstitution, Wetter usw. müssen gesetzt werden. Zudem empfiehlt es sich, den öffentlichen Nahverkehr ausgiebig zu nutzen und sich eine der günstigen Mehrtages- oder Wochenkarten zuzulegen. Vor allem mit der Subway – dem »train« – ist es einfach, von einer Attraktion zur nächsten zu gelangen.

New York in drei Tagen

1. Tag: Castle Clinton mit Schifffahrt nach Liberty Island (Statue of Liberty) und Ellis Island, World Trade Center Site, Wall Street mit Trinity Church, Federal Hall und Museum of American Finance, South Street Seaport, City Hall, Brooklyn Bridge und Brooklyn Promenade.

2. Tag: Lower East Side (LES) mit Chinatown und Little Italy. Besichtigung New Museum of Contemporary Art, LES Tenement Museum, Rundgang durch SoHo und Greenwich Village, Times Square und Empire State Building.

3. Tag: Museum Mile (mit Metropolitan Museum of Art und Guggenheim Museum), Fifth Avenue mit Radio City Music Hall, St. Patrick's Cathedral, Museum of Modern Art (MoMA), Rockefeller Center (mit Aussichtspunkt Top of the Rock).

New York in fünf Tagen

1. Tag: Castle Clinton (Statue of Liberty und Ellis Island), World Trade Center Site, Wall Street mit Trinity Church, Federal Hall und Museum of American Finance, South Street Seaport, City Hall, Gang über die Brooklyn Bridge zur Brooklyn Promenade.
2. Tag: LES (mit Chinatown und Little Italy), New Museum of Contemporary Art, LES Tenement Museum, SoHo, Greenwich Village, Chelsea mit High Line Park, Union Square.
3. Tag: Times Square, Hell's Kitchen (mit Intrepid Sea, Air & Space Museum), New 42nd Street mit Bryant Park, Grand Central Station, UN-Komplex, Pierpont Morgan Library, Madison Square Garden (Garment District), Empire State Building.
4. Tag: Museum Mile (mit Metropolitan und Guggenheim Museum), Central Park, American Museum of Natural History, Museum of Modern Art (MoMA), eventuell Whitney Museum, 5th Avenue mit Radio City Music Hall, St. Patrick's Cathedral, Rockefeller Center (mit Top of the Rock).
5. Tag: Governors Island, Harlem (125th St.), Yankee Stadium (Bronx), Coney Island (Brooklyn).

New York in sieben Tagen

1. Tag: Castle Clinton (Statue of Liberty und Ellis Island), World Trade Center Site, Wall Street mit Trinity Church, Federal Hall und Museum of American Finance, South Street Seaport, City Hall, Brooklyn Bridge und Brooklyn Promenade.
2. Tag: LES (mit Chinatown und Little Italy), New Museum of Contemporary Art, LES Tenement Mu-

seum, SoHo, Greenwich Village, Chelsea mit High Line Park, Union Square

3. Tag: Times Square, Hell's Kitchen (mit Intrepid Sea, Air & Space Museum), New 42nd Street mit Bryant Park, Grand Central Station, UN-Komplex, Pierpont Morgan Library, Madison Square Garden (Garment District), Empire State Building
4. Tag: Museum Mile (u. a. Metropolitan Museum of Art, Guggenheim, Whitney Museum), Central Park, American Museum of Natural History, Lincoln Center, Columbus Circle (mit MAD).
5. Tag: Brooklyn Museum of Art, Brighton Beach und Coney Island (Brooklyn), Fahrt mit dem International Express (Subway 7 durch Queens, u. a. mit Queens Museum of Art)
6. Tag: Museum of Modern Art (MoMA), Fifth Avenue mit Radio City Music Hall, St. Patrick's Cathedral, Rockefeller Center (mit Top of the Rock)
7. Tag: Governors Island, Harlem (125th St.), Yankee Stadium (Bronx).

Manhattan

Unter dem Begriff »New York« versteht man meist nicht den gleichnamigen US-Bundesstaat, sondern die Metropole an der Mündung des Hudson River in den Atlantik. Zudem wird der Name bei Besuchern in erster Linie mit Manhattan, der 21,5 Kilometer langen und zwischen 1,3 und 3,7 Kilometer breiten Insel, die durch Hudson und East River vom Festland bzw. von Long Island abgeschnitten wird, verbunden. Dabei ist Manhattan nur der kleinste von insgesamt fünf Stadtbezirken, die »New York City« mit ihren insgesamt 780 Quadratkilometern Fläche ausmachen.

New York – in der Folge als Sammelbegriff für die Metropole zu verstehen – mit rund 8,3 Millionen Einwohnern setzt sich aus fünf »Boroughs« zusammen, die, streng genommen, eigene Städte sind: Im Norden liegt die Bronx (etwa 114 km²), der einzige New Yorker Stadtteil auf dem Festland. Durch den Harlem River getrennt, schließt sich im Südwesten die Insel Manhattan (61 km²) an. Brooklyn (212 km²), flächenmäßig an zweiter Stelle, und der größte Stadtteil, Queens (291 km²) liegen beide auf Long Island. Die rund 190 Kilometer lange und 20 bis 32 Kilometer breite Insel – etwa so groß wie Mallorca – ragt ostwärts in den Atlantik hinaus. Brooklyn an der Westspitze und das sich anschließende Queens machen dabei nur den kleinsten Teil der etwa 3500 Quadratkilometer Gesamtfläche aus. Südwestlich von Brooklyn schließlich, jenseits des Hudson River und nahe dem Bundesstaat New Jersey, liegt Staten Island (156 km²).

Auch wenn die meisten Besucher erstmals in Queens – hier befindet sich der John F. Kennedy Airport – New Yorker Boden betreten, bildet Manhattan das touristische Zentrum. Beachtliche 30 Prozent der Insel bestehen aus künstlich aufgeschüttetem Grund; bekanntestes Beispiel ist die Battery Park City, die aus dem Aushub für das World Trade Center entstand. Der ideale Startpunkt, um New York zu entdecken, ist die Südspitze Manhattans. Hier befinden sich nicht nur die Wall Street und das Finanzzentrum, sondern hier stehen zugleich die Wiege der Weltmetropole, ihr historischer Kern, und dazu mit der Freiheitsstatue auf der vorgelagerten Liberty Island ihr weltberühmtes Wahrzeichen.

Downtown

Downtown Manhattan gliedert sich nach gängiger Definition in Lower Manhattan, das das gesamte Areal südlich der 14th Street mit bekannten Vierteln wie Financial District, Battery Park City, Chinatown, Little Italy, LES, TriBeCa, SoHo, Greenwich und East Village umfasst. Daran schließen, quasi als Pufferzone, zwischen 14th und 34th Street die Viertel Gramercy und Chelsea an. Zwischen 34th und 59th Street folgt Midtown mit dem legendären Theater District und dem Times Square.

Lower Manhattan

Statue of Liberty (I A2): »*Give me your tired, your poor, your huddled masses yearning to breathe free, the wretched refuse of your teeming shore; Send these, the homeless, temptest-tost to me, I lift my lamp beside the golden door!*« Diese Worte zieren den Sockel der Statue of Liberty, der Freiheitsstatue, und bringen ihre Bedeutung auf den Punkt. Sie stammen aus dem 1883 verfassten Gedicht *The New Colossus* der New Yorker Dichterin Emma Lazarus (1849–1887). Die Statue of Liberty war ein Geschenk der französischen Nation an die USA, eine Anerkennung für

Die Statue of Liberty

Amerikas Vorreiterrolle beim Aufbau eines modernen demokratischen Systems. Die Idee stammte von Éduard René Lefebvre de Laboulaye (1811–1883), Jurist, Publizist und Politiker, der für das »Modell Amerika« schwärmte, und um 1865 waren erste Pläne in Frankreich diskutiert worden. Ziel war, mit einem solchen Monument nicht nur die republikanischen Ideale in Frankreich zu stärken, sondern auch die Freundschaft zu den USA zu untermauern.

Der Künstler Frédéric-Auguste Bartholdi (1834–1904) war von dem Vorhaben begeistert, allerdings konnte er sich erst 1871 auf den Weg in die USA machen, um einen passenden Aufstellungsort auszuwählen und um Persönlichkeiten wie Präsident Ulysses S. Grant um finanzielle Unterstützung zu bitten. Ein Standort war schnell gefunden: das »Tor in die Neue Welt«, New York, und dort die kleine Bedloe's Island – 1956 in »Liberty Island« umbenannt –, ein Inselchen in der Hafeneinfahrt. Daraufhin präsentierte de Laboulaye 1874 in Paris erste Zeichnungen und ein Modell. Eigentlich sollte die Statue bereits zwei Jahre später, zur Einhundertjahrfeier der USA, aufgestellt werden, doch Geldmangel verzögerte die Realisierung. Allein das Sammeln von Spenden in den USA für den Bau des Sockels erwies sich als mühsam. Erst als sich der New Yorker Zeitungsmagnat Joseph Pulitzer einschaltete, konnte mit dem Bau des Sockels begonnen werden.

Währenddessen arbeitete Bartholdi unermüdlich an der künstlerischen Umsetzung: Als Vorbilder dienten antike Monumentalfiguren wie der legendäre Koloss von Rhodos, der von Plinius dem Älteren in seiner *Naturgeschichte* beschrieben wird. Zudem hatte der Künstler bereits Erfahrungen gesammelt mit einem ähnlichen, jedoch nicht realisierten Projekt, einer Kolossalstatue am Zugang des Suez-Kanals. Für die technische Umsetzung konnte Bartholdi einen Fachmann gewinnen: den Ingenieur und Tüftler Gustave Eiffel (1832–1923), der 1889 durch den gleichnamigen Turm in Paris berühmt werden sollte.

Eiffel konstruierte ein Gerüst aus Eisenträgern, über dessen Außenhaut eine Kupferhülle aus 300 gegossenen und miteinander vernieteten Platten gelegt wurde. 1884 präsentierte man erstmals in Paris anlässlich der dort stattfindenden Weltausstellung dem staunenden Publikum die Monumentalfigur, anschließend wurde sie in ihre Einzelteile zerlegt und über den Atlantik in die USA verschifft.

Dort hatte der Architekt Richard M. Hunt (1827–1895), einer der ersten studierten amerikanischen Architekten, den Sockel, damals der weltgrößte aus einem Stück gegossene Betonblock, in die Fundamente eines ehemaligen Militärforts auf Bedloe's Island eingelassen. Nach einer Parade durch die Stadt unter den Augen unzähliger Schaulustiger enthüllte Präsident Grover Cleveland dort schließlich an einem nebligen Tag, dem 28. Oktober 1886 – also zehn Jahre nach der geplanten Aufstellung –, die Statue of Liberty.

Hundert Jahre später erhielt die Freiheitsstatue als Geburtstagsgeschenk eine Generalüberholung, dabei wurde im Sockel ein Museum eingerichtet. Die Ausstellung widmet sich in mehreren Abteilungen mit Entstehung, Herstellung und Bedeutung der Statue und illustriert den Herstellungsprozess anhand von Objekten, Fotos, Zeichnungen, Videos und Tonaufnahmen. Dazu sind Modelle von Einzelteilen der Figur in Originalgröße ausgestellt; in der Lobby steht die Original-Fackel von 1886. Nach dem 11. September 2001 war die obere Aussichtsplattform in der Krone nicht mehr zugänglich, erst seit Sommer 2009 ist eine Besichtigung, wenn auch nur mit Vorreservierung und in begrenzter Zahl, wieder möglich (Reservierung: www.statuecruises.com; www.nps.gov/stli). Tickets für die untere (Sockel-)Plattform, das Museum und das externe Besucherzentrum sind einfacher erhältlich.

▸ *Die Statue of Liberty in Zahlen*: Gesamthöhe: 92,99 m · Statuenhöhe (Sockel bis Fackel): 46,50 m · Figurenhöhe (Ferse bis Scheitel): 33,86 m · Länge der Hand: 5 m ·

Länge rechter Arm: 12,80 m · Kopfhöhe: 5,26 m · Kopfbreite (von Ohr zu Ohr): 3,05 m · Nasenlänge: 1,48 m · Gewicht des verwendeten Kupfers: 90 718 kg · Gewicht des verwendeten Stahls: 113 397 kg · Höhe der Basis/Fundament: 19,81 m · Höhe des Granitsockels: 27,13 m

Ellis Island (I A2): Ellis Island spielte für die »Nation of Immigrants« eine besondere Rolle: Rund zwölf Millionen Menschen betraten auf dieser Insel zwischen 1892 und 1954 erstmals nordamerikanischen Boden, wurden registriert, befragt, untersucht und anschließend zugelassen oder – seltener – abgewiesen. Als »Goldenes Tor« in ein neues Leben löste Ellis Island das alte Castle Clinton auf Manhattan ab. Bis zur Schließung 1954 sollten mehr als 70 Prozent aller USA-Einwanderer Ellis Island passieren, war doch in jenen Jahren das Schiff wichtigstes Transportmittel und New York der größte Hafen im Land.

Nach der Schließung war der Gebäudekomplex vom Verfall bedroht und wurde zum politischen Spielball zwischen den Bundesstaaten New York und New Jersey. Es war eine gute Entscheidung, dort 1965 ein Museum einzurichten, das dem National Park Service untersteht. So strömen heute statt Immigranten US-Bürger hierher, um zu sehen, wo ihre Vorfahren einst den Neuanfang wagten. Zeugnis davon legt eindrucksvoll die »Wall of Honor« hinter dem Hauptgebäude ab, die die Namen aller einst hier durchgeschleusten Zuwanderer nennt. Bis dato sind nur wenige der insgesamt rund 35 Gebäude zu besichtigen. Immerhin wurde der Hauptbau mit der Great Hall, der Ankunftshalle, beispielhaft renoviert und bildet zusammen mit Fährbüro, Gepäckraum, Schlafsälen, Krankenstation und Speisesaal das sehenswerte »Immigration Museum«, in dem es um vier Jahrhunderte Einwanderungsgeschichte, die Geschichte von Ellis Island und einzelne Immigrantenschicksale geht. Bis 2011 soll das Peopling of America Center als neuer Museumsteil dazukommen (siehe auch »Museen«).

Castle Clinton National Monument (I A3, Battery Park): Zu Beginn des 19. Jahrhunderts, im Vorfeld der Auseinandersetzungen mit den Briten, die im »War of 1812« gipfelten, entstanden in der New Yorker Hafeneinfahrt gleich fünf Befestigungsanlagen: Fort Wood (Bedloe's Island), Fort Gibson (Ellis Island), Castle Williams (Governors Island), die North Battery sowie die Southwest Battery (beide Manhattan). Letztere ist besser bekannt als »Castle Clinton«, benannt nach dem ehemaligen Bürgermeister und Gouverneur DeWitt Clinton (1769–1828). Bei der Fertigstellung 1811 lag die kleine Festung noch etwa 60 Meter vom Ufer entfernt, mitten im Hudson River, und war durch eine Zugbrücke mit Manhattan verbunden.

Nachdem 1821 das Militär abgezogen und die kleine Bastion der Stadt übergeben worden war, erlebte die Militäranlage eine Metamorphose: Als »Castle Garden« wurde die Anlage 1824 zum Vergnügungspark umfunktioniert, der durch Aufschüttung mit dem Festland verbunden wurde. Man lustwandelte in der zugehörigen Parkanlage oder lauschte den Konzerten auf der neu zugefügten Bühne. In den 1840er Jahren wurde das Fort überdacht – und fortan konnten auch Opern und große Konzerte stattfinden wie 1845 *Der Barbier von Sevilla* oder 1850 der Auftritt der schwedischen Sängerin Jenny Lind vor mehr als 6000 Zuschauern.

Zwischen 1855 und 1889 fungierte Castle Clinton als Immigrationsstation. Mehr als acht Millionen Menschen betraten hier die »Neue Welt«, ehe Ellis Island 1892 (bis 1954) die Rolle als Einwandererstation übernahm. Die Verwandlung des alten Baus ging weiter: Er beherbergte ab 1902 das Aquarium, das sich seit den 1950er Jahren auf Coney Island befindet. Als dann in den 1940er Jahren die Abrissbirnen anrückten, waren die New Yorker bereit, für den alten Bau zu kämpfen, und so wurde Castle Clinton 1946 zum »National Monument« erklärt. Seit 1975 ist die alte Festung wieder öffentlich zugänglich und dient heute als Informationsstelle (www.nps.gov/cacl), bietet ein kleines Museum zur Geschichte und den verschiedenen Verwendungszwecken der Festung, einen Shop und Stände, an denen Tickets für die Fähren zur Statue of Liberty und Ellis Island verkauft werden.

Battery Park (I A3): An die Tage des früheren Vergnügungsparks erinnert der Battery Park, die Grünanlage, die Castle Clinton umgibt. Sie bildet eine Pufferzone zwischen Fluss und Hochhäusern und ist nach den Geschützen, die einst zur Sicherung des Hafens hier aufgestellt worden waren, benannt. Mit Bänken, Statuen und Brunnen, Imbiss- und Souvenirständen ist der Park, der sich zwischen Staten Island Ferry Terminal im Süden, State Street im Osten, Hudson River im Westen und Pier A bzw. Battery Place im Norden auf etwa zehn Hektar erstreckt, heute nicht nur ein beliebter touristischer Treff und Ort zum Warten auf die Liberty-Fähre oder das Water Taxi, sondern auch ideal zum Verschnaufen – mit spektakulärem Ausblick auf Hudson River, Ellis Island, Statue of Liberty und das Ufer von New Jersey.

Unter den zahlreich im Park verteilten Statuen und Monumenten hat am Nordzugang *The Sphere* besondere Bedeutung: Das Stahl-Bronze-Kunstwerk war 1971 von dem bayerischen Künstler Fritz Koenig als Symbol für freien Handel und Ideenaustausch zwischen den beiden WTC-Türmen aufgestellt worden. Einem Wunder gleich hatte die Skulptur den Einsturz der Gebäude überstanden, wurde versetzt und soll nach Fertigstellung des Nachfolgerbaus als Erinnerungs- und Mahnmal an den Ursprungsort zurückgebracht werden.

Ferry Terminal (I A3, 11 South Street at Whitehall Street): An der Südspitze Manhattans fällt am Ende der Whitehall Street das 1908 nach Plänen von Walker & Morris erbaute und 2006 komplett renovierte Battery Maritime Building mit seiner markanten grünen, 91 Meter breiten Arkadenfront ins Auge. Viel schmiedeeisernes Zierwerk, bunte Keramikfliesen, Friese, aufwendige Säulenkapitelle und anderes Beaux-Arts-Dekor zeichnen das historische Hafengebäude aus, das heute von Passagieren, die das Boot nach Governors Island nehmen, frequentiert wird.

Direkt daneben bietet der moderne Staten Island Ferry oder Whitehall Terminal Kontrastprogramm. Ursprünglich das Pendant zum Battery Maritime Building, wurde das Gebäude 1991 bei einem Feuer stark beschädigt. Seit 2005 und dem Abschluss aufwendiger Bauarbeiten präsentiert er sich modern mit viel Glas und Stahl und im Inneren großzügig und luftig. Hinzugekommen sind ein Wartesaal, Imbissstände und Kioske sowie zeitgemäße technische Einrichtungen und eine unterirdische Verbindung zur South Ferry Subway Station. Zudem sollen Kunstwerke und Stadtansichten in Wandformat den etwa 65 000 Schiffspassagieren, die täglich in den orangeroten Fähren zum St. George Ferry Terminal auf Staten Island und zurück unterwegs sind, das Warten verschönern. Das lokale Büro Frederic Schwartz Architects zeichnet für den wegweisenden Neubau verantwortlich.

Governors Island (I A3): Wie die bekannteren Inseln Ellis und Liberty Island ist auch Governors Island der Südspitze Manhattans vorgelagert. Zwischen 1776 und 1997 diente die rund 70 Hektar große Insel zunächst als Hauptbefestigung des Hafens und später als Basisstation der Küstenwache, die noch heute einen Standpunkt hier unterhält. Der Name leitet sich davon ab, dass während der britischen Herrschaft die Insel nur vom königlichen Gouverneur benutzt werden durfte. Nach der Kolonialzeit diente dieser einstige Privatbesitz des britischen Gouverneurs den USA als Festung zum Schutz der Hafeneinfahrt.

Der alte Teil der Anlage, die beiden Anfang des 19. Jahrhunderts entstandenen Festungen Fort Jay und Castle

Williams sowie die zugehörige Colonel's Rowe und die Parade Grounds sind inzwischen als »National Park« ausgewiesen. Die beiden Forts entstanden im Vorfeld des sogenannten »War of 1812«, der als zweiter Unabhängigkeitskrieg der USA gegen die Briten gilt.

Seit 2003 sind die alten Militäranlagen im Norden der Insel zugänglich, während die restliche Insel mit den alten Wohnbauten der Coast Guard derzeit nur teilweise als Freizeitareal genutzt wird. An der Südspitze der Insel wurde ein Picknickplatz eingerichtet, und in Zukunft sollen Renaturierungsmaßnahmen zur Schaffung neuer Ufer- und Marschlandschaften in Angriff genommen werden. In einige der alten Bauten sind bislang, da die Wasserversorgung derzeit noch Mängel aufweist, Künstler auf Zeit eingezogen, und es finden Ausstellungen u. a. Events statt.

Während die New Yorker die Insel bereits als neues Kurzerholungsziel und grünes Idyll »fernab« der Stadt entdeckt haben, sind die Touristen noch in der Minderzahl. Dabei lohnen die Park-Ranger-Führungen ebenso wie das Ausleihen eines Fahrrads, um die Insel komplett zu umrunden. Bei einem Picknick lässt sich die grandiose Aussicht genießen und im Sommer betreibt Water Taxi hier einen eigenen (Vergnügungs-)Strand mit Unterhaltung, Sport- und Spielangebot (kostenlose Fähre ab Battery Maritime Building, www.nps.gov/gois und www.govisland.com).

Fraunces Tavern Block Historic District (I A3): Nur weniges hat sich aus New Yorks Gründertagen nicht erhalten; eine Ausnahme bildet das 1793 im Federal Style erbaute **Watson House** (7/8 State St.), das als eines der ältesten erhaltenen Baudenkmäler der Stadt gilt. Im Inneren befindet sich eine katholische Pilgerstätte, der Shrine of Mother Seton. Elizabeth Ann Seton (1774–1821) war als erste Amerikanerin 1975 vom Papst heiliggesprochen worden. Sie hatte den ersten Nonnenorden der USA, die »American

Sisters of Charity«, gegründet und ab 1807 mehrere kirchliche Schulen ins Leben gerufen.

Nur Schritte entfernt liegt der **Fraunces Tavern Block Historic District**, der einzige original erhaltene Straßenblock der Stadt aus dem 18. Jahrhundert mit malerischen alten Ziegelhäuschen. Im Zentrum des denkmalgeschützten Ensembles steht das **Fraunces Tavern Museum** (54 Pearl St.), eine exakte Replik eines 1719 erbauten Backstein-Gasthauses. Im ersten Stock erinnert ein Museum an die Geschichte und Kultur New Yorks jener Tage.

In der nahen Stone Street sind weitere Wohnhäuser erhalten, die nach einem Feuer im Jahr 1835 entstanden sind. Am benachbarten Hanover Square liegt z. B. das **India House** von 1837, in dem sich einst die New York Cotton Exchange (Baumwollbörse) befand. Um die Ecke lohnt ein Blick in das alte Polizeirevier von 1884. Im hier befindlichen **New York City Police Museum** (100 Old Slip / Water-South St.) gibt es einen Überblick über die New Yorker Polizei (NYPD) (siehe auch »Museen«).

Bowling Green (I A3): Diese älteste Parkanlage der Stadt ist historisch bedeutend: Hier soll 1626 Peter Minuit den Indianern Manhattan abgekauft haben. Der bronzene Stier an der Nordspitze des Platzes ist ein Geschenk des Bildhauers Arturo Di Modica. Er hatte die Skulptur nach dem Börsencrash von 1987 als Symbol der »Stärke und der Kraft der amerikanischen Bevölkerung« in einer Nacht- und Nebelaktion am 15. Dezember 1989 vor der Börse aufgestellt. Die Stadtverwaltung ließ das Kunstwerk entfernen, doch der Protest in der Bevölkerung sorgte dafür, dass der Stier an seinen heutigen Platz an der Nordspitze des Parks gebracht wurde. Er steht heute als Symbol für steigende Kurse an der Wall Street; der Bär wäre sein negatives Pendant. Am Platz beginnt zugleich der Broadway, der alte Indianerpfad und die spätere Überlandstraße, die Manhattan mit Albany, der Hauptstadt des Staates New York, verbindet.

U.S. Custom House

U.S. Custom House, auch National Museum of the American Indian (I A3, 1 Bowling Green): Im Süden wird Bowling Green durch einen prächtigen Beaux-Arts-Bau – klassizistische Architektur nach den Maximen der französischen École des Beaux-Arts mit Neo-Renaissance-Elementen – gerahmt. Dieser wurde 1907 nach Plänen von Cass Gilbert (1859–1934), der später auch das Woolworth Building plante, errichtet und sollte die große Hafentradition der Stadt symbolisieren. Daher wurde er reich dekoriert und prächtig ausgestattet, beispielsweise mit 44 ionischen Säulen mit Figuralkapitellen sowie monumentalen weiblichen Personifikationen der Kontinente von Daniel Chester French (1850–1931). Die mächtige Marmorrotunde im Inneren wurde ab 1936 von dem Maler Reginald Marsh mit Wandgemälden, die Hafenszenen zeigen, ausgestattet. Bei genauerem Studium entdeckt man rechts des Eingangs ein Porträt Greta Garbos an Bord eines Schiffes.

1973 war die Zollbehörde ausgezogen, 1994 übergab man den Bau einer neuen Nutzung: Als Teil der Smithonian Institution in Washington, D. C., wurde es zum »National Museum of the American Indian«. Seit 2004 das NMAI, das große Indianermuseum in Washington, neu eröffnet wurde, werden hier im »George Gustav Heye Center« ausschließlich Wechselausstellungen zur Geschichte und Kunst der Indianer gezeigt (siehe auch »Museen«). George Gustav Heye (1874–1957), Sohn deutscher Einwanderer, hatte sein Geld zunächst als Ingenieur, dann als Investment-Banker verdient und war hobbymäßig zum Archäologen und Ethnologen geworden. Seine Privatsammlung von etwa 800000 indianischen Kunstwerken und Kunsthandwerk bildete die Basis des Smithonian NMAI.

Cunard Building (I A3, 25 Broadway): Der Bau ist ein gutes Beispiel für jene prächtigen repräsentativen Bauten, die einst das Zollgebäude (Custom House) und Bowling Green umgaben. 1921 ließ die britische Cunard-Reederei, die damals größte Passagierlinie der Welt, das Hochhaus errichten. In der Halle wurden die Tickets für die großen Luxusliner der Gesellschaft verkauft. Sehenswert sind die Wandmalereien und die reich ornamentierte Decke sowie Barry Faulkners Weltkarten an den Wänden und Schiffe berühmter Seefahrer wie Columbus, Drake oder Erikson an den Gewölbestützen.

Standard Oil Trust Building (I A3, 26 Broadway): Gegenüber dem Cunard Building erhebt sich der einstige Verwaltungsbau des Standard Oil Trust, des vormals weltweit größten Erdöl-Raffinerie-Unternehmens. Nach seiner Adresse auch »Broadway 26« bezeichnet, fällt er durch seinen markanten Turm in Form einer Öllampe ins Auge. Das fast 160 Meter hohe Gebäude mit seinen 31 Stockwerken war 1885 erbaut und in den 1920er Jahren vom lokalen Architekten Thomas Hastings (1860–1929) grundlegend renoviert worden. Standard Oil verkaufte den Bau 1956. Seit 1995 steht er als »New York Landmark« unter Denkmalschutz.

Battery Park City (I B2): Am Nordwestrand des Battery Park fällt ein flacher, ungewöhnlicher pyramidaler Bau ins Auge. 1997 nach Plänen des renommierten Architekturbüros Kevin Roche, John Dinkeloo & Associates eröffnet, wurden schon 2004 der Robert M. Morgenthau Wing mit neuem Zugangsbereich und kleinem Park zugefügt. Hinter der fast fensterlosen Gebäudefassade verbirgt sich das sehenswerte Museum of Jewish Heritage. Seine sechseckige Grundrissform soll sowohl an die sechs Millionen ermordeter Juden erinnern als an den Davidstern. Im zugehörigen Garden of Stones hat auch Andy Goldsworthy seine Vorstellung von Zeitlosigkeit und Natur eingebracht (siehe auch »Museen«).

Das Museum wird bereits zum Robert F. Wagner Jr. Park gerechnet, der die Verbindung zwischen Battery Park und Battery Park City darstellt. Das architektonisch wegweisende Bauprojekt war zwischen 1967 und 1976 großteils auf künstlich aufgeschüttetem Gelände am Hudson River entstanden. Das Fundament für diese etwa 37 Hektar große »Stadt in der Stadt« mit Büros, Wohnungen, Parks und Versorgungseinrichtungen aller Art lieferte der Aushub aus der Baugrube für die beiden Türme des World Trade Centers.

Am Ufer des Hudson River entlang zieht sich die sogenannte Esplanade, eine beliebte Promenade, die von New Yorker Büroangestellten als sportliches Betätigungsfeld und Erholungsort zur Mittagspause ebenso geschätzt wird wie von Besuchern. Mehrere Platzanlagen reihen sich zwischen Wohn- und Büroblöcken auf, geschmückt durch teils monumentale Plastiken berühmter Künstler wie der Säulengarten *Upper Room* von Ned Smyth (* 1948) oder der Skulpturengarten *Real World* von Tom Otterness (* 1952).

World Financial Center (I B2, 220 Vesey Street): Nach Plänen des Argentiniers Cesar Pelli (* 1926) entstand zwischen 1981 und 1988 das architektonisch wegweisende World Financial Center. Der mehrteilige Baukomplex wirkt wie aus einem Guss und besticht durch ausgeklügelte Infrastruktur. Im Kern besteht er aus vier unterschiedlich bekrönten und verschieden hohen (zwischen 152 und 225 m) Bürotürmen. Der im unteren Teil vorherrschende Granit wird nach oben zunehmend durch Glas ersetzt, was für Leichtigkeit sorgt. In dem Bürokomplex befinden sich die Zentralen weltberühmter Finanzhäuser wie Merrill Lynch oder American Express, außerdem Shops, Lokale und ein sehenswerter 36 Meter hoher Wintergarten, eine Glas-Stahl-Konstruktion, die die Wolkenkratzer miteinander verbindet. Der Wintergarten ist mit seinen tropischen Pflanzen, darunter 14 Meter hohe Palmen, ein beliebter Erholungsort und Treffpunkt. Die Firma American Express, die 11 Angestellte am 11. September 2001 verloren hat, errichtete im WFC 3 ein Memorial, »Eleven Tears« genannt, ein elfeckiges Brunnenbecken mit den Namen der Toten und darüberhängendem tropfenförmigen Quarzstein.

World Trade Center Site (WTCS; I B2/3): Die am 11. September 2001 zerstörten beiden Türme des World Trade Center sind unvergessenes Wahrzeichen New Yorks geblieben. Das WTC war zwischen 1966 und 1977 nach Plänen des japanischen Architekten Minoru Yamasaki (1912–1986) für 1,5 Milliarden Dollar errichtet worden und bildete damals den größten Bürokomplex der Welt. Seine zwei 417 bzw. 415 Meter hohen Türme machten es bei Einweihung am 4. April 1973 zum weltweit höchsten Bau.

Der Terroranschlag hatte ein gigantisches Trümmerfeld, den sogenannten Ground Zero, zurückgelassen. Sieben Gebäude waren komplett zerstört, viele weitere beschädigt worden. Noch immer ist die »World Trade Center

Site« (WTCS) eine riesige Baustelle. Die Neubebauung des Areals hat für viele Kontroversen und Diskussionen gesorgt, die immer wieder Verzögerungen und Unterbrechungen der Bauarbeiten nach sich zogen. Anfang 2003 hatte der künstlerisch anspruchsvolle, wenn auch etwas utopisch anmutende Plan des Erbauers des Berliner Jüdischen Museums, Daniel Libeskind (* 1946), den Wettbewerb um die Neubebauung des Areals gewonnen. Sein Entwurf war geprägt von metaphorischen Bezügen und symbolischen Anspielungen und sah als Zentrum des Komplexes aus fünf Gebäuden einen 1776 Fuß (das Jahr der US-amerikanischen Unabhängigkeitserklärung) hohen, spiralförmigen Turm mit den »Gardens of the World« als Aussichtspunkt, zwei öffentlichen Plätzen und einem Memorial im Fundament vor.

Noch im gleichen Jahr wurde die Durchführbarkeit des Projekts in Frage gestellt und Libeskinds Entwurf im Laufe der Zeit derart abgeändert und »korrigiert«, dass er im Jahr 2004 aus dem Projekt ausstieg. Die Bahn war frei für den von Pächter Larry Silverstein – das Gelände gehört der Port Authority New York / New Jersey – präferierten Architekten David Childs vom bekannten Architekturbüro Skidmore, Owings & Merrill (SOM). Dessen neuer Entwurf für den Freedom Tower wurde 2005 vorgestellt und stieß in der Fachwelt auf wenig Begeisterung: ein 77stöckiger, plump wirkender Turm mit 69 Bürogeschossen über einem festungsartigen, 66 Meter hohen massiven Betonsockel. Als Vorbild für den Sockel wurde der Palazzo Strozzi in Florenz genannt, der sich darüber erhebende Turm sei von Brancusis Skulptur *Bird in Space* inspiriert. In Wirklichkeit zeichnet sich der neue Bau jedoch vor allem durch Massivität und Berücksichtigung von Schutzmaßnahmen wie fehlende Fenster und die Zurücksetzung von der Straße aus. Zudem spielten wirtschaftliche Erwägungen eine Rolle: Aufgrund der speziellen Konstruktion des neuen Turms, mit einem Grundriss in Form eines Parallelogramms, gibt es auf halber Höhe acht Seitenflächen und damit acht finanziell lukrative Eckbüros. Übrig geblieben ist von Libeskinds Entwurf nurmehr die symbolische Höhe von 1776 Fuß. Statt der Leichtigkeit und Spiralform, die mit der Statue of Liberty korrespondieren sollte, entsteht nun ein nüchterner »Standardbau« – ein »Bau der Angst«, wie Kritiker ihn nennen.

Als bislang einziger Bau wurde im Mai 2006 das WTC 7 termingerecht eröffnet – ein Triumphakt für Pächter Larry Silverstein, dessen Bonität zuvor in Zweifel gezogen worden war. Der von Childs gestaltete Monolith steht auf einem von Metallpanelen verkleidetem Betonsockel und weist eine verspiegelte Glasfassade auf. Seit November 2006 wächst auch der Freedom Tower in die Höhe, während die Zukunft der übrigen Bauten, deren Planung in die Hände weltberühmter Architekten gelegt wurde, angesichts der gegenwärtigen wirtschaftlichen Lage noch ungewiss ist.

Dass wirtschaftliche und politische Überlegungen die Überhand über ästhetische Gesichtspunkte gewonnen haben, zeigt auch das National September 11 Memorial & Museum, für das 2004 der Entwurf »Reflecting Absence« von Arad, Walker und Bond mit Inschriftenmauer, Wasserfall, zwei Becken, Meditationsraum und Museum ausgewählt worden war. Das Memorial soll an die fast 3000 Menschen erinnern, die während der Anschläge am 11. September 2001 und am 26. Februar 1993, einem früheren Sprengstoffanschlag auf das WTC, ums Leben kamen. Auch hier wurde der Ur-Entwurf mehrfach überarbeitet und »abgespeckt«. In den zwei von den Türmen gebildeten Grundrissen, den »footprints«, soll das Memorial, eine Plaza mit Bäumen, Wasserfällen und -becken entstehen, während das Museum selbst mit Ausstellungen, Memorial Hall, Inschriftenmauer und Meditationsraum im Untergrund einziehen wird. Das Museum wurde von dem lokalen Architekten Davis Brody Bond geplant, der Zugangspavillon (überirdisch) stammt von Craig Dykers von der norwegischen Firma Snøhetta. Die Eröffnung des Memorials ist (noch) zum zehnjährigen Jahrestag am 11. September 2011 geplant, das Museum könnte 2012 folgen. Bis dahin erinnern das Tribute WTC Visitor Center (120 Liberty St.) und die **9/11 Memorial Preview Site** (I B3, 20 Vesey/ Church St.), eine Ausstellung mit Modellen, Filmen, Fotos und Plänen zum 11. September, aber auch zum neu entstehenden Museum, an die Opfer (siehe auch »Museen«).

Auch das Transit Center von Santiago Calatrava (* 1951) sollte als wichtiger Teil der WTCS, als Knotenpunkt von Subways und Nahverkehrszügen, bereits 2009 eröffnen. Auch hier verzögerte sich das Vorhaben v. a. aus finanziellen Gründen. Nach einer Finanzspritze der Nahverkehrsgesellschaft MTA heißt es gegenwärtig, dass man an den ursprünglichen Plänen mit spektakulär überkuppeltem Glasbau und aufklappbarem Flügeldach (wie beim Milwaukee Art Museum) als Zugang an Broadway und Fulton Street festhalten werde. 2014 wird als Eröffnungsdatum für den Bahnhof mit mehrstöckiger Transit Hall, Untergrundtunnels zur Verbindung zu den WTC Towers und zum Memorial anvisiert.

Die Fertigstellung des Gesamtkomplexes wird noch auf sich warten lassen. WTC 1 (Freedom Tower) soll 2013 fertig sein, die anderen Gebäude, alle bis auf Tower 5 im Besitz von Silverstein Properties, sollen nach und nach folgen. Bereits eröffnet hat in nächster Nachbarschaft zur WTC Site, an der Ecke West / Vesey Street, die Investmentbank Goldman Sachs ihre 2,5 Milliarden Dollar teuren neuen Headquarters. Der über 40 Stock hohe Glas-Stahl-Turm von Henry Cobb (* 1926) aus dem Büro Pei Cobb Freed & Partners gilt als Musterbeispiel des grünen Bauens.

▸ *Die* WTC-*Bauten im einzelnen*: (1) Freedom Tower, WTC 1, Architekt: David Childs (SOM), Baubeginn erfolgt · (2) WTC Tower 2, 200 Greenwich St., Sir Nor-

man Foster · (3) WTC Tower 3, 175 Greenwich St., Richard Rogers Partnership · (4) WTC Tower 4, 150 Greenwich St., Fumihiko Maki & Ass., an Stelle des früheren Deutsche Bank Building · (5) WTC Tower 5, 130 Liberty St., Kohn Pedersen Fox, im Besitz der Port Authority · (6) WTC 7, 250 Greenwich St., David Childs (SOM), 2006 eröffnet · (7) National September 11 Memorial & Museum, ursprünglicher Entwurf von Michael Arad und Peter Walker, Museum von Davis Brody Bond, Zugangspavillon von Snøhetta, im Bau · (8) Performing Arts Center (neben WTC 1), Baubeginn eventuell 2010 · (9) WTC PATH Transportation Hub, Santiago Calatrava (zwischen WTC 2 und 3): im Bau
Infos im Internet: www.renewnyc.com · www.panynj.gov/wtcprogress · www.national911memorial.org

Trinity Church (I B3, 74 Trinity Place / 79 Broadway): Hektik, Lärm und viel Verkehr prägen seit jeher den Südteil Manhattans, doch es gibt auch Oasen der Ruhe. Eine solche ist die Trinity Church, die als eines der ältesten anglikanischen Gotteshäuser Nordamerikas gilt, 1697 vom englischen König William III. gestiftet und ein Jahr später geweiht. Was man heute sieht, ist allerdings schon der dritte Bau an der gleichen Stelle. 1776 war das alte Gebäude abgebrannt und auch der Nachfolgebau erwies sich als wenig standhaft: Im Winter 1838/39 stürzte er unter der Schneelast ein. 1846 wurde eine Kirche im neogotischen Stil nach Plänen von Richard Upjohn (1802–1878) aus rötlichem Sandstein errichtet. Die Bronzetüren mit biblischen Szenen stammen von Richard Morris Hunt (1827–1895) nach Vorbild von Lorenzo Ghibertis Florentiner Paradiestür. Buntglasfenster sind im ganzen Kirchenraum zu finden. Sie zeigen religiöse Szenen, wobei besonders gelungen jenes Fenster über dem Altar mit Jesus und den Aposteln ist; es soll aus Deutschland stammen. In der angrenzenden All Saints' Chapel befindet sich ein Kenotaph für Reverend William Dix, weitere Grabmäler in den an-

Financial District, Wall Street und New York Stock Exchange

grenzenden Räumen. Rechts vom Eingang hängt im Baptisterium ein italienisches Triptychon aus dem 15. Jahrhundert. Berühmt ist auch die Orgel mit fast 9000 Pfeifen, die 1961 nach alten Vorlagen rekonstruiert wurde.

Rings um die Kirche breitet sich der Trinity Churchyard, der Friedhof, aus, auf dem etliche Prominente wie der erste US-Finanzminister, Alexander Hamilton (1757–1804), oder der in Genf geborene Albert Gallatin (1761–1849), Diplomat und US-Finanzminister unter Thomas Jefferson, begraben liegen und Denkmäler wie das Firemen's Memorial Monument stehen.

Der Turm wirkt heute mit seinen rund 86 Metern Höhe vergleichsweise bescheiden, bis etwa 1860 machte er die Kirche jedoch zum höchsten Gebäude New Yorks. Da die Trinity Church zudem direkt in der Achse Broadway / Wall Street liegt, sagt man, Gott würde von hier aus die Geschehnisse im Machtzentrum des Mammon genau beobachten – und gegebenenfalls die Menschen rechtzeitig mit einer Krise von ihrem Höhenflug zurückholen.

New York Stock Exchange – Wall Street (I B3): Mit dem Namen »Wall Street« verbindet man das Epizentrum der amerikanischen Wirtschaftsmacht, die New York Stock Exchange (NYSE). Doch die Wall Street hatte ursprünglich nichts mit Geld zu tun, der Name geht vielmehr auf die hölzerne Barrikade zurück, die die ersten Siedler hier zum Schutz vor Indianern errichtet hatten. Die New York Stock Exchange gilt als bedeutendste Börse der Welt und befindet sich in einem 16stöckigen Bau von 1903. Leider ist seit dem 11. September 2001 die Besuchergalerie in der Börsenhalle, wo Aktien in Millionenhöhe – seit 1981 vollelektronisch – gehandelt werden, geschlossen; etwas Ersatz bietet das nahe Museum of American Finance (siehe S. 233). Die Anfänge der Börse waren eher bescheiden: Der Grundstein wurde 1792 mit dem Zusammentreffen von 24 Maklern in der Wall Street Nr. 68 gelegt, die offizielle Gründung als »New York Stock &

Exchange Board« erfolgte 1817. Ihren heutigen Namen erhielt sie 1863, und der erste Börsenbau wurde an der Ecke Wall/Broad Street zwei Jahre später eröffnet.

Federal Hall National Memorial (I B3, 26 Wall St.): Gegenüber der NYSE erhebt sich die altehrwürdige Federal Hall (www.nps.gov/feha). Ebenhier wurde am 30. April 1789 George Washington, dessen Bronzestatue sich heute über den Stufen erhebt, als erster US-Präsident vereidigt. Das 1703 erbaute Gebäude diente zunächst als Rathaus und dann kurzzeitig, bis zum Umzug nach Philadelphia 1790, als erstes Capitol der jungen Nation, in dem Senat und Repräsentantenhaus ihre Sitzungen abhielten. Mit dem Bau des neuen Rathauses 1812 geriet die Federal Hall in Vergessenheit und wurde abgerissen.

Der heute hier befindliche klassizistische Bau entstand zwischen 1834 und 1842 als »US Custom House«, als Sitz der Zollverwaltung, im Greek Revival Style. Als Vorbild für die Fassade mit ihren 16 dorischen Säulen diente dabei der Parthenon auf der Athener Akropolis, der Innenraum mit 16 korinthischen Säulen soll an das Pantheon in Rom erinnern. Nachdem die Zollbehörde 1862 den Bau aufgab, nutzten ihn verschiedene Behörden, ehe er 1939 zum nationalen Denkmal erklärt wurde. Nun informiert der Park Service im Inneren über den geschichtsträchtigen Ort, den Bau, die frühe Geschichte der USA, die US-Verfassung und die Bill of Rights; es gibt interessante Sonderausstellungen und Informationen zu anderen historischen Bauten in Lower Manhattan, außerdem eine Besucher-Informationsstelle von NYC & Company.

Trump Building und J. P. Morgan Headquarters (I B3): Im anschließenden Abschnitt der Wall Street findet sich eine Reihe moderner Hochhäuser, beispielsweise das **Trump Building** (40 Wall St.), das 1930 als Sitz der Bank of Manhattan und »Crown Jewel of Wall Street« kurzzeitig das welthöchste Gebäude war und 1996 nach Erwerb durch Donald Trump renoviert wurde. Die **J. P. Morgan**

Headquarters (60 Wall St.) wurden 1988 nach Plänen des Architekturbüros Roche, Dinkeloo & Associates im postmodernen Stil errichtet. Aus etwas Distanz erkennt man gut die Säulenform des Skyscrapers aus graugrünem Granit mit Alustreben und silberreflektierendem Glas sowie Mansardendach.

Bank of New York, Museum of American Finance (I B3, 48 Wall St.): 1927 begonnen und 1932 eröffnet, befand sich hier der Stammsitz der »Bank of New York«, heute »Bank of New York Mellon«, des ältesten, 1784 begründeten Finanzinstituts in den USA. Im Januar 2008 zog in das prächtige Gebäude mit Originalwandbildern das Museum of American Finance ein. In der monumentalen Schalterhalle erhält der Besucher in mehreren Abteilungen einen umfassenden Einblick in die Welt des Geldes und des Börsenhandels (siehe auch »Museen«).

Broad Financial Center (I B3): An der Pearl, Ecke Whitehall Street fällt ein ungewöhnlicher, blau verglaster Wolkenkratzer ins Auge, der aus dem Jahr 1986 und vom Reißbrett von FXFOWLE Architects (Fox & Fowle) stammt. Auffällig ist das zum Bau kontrastierende Eck-Atrium aus rotbeigem Granit mit einer ungewöhnlichen Uhr.

Chase Manhattan Bank (I B3, 1 Chase Manhattan Plaza): Das dominante Gebäude zwischen Pine Street und Liberty Street entstand 1961 nach Plänen von Gordon Bunshaft (SOM) im International Style. Bemerkenswert ist die auf dem Vorplatz aufgestellte Skulpture *Four Trees* (1972) von Jean Dubuffet (1901–1985).

Federal Reserve Bank (I B3): In der 33 Liberty Street befindet sich eine von zwölf Bundesnotenbanken der USA. Die von hier stammenden Banknoten und Münzen sind durch den Buchstaben B gekennzeichnet. In ihrem fünfgeschossigen Tresorsystem befindet sich das größte Goldreservenlager der Welt und lagern Schätze verschiedener Nationen in jeweils eigenen Panzerräumen.

South Street Seaport (I B3, Fulton & South St., Pier 17): Viel ist von New Yorks altem Hafen nicht übrig geblieben, aber immerhin sind der Kern des Hafenviertels aus dem 19. Jahrhundert zwischen Pier 15 und Pier 17/18 sowie South und Water Street erhalten. South Street Seaport markiert sein Zentrum; hier befand sich auch der 1821 ins Leben gerufene Fulton Fish Market, der vor einigen Jahren in die Bronx umzog. Dank einer Revitalisierungsmaßnahme konnte der Verfall des Hafenareals in den späten 1970er Jahren verhindert werden. Erneut legen heute Schiffe – Water Taxis und Tourboote – hier an, den Gast erwarten Shops, Lokale, ein Hotel, eine Ausstellungshalle, eine Openair-Bühne und ein künstlicher Strand.

Das gesamte Ufer zwischen Battery Park und East River Park ist als Promenade, als »East River Esplanade«, gestaltet. In die alten Lagerhallen an Pier 17 sind Cafés, Imbissstände und Shops eingezogen. Besonders lohnend ist ein Besuch auf den historischen Schiffen, die vor dem Pilot House (Infozentrum) an Pier 16 im Hafen vor Anker liegen. Dazu gehören der Schoner »Pioneer«, der Schlepper »W. O. Decker« oder die Hamburger Viermastbark »Peking«, das zweitgrößte Segelschiff der Welt. Besuchenswert ist zudem das South Street Seaport Museum (12 Fulton St.), das an die maritime Geschichte der Stadt erinnert (siehe auch »Museen«).

Schermerhorn Row (I B3): Auch das Areal westlich der Piers, entlang der South Street, wurde in den frühen 1980er Jahren renoviert und beherbergt heute Shops, Kneipen und Galerien. An der Schermerhorn Row reihen sich etliche Lagerhäuser und Kontore, zwischen 1811 und 1813 erbaut, aneinander. Peck Slip mit dem Meyer's Hotel von 1873 und der Consolidated Edison Electrical Substation (1975), mit einem Wandbild der Brooklyn Bridge von Richard Haas, und das Titanic Memorial Lighthouse (Fulton/Water St.) sind weitere architektonische Highlights im Viertel.

St. Paul's Chapel (I B3, 209 Broadway / Church St. zwischen Fulton und Vesey St.): Lange Zeit war die St. Paul's Chapel in erster Linie als einzige erhaltene Kirche New Yorks aus der Zeit vor der Unabhängigkeit bekannt. 1766 hatte man mit dem Bau begonnen, der Ostteil sowie der Westturm waren jedoch erst um 1794 fertig. Dann kam der 11. September 2001 und während rings um die Kirche die Welt unterzugehen schien, stand sie selbst wie ein Fels in der Brandung und blieb fast unbeschädigt. Während der Aufräumarbeiten diente sie als Ort der Zuflucht, der Trauer, der Stille und zugleich als Versorgungs- und Anlaufpunkt für Hilfskräfte, Familienangehörige und Trostsuchende. Die Ausstellung »Unwavering Spirit« erinnert daran und ehrt alle Beteiligten. Mit Ausnahme eines prächtigen irischen Kronleuchters ist die Kirche innen schlicht, aber hell und luftig. Hauptattraktion ist im Nordflügel »Washington's Pew«, die Gebetsbank, in der George Washington am Inauguration Day, dem 30. April 1789, nach seiner Vereidigung, beim Gottesdienst saß.

St. Peter's Church (I B3, 22 Barclay Street): Nur einen Steinwurf entfernt von St. Paul's liegt die St. Peter's Church, ebenfalls ein Ort der Stille mitten im geschäftigen Rummel. Es handelt sich um die älteste katholische Kirche der Stadt, 1785 erbaut und 1836 im Greek-Revival-Stil komplett umgebaut; der Innenraum ist hingegen barockisierend gestaltet.

Woolworth Building (I B3, 233 Broadway): Franklin Winfield Woolworth (1852–1919) wusste genau, warum er seine Konzernzentrale zwischen 1910 und 1913 ausgerechnet hier am City Hall Park erbauen ließ. Seit 1812 das neue New Yorker Rathaus eröffnet worden war, schlug hier das Herz der Stadt. Aus demselben Grund war hier auch die »Newspaper Row« (Park Row) entstanden, ein Straßenabschnitt, an dem sich die Redaktionen der wichtigsten New Yorker Tageszeitungen – um 1900 sollen es an die 20 gewesen sein – aufreihten. Bereits 1879 hatte

Woolworth seine Geschäftsidee, Waren für 10 Cents anzubieten, in die Tat umgesetzt und damit einen neuen Boom im Einzelhandel ausgelöst.

1911 eröffnete er die 100. Filiale und 1913 wurde die 13,5 Millionen Dollar teure Zentrale des Konzerns, einer »Kathedrale des Kommerzes«, geplant von dem renommierten Architekten Cass Gilbert (1859–1934), im Beisein von Präsident Woodrow Wilson eröffnet. Bis in die 1930er Jahre, als das Chrysler Building fertiggestellt wurde, war es mit 242 Metern das höchste Gebäude New Yorks. Kuriose Fassadendetails wie Fledermäuse, Fratzen oder Fabelwesen, ein pyramidales Dach, Strebepfeiler, Zinnen und vier Türme machen den Art-déco-Bau zu einer Augenweide. Die prächtige Ausstattung mit Reliefs, Wandbildern, Intarsien und Mosaiken setzt sich auch im Inneren fort. Dieses ist leider, da heute Sitz der New York University, nicht mehr zu besichtigen.

City Hall und Umgebung (I B/C3): Gegenüber dem Woolworth Building liegt mit dem City Hall Park ein Platz mit Tradition. In den Gründertagen befand sich hier nur eine Wiese, genannt »De Vlackte« – die Viehweide. Als sich die Stadt unter britischer Herrschaft weiter nach Norden ausdehnte, wurde sie zu »The Commons« oder »The Fields«, zur Grünanlage und zum Versammlungsplatz. Ein Schandpfahl wurde aufgestellt, und ab 1760 trafen sich auf der Wiese die »Sons of Liberty«, nach Unabhängigkeit strebende Kolonisten. Deren Fahnenmast, den »Flagpole of Liberty«, sägten die Briten immer wieder um, bis der Streit in der »Schlacht am Golden Hill«, der ersten blutigen Konfrontation zwischen amerikanischen Siedlern und britischer Kolonialmacht im Jahr 1770 eskalierte.

Der Ort blieb Treff freiheitsliebender Siedler. 1776 verlas hier General George Washington vor den versammelten Truppen die »Declaration of Independence«. Nach der Eroberung New Yorks durch die Briten wurde auf dem

Platz ein 20jähriger US-Offizier, der als Spion gefangen worden war, erhängt – eine Statue an der Parkecke nahe dem Broadway erinnert an jenen Nathan Hale. Auch nach der Unabhängigkeit standen hier keine Wohnhäuser, sondern nur ein paar Hütten und ein Gefängnis (erbaut 1759). Erst zwischen 1803 und 1812, als hier das neue Rathaus entstand, änderte sich das Bild und das Areal erhielt den Namen »City Hall Park«.

New Yorks Rathaus ist ein Musterbeispiel für den Georgian Style, entworfen von John McComb Jr. (1763–1853) und dem französischen Immigranten Joseph Mangin (1764–1818). Zwischen 1803 und 1812 erbaut, wurde aus Sparsamkeitsgründen ursprünglich nur die Schauseite marmorverkleidet, schließlich stand das Rathaus zu seiner Erbauungszeit noch an der Nordgrenze der Stadt. Im Inneren beeindruckt eine große überkuppelte Rotunde über zehn Säulen. Eine geschwungene Doppeltreppe führt hinauf zu City Council und Governor's Room.

Hinter Park und Rathaus erhebt sich das zwischen 1861 und 1872 erbaute **Old New York County Courthouse** (52 Chambers St.), nach dem korrupten Politiker William M. Tweed, der sich am Bau eine goldene Nase verdient haben soll, auch »Tweed Courthouse« genannt. Der nördlich davon gelegene **Surrogate's Court** (Hall of Records, 31 Chambers St.) diente einst als Stadtarchiv. Es wurde 1899–1911 im Beaux-Arts-Stil, in Anlehnung an die Pariser Oper, erbaut. Unübersehbar ist gegenüber, jenseits der Centre Street, das **Municipal Building** (1 Centre St.), der 1914 von McKim, Mead & White erbaute Sitz der Stadtverwaltung. Hinter diesen Bauten schließt sich ein ganzer Komplex von Gebäuden an, die mit dem Gerichtswesen zu tun haben: das **United States Courthouse** (40 Centre St.) – 1933 vom Erbauer des Woolworth Building, Cass Gilbert, begonnen und von seinen Söhnen vollendet –, das **New York County Courthouse** (60 Centre St.), 1926 im

Greek-Revival-Stil mit tempelartiger Front, korinthischen Säulen und Freitreppe erbaut, sowie das **Criminal Courts Building** (100 Centre St.) von 1939.

Beekman Tower (I B3, 8 Spruce St.): Frank Gehry plante im Auftrag des New Yorker Immobilienmoguls Bruce Ratner diesen 76stöckigen Turm mit über 900 Wohnungen in unmittelbarer Nähe zu New York Downtown Hospital und Brooklyn Bridge. Das Gebäude soll 2011 eröffnen. Um Bau- und Instandhaltungskosten zu senken, setzte Gehry die Software ein, die von seinem Büro für die Fisch-Skulptur in Barcelona schon 1992 entwickelt worden und auch am Guggenheim Museum in Bilbao zum Einsatz gekommen war. Die energiesparende Glas-Stahl-Konstruktion soll eine Schule, ein Gesundheitszentrum und Wohnungen enthalten. Bereits jetzt zeichnet sich ab, dass der Bau mit seiner bewegten Fassade ein neues architektonisches Wahrzeichen am Übergang zu Brooklyn darstellen wird.

Brooklyn Bridge (I B4) und die **Brücken New Yorks:** Als die Brooklyn Bridge im Jahr 1883 eröffnet wurde, war sie als erste Hängebrücke aus Stahl ein technisches Wunderwerk. Dennoch brach bei den Eröffnungsfeierlichkeiten eine Panik auf der Brücke aus, als eine Frau auf der insgesamt 40 Meter über dem Fluss hängenden Brücke stolperte; 34 Menschen kamen damals ums Leben. Ungeachtet dessen lobten Schriftsteller, Künstler und Fotografen die Brücke in höchsten Tönen und der aus Brooklyn stammende Dichter Walt Whitman meinte sogar, schon vor der Eröffnung, ein Gang über die Brücke sei die »beste und wirkungsvollste Medizin, die meine Seele bisher genossen hat.«

Stellten bis zur Eröffnung der Brooklyn Bridge Fähren die Verbindung zwischen den damals noch getrennten Städten New York (Manhattan) und Brooklyn her, bedeutete nun die Brücke eine weit einfachere und sicherere Überquerung. Der aus Thüringen stammende Ingenieur

Brooklyn Bridge

und Erfinder des Drahtseils, Johann August Röbling (John August Roebling; 1806–1869), hatte 1867 den Auftrag erhalten, das Bauwerk zu konstruieren und bekam 8000 Dollar in Aussicht gestellt. 1869 starteten die Bauarbeiten, die am Ende 18 Millionen Dollar verschlingen sollten. Der Planer selbst erlebte die Vollendung seines Werkes nicht, er war drei Wochen nach Baubeginn an Wundstarrkrampf, als Folge einer Quetschung seines Fußes bei einer Fährschiffhavarie, gestorben. Er war damit eines der 27 Opfer, die der Bau der Brücke, an dem insgesamt rund 600 Arbeiter beteiligt waren, gefordert hatte. Nach Röblings Tod leitete sein Sohn Washington (1837–1926) die Bauarbeiten, doch er wurde bei der Besichtigung der Pfeilerfundamente 1872 im Senkkasten von der sogenannten Taucherkrankheit heimgesucht und war seither an den Rollstuhl gefesselt. Fortan war vor Ort seine Frau Emily

(1843–1903) tätig – und überquerte bei der Eröffnung als erste Person die Brücke.

Die gesamte Konstruktion war wegweisend: die Senkkästen und Tragseile stellten revolutionäre technische Verfahren zum Ausheben der Pfeilerfundamente im Trockenen dar. In den beiden hohen Granithauptpfeilern, die als 84 Meter hohe gotische Doppelbögen im Stil von Stadttoren errichtet worden waren, befinden sich je vier gusseiserne Ankerplatten. An deren Enden sind vier Stahlseile befestigt, bestehend aus je 19 ummantelten Strängen von insgesamt 5657 Kilometern zink-galvanisiertem Draht. Zur Verstrebung wurden weitere diagonale und vertikale Seile, die oben am Hauptseil und unten an Stahl-Bodenträgern befestigt wurden, angebracht.

1875 wurde der »Brooklyn Tower« eröffnet, ein Jahr später folgte der »New York Tower« und am 24. Mai 1883, nach insgesamt 14 Jahren Bauzeit, war es dann soweit: Bereits am Eröffnungstag ratterten 1800 Fahrzeuge über die Brücke, dazu kamen über 150000 Menschen. Zunächst fuhren die Pferdefuhrwerke auf der Außenbahn, die Straßenbahnen auf der »zweiten Spur« und die Fußgänger liefen auf dem um 5,5 Meter höhergelegten Mittelstreifen. Dieser dient noch heute als Fuß- und Radweg, während auf der Hauptfahrbahn nur noch Autos unterwegs sind, Hochbahn und Straßenbahnen wurden in den 1950er Jahren von der Brücke verbannt.

Mit dem Zusammenschluss der fünf Städte zu New York City im Jahr 1898 wuchs die infrastrukturelle Bedeutung der Brücke. Sie machte mit den in der Folgezeit konstruierten Brücken das Funktionieren der neuen Weltmetropole überhaupt erst möglich. So wurde weiter nördlich 1903 (Baubeginn 1896) mit der **Williamsburg Bridge** (I D5) eine weitere Verbindung zwischen Brooklyn und Manhattan geschaffen. Mit einer Spannweite von 488 Metern und einer Länge von 2227 Metern war sie bis 1924 die weltgrößte Hängebrücke. Über sie verläuft bis heute eine

U-Bahn-Trasse, und diese Linie trug dazu bei, dass im Brooklyner Viertel Williamsburg ein lebhaftes Wohnareal, »Brooklyn's East Village« entstand – ein buntes, multiethnisches Viertel um die Bedford Avenue. Auch zahlreiche jüdische Familien zogen damals aus den beengten Verhältnissen an der Lower East Side hierher und verhalfen der Brücke zu dem Beinamen »Jewish Highway«.

Die dritte Brücke über den East River nach dem Zusammenschluss der fünf Boroughs war die 1909 eröffnete **Manhattan Bridge** (B/C4), ebenfalls mit U-Bahn-Trasse. Sie liegt mit einer Spannweite von 448, einer Länge von 2089 und einer Breite von 36,5 Metern zwischen den beiden erstgenannten Brücken. Damit verbanden drei Brücken die beiden wichtigsten New Yorker Stadtbezirke, Manhattan und Brooklyn, 1909 folgte die erste Brücke zwischen Manhattan und Queens: Die **Queensboro Bridge** (II J4), auch als »59th Street Bridge« bekannt. Auch hier verkehrten einst Bahnen, heute sind es auf zwei Decks nur noch Autos und Busse. Die Auslegerbrücke ist fast 2500 Meter lang und 106 Meter hoch. Zur Verbindung mit der Bronx war schon 1848 die »High Bridge« entstanden (heute geschlossen), ehe die mächtige Washington Bridge (1888) eröffnet wurde. Heute überqueren den Harlem River insgesamt 15 Brücken.

Zu den beiden modernen Brücken, die weltberühmt wurden, gehört die **George Washington Bridge**. 1931 eröffnet, schwärmte schon Le Corbusier von der »GWB« zwischen Upper Manhattan und New Jersey. 1451 Meter lang, überspannt sie den Hudson River und galt bei Eröffnung mit einer Spannweite von 1067 Metern zwischen den Pfeilern als weltgrößte Hängebrücke. Da über sie die Interstate (Autobahn) 95 verläuft, gilt sie heute als eine der wichtigsten Brücken der Stadt. Übertroffen wurde sie längenmäßig von der 1964 eröffneten **Verrazano Narrows Bridge**, wo alljährlich der berühmte New York Marathon startet. Die Hängebrücke mit einer Spannweite von 1298

Metern zwischen den Pfeilern galt von 1964 bis 1981 als weltgrößte, heute liegt sie auf Platz 8 unter den Hängebrücken. Sie führt vier Kilometer über »The Narrows«, die Mündung des Hudson River in den Atlantik, und verbindet Brooklyn und Staten Island.

Daten zur Brooklyn Bridge: 1834 m Gesamtlänge · 486 m Spannweite · knapp 26 m Breite · 14680 Tonnen Gewicht · Eröffnung am 24. Mai 1883

Lower East Side (LES)

Auf den ersten Blick wirkt das Areal zwischen der Wolkenkratzer-Kulisse an der Südspitze Manhattans und jener von Midtown wenig spektakulär. Dennoch schlägt genau hier das Herz der Stadt – hier arbeiten und leben die Menschen in unterschiedlichen, faszinierenden Vierteln: in ethnisch geprägten wie Chinatown oder Little Italy, historisch gewachsenen wie der Lower East Side oder Gramercy, in Künstler- und Aussteigervierteln wie dem Village oder SoHo oder aber in hippen Trendvierteln wie TriBeCa oder Chelsea.

Little Italy, Chinatown und die Bowery sind streng genommen Teile der Lower East Side (LES), begrenzt durch Broadway und East River sowie Canal und 14th Street. Eine Hauptachse der LES ist die Delancey Street. Ihr Umfeld war einst Mittelpunkt des jüdischen New York, heute spürt man hier deutlich den Wandel des Viertels vom einstigen Armen- zum begehrten Wohnviertel. Ehe jedoch die Juden ab dem späten 19. Jahrhundert die LES bevölkerten, stellten deutsche (»Klein Deutschland«) und irische Immigranten die Mehrheit.

Engine Co. 31 (I C3): 1895 wurde dieses ehemalige Feuerwehrhaus als Sitz der 1865 organisierten Feuerbrigade Engine Company No. 31 im Stil eines französischen Châteaus in der 87 Lafayette Street erbaut. 1972 verließ die Feuerwehreinheit ihren Standort und im selben Jahr kam der Bau auf das National Register of Historic Places.

Confucius Plaza (I C3): Dieser Platz mit der Statue des chinesischen Philosophen Liu Shih sowie der benachbarte Columbus Square bilden das Zentrum von Chinatown. Von der Confucius Plaza geht die Mott Street ab, die Lebensader des chinesischen Viertels mit typischen asiatischen Läden und Lokalen und dem Eastern States Buddhist Temple (64b Mott St.). Dieser wirkt von außen klein und unscheinbar, im Inneren jedoch lassen ihn über hundert Goldbuddhas erstrahlen.

Eldridge Street Synagoge (I C4; 12–16 Eldridge St.): Die Synagoge (www.eldridgestreet.org) stellt eines der letzten Relikte der jüdischen Vergangenheit in der LES dar. 1887 von einer jüdisch-orthodoxen Gemeinde erbaut, gilt sie als eine der ältesten erhaltenen Synagogen, dazu eine der prächtigsten. Sie ist mit romanischen, gotischen und maurischen architektonischen Details und sehenswerten Buntglasfenstern, Messingleuchtern und Schnitzarbeiten ausgestattet, vorwiegend aus den 1930er Jahren. Nach einer umfassenden Renovierung wurde der Bau 2007 als Museum neu eröffnet. In der LES existieren noch weitere Synagogen wie die neoromanische **Seward Park Synagogue** (Essex St.) oder die **Bialystoker Synagogue** (7–11 Willett St.), 1826 im Federal Style als Methodistenkirche erbaut und 1905 zum jüdischen Gotteshaus umfunktioniert.

New Museum of Contemporary Art (I D3, 235 Bowery): Jüngstes Zeichen des Wandels in der LES ist das New Museum of Contemporary Art (siehe auch »Museen«), das im Begriff ist, sich als eines der führenden Museen der zeitgenössischen Kunst zu etablieren. Der fensterlose, kubische weiße Bau der japanischen Architektenbüros Sejima/Nishizawa (SANAA), der einem wankenden Kartonstapel gleicht, fällt aus dem Umfeld der alten, teils noch unrenovierten Backsteinbauten heraus. Wenngleich

New Museum in der Bowery

die Innenarchitektur weniger spektakulär und eher unauffällig ist, lohnen die wechselnden Ausstellungen ebenso wie der Blick von der Dachterrasse (nur an Wochenenden). Ein Café und Laden gehören dazu, außerdem eine Bibliothek und ein bunt gemischtes Veranstaltungsprogramm.

Lower East Side Tenement Museum (I D4, 97 Orchard St.): In einem restaurierten Apartmenthaus aus der Zeit der Jahrhundertwende befindet sich dieses sehenswerte Museum (siehe auch »Museen«), das aus mehreren rekonstruierten Wohnungen besteht. Diese legen eindrucksvoll Zeugnis ab von der Geschichte der Einwanderer – deutschen und osteuropäischen Juden sowie Iren und Italiener – und von deren Lebensbedingungen in New York um 1879. Verschiedene Touren durch das Gebäude beginnen im nahegelegenen **Visitor Center** (108 Orchard St., mit Shop und Film, www.tenement.org).

Police Headquarters Building (I D3): Dank ihrer dominanten Kuppel im Barockstil sticht die ehemalige Polizeizentrale in der 240 Center Street sofort ins Auge. 1909 war sie mit zwei Pavillons und korinthischen Säulen und Tympanon zur Rahmung des Portals erbaut worden. In den »wilden Jahren« des Viertels in den 1920er und 1930er Jahren versuchte die Polizei von hier aus die »Bootleggers' Row«, die (Alkohol-)Schmugglergasse von der Grand Street bis zur Bowery, zu kontrollieren. Nach der Schließung der Polizeistation entstanden hier Apartments.

Puck Building (I D3, 295 Lafayette St.): Das Gebäude wurde 1885 im Romanesque-Revival-Stil erbaut und fungierte zwischen 1887 und 1976 als Sitz der Zeitschrift *Puck*, die von einem deutschen Immigranten in St. Louis ins Leben gerufen worden war. Benannt nach der Shakespeare-Figur aus dem *Sommernachtstraum* befindet sich Pucks Statue an einer Ecke des Gebäudes. Damals das größte Druck- und Verlagshaus der Welt, finden heute nur noch im prächtigen Grand Ballroom und im Skylight Ballroom Veranstaltungen und Konzerte statt.

Blue Building (I D4, 105 Norfolk St.): Den Wandel in der LES zeigen auch neue Apartmentbauten wie das auffällige Blue Building, geplant von dem Schweizer Architekten Bernard Tschumi (* 1944), der seit 1976 in New York lebt und arbeitet. Der 2007 eröffnete Bau sticht schon wegen seiner 17 Stockwerke Höhe, vor allem aber aufgrund seiner auffälligen Fassade im Stil eines blauweißen Schachbrettmusters aus Glas aus dem Häusermeer der LES heraus.

SoHo und TriBeCa

SoHo – die Abkürzung für *So*uth of *Ho*uston – und TriBeCa – *Tri*angle *Be*low *Ca*nal – breiten sich westlich der Lower East Side und des Broadway aus. Als neuestes Viertel hat sich Nolita (*No*rth of *L*ittle *Ita*ly) herausgebildet, das sich nördlich des Italienierviertels um Lafayette, Prince und Spring Street, im Osten vom Broadway erstreckt.

In der zweiten Hälfte des 19. Jahrhunderts siedelte sich auf SoHos billigen Grundstücken die expandierende Textilindustrie an und es entstanden »sweat shops«, große Nähsäle, in denen im Akkord gearbeitet wurde. Für diese Zweckbauten eignete sich die um 1850 entwickelte Eisenbauweise besonders gut. Hauptmerkmal der heute prägenden »Cast Iron Buildings« ist ein Skelett aus Eisenträgern, zwischen die vorfabrizierte dünne Fassadenteile aus Gusseisen – in verschiedenen Formen und mit unterschiedlichen Dekors – eingefügt wurden. Insgesamt haben sich rund 250 derartige Gebäude in New York erhalten, die meisten in SoHo. In den 1960er Jahren drohte der Abriss der teils aufgelassenen, teils zu Lagern und Werkstätten umfunktionierten Hallen, doch Denkmalschützer konnten das in letzter Minute verhindern. Ateliers, Werkstätten und Galerien zogen daraufhin ein, und das »Loft« als neue Form des Wohnens ohne Raumgrenzen war geboren.

Singer Building (I D3, 561 Broadway): Das bekannteste Cast Iron Building war 1904 von Ernest Flagg (1857–1947) als Büro- und Lagerhaus der gleichnamigen Nähmaschinenfabrik geplant worden. Schmiedeeisen-Balkone und Bögen gliedern die elfstöckige Fassade aus Terrakotta, Glas und Stahl. Der Namenszug »Singer« befindet sich noch immer über dem Eingang an der Prince Street. Dabei handelt es sich hier nur um das »kleine« Singer Building, der 40stöckige Hauptbau stand ursprünglich am unteren Broadway und wurde 1967 abgerissen.

Weitere Cast Iron Buildings: Neben dem **New Era Building** (495 Broadway) mit prägnantem Dach und Schriftzug erhebt sich die Neorenaissance-Fassade des **Haughwout Building**, das 1857 aufgrund des ersten dampfbetriebenen Fahrstuhls Schlagzeilen machte. Das Herz von SoHo schlägt um die Greene Street, v. a. zwischen Broome und Spring, wo insgesamt rund 50 solcher historischer Denkmäler auf fünf Blocks erhalten sind. Sehenswerte Bauten aus dem späten 19. Jahrhundert sind z. B. der »**King**« (Nr. 72–76, 1873, French Renaissance-Stil) oder die »**Queen**« (Nr. 28–30, 1873, Second Empire), beide geplant von Isaac F. Duckworth. Interessant an der Ecke Prince/Greene Street ist überdies das Wandbild von Richard Haas, das in Trompe-l'oeil-Technik eine Gusseisenfassade nachahmt.

Lagerhausarchitektur in TriBeCa (I C2): Architektonisch prägen schmale, hohe Backsteingebäude und Lagerhallen (*warehouses*) das Bild TriBeCas. Gerade in der **Franklin Street** (zwischen Greenwich und Hudson) stehen sehenswerte Bauten, die durch Neorenaissance-Dekor an ihren Fassaden auffallen. Einen guten architektonischen Überblick erhält man in der nahen **Harrison Street**, in der eine Reihe von acht Stadthäusern im Federal Style um die Wende vom 18. zum 19. Jahrhundert zu Lagerhäusern umgebaut wurde. In den 1970er Jahren wurden sie restauriert und dienen nun als Wohnungen.

Die **White Street** ist neben Franklin Street und West Broadway die Hauptachse von TriBeCa. Auch sie bietet sehenswerte Architektur, z. B. die Nr. 2 im Federal Style oder die Nr. 49, die Hebrew School, mit wellenförmiger Fassade. Zu den sehenswertesten Bauten gehört das **Powell Building** (105 Hudson St.), 1892 nach Plänen des damals legendären Architekturbüros Carrère & Hastings mit einer festungsartigen Sockelzone und gliedernden Säulenstellungen – angelehnt an die Florentiner Palastbauten – errichtet.

40 Mercer Residences (I D2, 40 Mercer St.): Der Pritzker-Preis-Gewinner von 2008, der französische Architekt Jean Nouvel (* 1945), hat sich 2008 in SoHo der schwierigen Aufgabe gestellt, auf einem sehr schmalen Grundstück und unter Beachtung strikter Bauvorschriften in der Mercer Street eine 15stöckige Glas-Stahl-Konstruktion zu erbauen. Bei den »glass curtain walls« wechseln normale Scheiben mit solchen in Rot und Blau ab, im Inneren befinden sich 41 Luxusapartments und Shops.

56 Leonard Street – Wohnturm (I C3): Das Schweizer Architekturbüro Herzog & de Meuron, weltweit bekannt geworden durch aufsehenerregende Projekte wie das Olympiastadion in Peking, dem de Young Museum in San Francisco oder der Münchner Allianz Arena, plante dieses 57stöckige, 2008 begonnene Wohnhochhaus (56 Leonard St.). Es ist gekennzeichnet durch skurril verschobene Achsen und Ecken und umfasst »Wohnscheiben« für 145 Apartments mit jeweils eigenen Balkonen (www.56leonardtribeca.com). Es handelt sich dabei nicht um den ersten Bau der Schweizer in New York. In Zusammenarbeit mit dem Hoteldesigner Ian Schrager (* 1946) war bereits 2007/08 im East Village, in der 40 Bond Street, ein anderer, auf seine Art ebenfalls ungewöhnlicher, aber vergleichsweise konventioneller und wesentlich kleinerer Wohnbau entstanden.

Greenwich und East Village

Das Zentrum von Downtown New York bildet das berühmte Greenwich Village, kurz »Village« genannt. »Greenville Village ist wie Schwabing plus Montmartre im Quadrat«, meinte einmal der deutsche Exilant und Schriftsteller Hermann Kesten. Das verschlafene Dorf war Anfang des 19. Jahrhunderts von der wuchernden Metropole geschluckt worden und entwickelte sich im 20. Jahrhundert zum Sammelpunkt der Bohème, der Künstler und Aussteiger, der Studenten und Homosexuellen, der Künstler und der Avantgarde. Heute haben sich die betuchteren »BoBos« – die »Bourgeois Bohemian«, spöttisch »Kapitalisten der Gegenkultur« genannt – dazugesellt, und das Viertel ist zu einer Topadresse der Stadt geworden.

Greenwich Village breitet sich westlich des Broadway zwischen Houston und 14th Street bis zum Hudson River hin aus. Als »West Village« wird der Streifen westlich der 6th Avenue bezeichnet. Die Hauptachsen des Viertels heißen Bleecker und Christopher Street, die Hauptattraktionen gruppieren sich um den Washington Square bzw. für das West Village um den Sheridan Square. »East Village« wird der Abschnitt östlich des Broadway Richtung East River genannt. Dieses Areal ist im Unterschied zum Greenwich Village Treff der Musiker, Künstler und Bohèmiens geblieben und gilt inzwischen als Top-Nightspot der Stadt.

Greenwich Village Historic District (I E2/3): Eine der Hauptachsen des unter Denkmalschutz stehenden Viertels ist die Christopher Street, Treff der Homosexuellen, dicht besetzt mit Shops und Bars sowie dem 1955 eröffneten

Lucille Lortel Theatre (Nr. 121). Herz des Village ist der nach General Philip Sheridan (Statue) benannte Sheridan Square, Kreuzpunkt von sieben Straßen. Berühmt-berüchtigt war das Viertel wegen mehrerer Aufstände und Zwischenfälle wie 1969 die Stonewall Riots – ein erfolgreiches Aufbäumen der Schwulenbewegung. Damals wurde die Polizei, die die Homosexuellenbar Stonewall Inn schließen wollte, kurzerhand dort eingesperrt. In Erinnerung daran entstand die »Christopher Street Day Parade«. Architektonisch sehenswert ist das Wohnviertel um die Grove Street mit dem **Grove Court**, einer Reihe von sechs Stadthäusern aus der Mitte des 19. Jahrhunderts.

Jefferson Market Courthouse (I E2, 425 6th Ave. / West 10th St.): Der ursprüngliche Gerichtsbau am Sheridan Square ist das Wahrzeichen des Village. 1833 hatte Präsident Thomas Jefferson hier bereits einen Feuerwachturm bauen lassen, zum Schutz des ebenfalls hier entstandenen Marktes. 1875/76 errichtete man anstelle des Marktes und des Holzturms das Gerichtsgebäude mit angrenzendem Gefängnis nach Plänen der Architekten Frederick Clark Withers (1828–1901) und Calvert Vaux (1824–1895), 1883 kam eine neue Markthalle dazu, die heute nicht mehr existiert. Der sehr auffällige, farbenfrohe Komplex aus rotem Ziegel, schwarzem Stein und weißem Granit folgt dem von John Ruskin inspirierten gotisierenden Stil, mit aufwendigen Details, Bleiglasfenstern und einem Uhrenturm. 1945 zog das Gericht aus, der Abbruch drohte. Nach Protesten der Bewohner entschloss man sich in den 1960er Jahren zu einer Renovierung; seit 1967 nutzt eine Filiale der New York Public Library den Bau.

Bedford Street (I E2): Auch diese Straße ist gespickt mit historischen Häusern. Dazu zählt das **Isaac-Hendricks House** (Nr. 77) von 1799 und das 1893 erbaute, schmalste Haus der Stadt, die **Nr. 75 1/2**. 1923/24 lebte in diesem nur 2,90 Meter breiten Haus Edna St. Vincent Millay, die 1924 das Cherry Lane Theater (38 Commerce/

Bedford) gegründet hat. Das Haus Nr. 102 nennt man »**Twin Peaks**« (1830) – es ist ein eindrucksvolles Künstlerhaus im hier eher ungewöhnlichen Tudor-Stil.

St. Luke's Place (I E2): Am Hudson Park liegt St. Luke's Place, eine Ansammlung von 15 Reihenhäusern aus den 1850er Jahren. Berühmt ist die Hausnummer 10, die für die Außenaufnahmen der beliebten Soap Opera *The Cosby Show* (1984–92) Modell stand. Auch in den Nachbarhäusern wurde gefilmt, so in Nr. 4 der Streifen *Warte, bis es dunkel wird* (1967) mit Audrey Hepburn.

Washington Square (I E2/3): Mehrere Gebäude der 1831 gegründeten New York University rahmen den geschichtsträchtigen Washington Square. Studenten, Künstler und Literaten siedelten sich traditionell rings um den Platz an. Zu den berühmtesten Bewohnern des Viertels zählten John Dos Passos, Edward Hopper oder Henry James. Heute ist die Anwohnerschaft wohlhabender und der Platz vor allem Treff und Erholungsort für Bewohner und Studenten, allerdings ist die Atmosphäre noch immer bunt und vielfältig.

Einst befand sich hier ein Friedhof, dann eine Duellier- und Hinrichtungsstätte – mit der »Galgen-Ulme« an der Nordwestecke – schließlich fungierte der Ort als Amüsierplatz der Bohème. 1916 riefen hier Marcel Duchamp und John Sloan die »Freie und Unabhängige Republik Washington Square« aus. Wahrzeichen des vor wenigen Jahren renovierten Platzes ist der Washington Arch, ein mächtiger Bogen im Stil römischer Triumphbögen, 1893 geplant von Stanford White und an jener Stelle erbaut, an der einst General Washington gegen die anrückenden Briten kämpfte.

In der Häuserzeile **The Row** (1832–33) am Nordrand, wohnten einst Künstler und Dichter, heute eher die Hautevolee. In den Hinterhöfen, den Washington Mews, sind in die vormaligen Pferdeställe Universitätsinstitute eingezogen.

New York University (I E3): Außer zwei Kirchen, der **Washington Square United Methodist Church** mit ihren auffällig roten Türen und der **Judson Memorial Church** (55 Washington Place) von 1892, dominieren die Gebäude der New York University (NYU) den Washington Square. Vom Originalbau der 1831 als Gegenstück zur Columbia University gegründeten Privatuniversität ist nur noch der Turmsockel erhalten. Anlaufpunkte sind der **Universitäts-Buchladen** (18 Washington Pl.) und das Infozentrum in der modernen **Stern Hall** (Südost-Ecke Washington Sq.), dem Hauptbau der Uni mit Vorplatz und **Loewe's Theatre**. Im Umfeld der Hochschule befinden sich zwei weitere Gotteshäuser: die 1840 erbaute neogotische **Church of the Ascension** (36–38 5th Ave.) und die **First Presbyterian Church** von 1846 (5th/12th St.), ebenfalls neogotisch.

Forbes Building & Galleries (I F3, 62 5th Ave. / 12th St.): Der Verlagssitz des Wirtschaftsmagazins *Forbes* entstand 1925 nach Plänen des damals führenden Architekturbüros der Stadt, Carrère & Hastings. Es beherbergt heute neben der Redaktion eine Kunstausstellung (www.forbesgalleries.com) u. a. mit Fabergé-Eiern, Spielzeugbooten und Zinnsoldaten.

Brown Building (I E2): 1901 im Neorenaissance-Stil erbaut, zog hier am Washington Place 23–29 zunächst die Shirtwaist Company ein, eine der damals größten Nähfabriken der Stadt. Sie sorgte 1911 durch einen großen Brand, der Tote und Verletzte forderte, für unrühmliche Schlagzeilen, hatte doch schon früher die Gewerkschaft bessere Bedingungen für die etwa 40 000 Angestellten der Firma – vier von fünf Arbeitern waren Frauen –, gefordert. Als am Morgen des 25. März 1911 ein Feuer ausbrach, das 146 Menschenleben forderte, wurden als erste Konsequenz neue Feuerschutz- und Arbeitsgesetze erlassen. Erstere sind heute noch in Gestalt der Feuerleitern außen an den Gebäuden sichtbar.

Cooper Union (I E3, 30 Cooper Square): Ein dominanter, fünfstöckiger Bau am gleichnamigen Platz ist das 1859 im Auftrag des Erbauers der ersten amerikanischen Dampflok errichtete Cooper Union Building, bestehend aus Stahlrippen aus Eisenbahnschienen. Im Inneren befindet sich bis heute eine kostenlose Ausbildungsstätte und diverse soziale Einrichtungen. Traditionell fanden und finden hier wegweisende Veranstaltungen statt und so mancher berühmte Politiker, wie 1860 Präsident Abraham Lincoln, hielt hier seine Rede.

41 Cooper Square (I E3): Der 2009 fertiggestellte, zum historischen Ursprungsbau kontrastierende Erweiterungsbau für die Cooper Union Academy stammt von Thom Mayne vom Büro Morphosis. Es handelt sich um einen auffälligen, futuristisch anmutenden, skulpturalen Bau mit Brüchen und Rissen, Vorsprüngen und Lücken. Eine Besonderheit ist, dass die Fensterwand von einer dünnen silberfarbenen Stahlhaut überzogen ist und das besonders umweltfreundlichen Betrieb in Sachen Heizung, Klimatisierung und Licht ermöglicht. Die neue Ausbildungsstätte wirkt auch im Inneren luftig und hell, mit vierstöckigem Atrium und Plaza, und symbolisiert dadurch die traditionell freie Zugänglichkeit der Einrichtung.

Colonnade Row (I E3): Diese kuriose Reihe von Stadthäusern mit gemeinsamer Monumentalfassade in Form eines griechischen Tempels mit korinthischen Säulen steht in der Lafayette Street 428–434. 1833 wurde der Bau als »Geer's Folly« – »Geers Torheit« – eröffnet, und berühmte New Yorker wie John Jacob Astor, Cornelius Vanderbilt, Washington Irving oder Charles Dickens wohnten einmal hier.

Public Theater (I E3, 425 Lafayette St.): Das gegenüberliegende Theater im neoromanischen Stil wurde 1849 als erste freie Bibliothek der Stadt erbaut. 1965 wurde die »Astor Library« zum Theater umgebaut und ist heute Sitz des New York Shakespeare Festivals.

Bayard Condict Building (I E3): An der Kreuzung Lafayette/Bleecker Street steht dieser einzige New Yorker Bau von Louis Sullivan. Er wurde 1898 mit filigraner Terrakottafassade errichtet und war mit rund 50 Metern Höhe oder 13 Stockwerken einer der ersten Stahlskelettbauten der Stadt. Mit seiner Betonung der Vertikalen erinnert er an eines der Meisterwerke Sullivans, das Carson Pirie Scott-Kaufhaus in Chicago. Allerdings wirkt der New Yorker Bau mit seinen zahlreichen Zierelementen verspielter.

St. George's Ukrainian Catholic Church (I E3, 30 East 7th St.): Um die Jahrhundertwende galt die Region um die 2nd Avenue, zwischen Houston und 14th St. – das spätere East Village –, als Heimat der Osteuropäer, und die 2nd Avenue wurde »Broadway des jiddischen Theaters« genannt. Um 1890 hatte sich im Zentrum der Region »Little Ukraine« herausgebildet, doch von dieser ukrainischen Gemeinde ist heute nur die St. George's Ukrainian Catholic Church übriggeblieben. Der Bau stammt aus dem Jahr 1976; die erste Kirche der Gemeinde, 1890 in der Avenue C errichtet, existiert schon lange nicht mehr.

St. Mark's Historic District (I E–F3): Das kompakteste Beispiel für die Architektur des East Village bildet der St. Mark's Historic District, dessen Kern, St. Mark's Place, an der 8th Street östlich der 3rd Avenue liegt. Im Zentrum steht die Kirche **St. Mark's-in-the-Bowery** (131 East 10th St.) von 1799, die als zweitälteste der Stadt gilt. Schon zuvor stand hier eine Kapelle, die 1660 auf Initiative des niederländischen Governeurs Peter Stuyvesant errichtet worden sein soll. Auf dem zugehörigen Friedhof befindet sich daher neben Gräbern prominenter New Yorker auch seine Grabstätte. Der Kirchturm wurde 1828 angefügt und wenige Jahre später folgte eine zweigeschossige Sonntagsschule. 1978 beinahe durch ein Feuer zerstört, wurde die Kirche und der Friedhof durch Spenden der Anwohner renoviert und 1986 wiedereröffnet.

Grace Church (I E3, 802 Broadway): Die Kirche wurde unter Aufsicht des späteren Baumeisters der St. Patrick's Cathedral, dem damals erst 23jährigen James Renwick (1818–1895), zwischen 1843 und 1846 im neogotischen Stil errichtet und gilt als eines seiner Meisterwerke. Im Inneren sind die präraffaelitischen Buntglasfenster und der Mosaikboden sehenswert. Lange Zeit galt die Grace Church – heute unter Denkmalschutz – als die Kirche der High Society. Berühmt ist auch ihr schon 1894 gegründeter Kirchenchor, dessen Konzerte vielbesucht sind (http://music.gracechurchnyc.org).

Gramercy, Chelsea und Meatpacking District

Zwischen 14th und 34th Street befindet sich ein Übergangsbereich, dessen spezifische Infrastruktur in erster Linie auf die Entstehung dieser Region zurückzuführen ist: Nördlich der 14th Street wurde die Stadtplanung nach 1811 gemäß einem strengen Rasterprinzip betrieben. Lediglich der Broadway, der unterschiedlichste New Yorker Viertel durchschneidet, durchbricht die Regel. Die 14th Street trennt Greenwich Village von Chelsea, dem Wohnviertel der weißen Mittelschicht, sowie das East Village vom noblen Gramercy. Die berühmte 5th Avenue wiederum bildet die Grenze zwischen Gramercy im Osten und Chelsea im Westen.

Gramercy war zu Beginn des 19. Jahrhunderts, als es noch am Nordrand der Stadt lag, mit seinen vier Plätzen und luxuriösen Häusern bevorzugter Wohnort prominenter Bürger. Im Laufe der Zeit wurde vor allem das Areal südlich des Flatiron Building vernachlässigt, doch mittlerweile ist wieder etwas von dem vornehmen Flair der Gründungszeit zurückgekehrt. Teure Boutiquen und schicke Cafés haben den Flatiron District wieder zum Flanierviertel gemacht.

Chelsea war wie Gramercy um 1750 noch Farmland, benannt von dem damaligen Besitzer nach seiner englischen Heimat. Nach der Entstehung von Gramercy setzte auch hier eine Verstädterung, in rechtwinklig geordneten Bahnen, ein. Gegenwärtig erleben viele Teile von Chelsea ein Revival als Wohnort der Mittelschicht, so beispielsweise das ehemalige Schlachthausviertel zwischen Hudson River, Chelsea und West Village: der Meatpacking District. Er gilt derzeit als eines der angesagtesten Viertel New Yorks.

Union Square (I F3): Dominiert von einem Reiterstandbild George Washingtons ist der Park am Schnittpunkt von Village, Chelsea und Gramercy Treffpunkt von Bewohnern und Besuchern, Einheimischen und Fremden. Berühmt ist an der Südwestecke ein Grünstreifen, der mit einer Statue an Mahatma Gandhi erinnert. Der Platz wurde 1839 eröffnet und entwickelte sich rasch zum beliebten Treffpunkt und Demonstrationsort. In den 1970er und 1980er Jahren verkam der Platz zum Drogenumschlagplatz und erst Sanierungsmaßnahmen in den 1990er Jahren, die Eröffnung neuer Läden und Lokale im Umkreis und die Einrichtung eines Farmers' Market brachten den alten Glanz zurück. An der Nordwestecke des Platzes (33 Union Square W) unterhielt einst der Pop-Art-Künstler Andy Warhol sein erstes Studio.

Peter Cooper Village – Stuyvesant Town (I F4): Die Ansammlung mehrerer Wohnblöcke an der 14th Street ist als eine der wegweisenden und erfolgreichen privaten Wohnanlagen der Nachkriegszeit in die Architekturgeschichte eingegangen. 1943 geplant, zogen die ersten Familien im Sommer 1947 ein. Benannt wurde der Wohnkomplex nach dem ersten Governeur von Neu-Amsterdam, Peter Stuyvesant, dessen Farm einmal hier lag. »Stuy Town« erstreckt sich zwischen der 14th und 20th Street und umfasst 35 Einzelgebäude mit etwa 8700 Wohnungen. Zusammen mit dem benachbarten und später entstandenen Peter Cooper Village besteht der Komplex aus 56

Bauten, 11250 Wohnungen und über 25000 Menschen. Zu den berühmtesten Bewohnern des Komplexes gehörte neben dem Schauspieler Karl Malden der Autor Frank McCourt. Als moderne und begrünte Wohnanlage für New Yorker mittleren Einkommens wegweisend, ist »Stuy Town« bis heute eine Oase für viele Durchschnittsverdiener inmitten des teuren Manhattan geblieben.

Stuyvesant Square (I F3): Markanter Punkt im südlichen Teil von Gramercy ist der Stuyvesant Square, einst Teil der Farm des ersten Governeurs von Neu-Amsterdam, Peter Stuyvesant. Er verkaufte diese später für fünf Dollar an die Stadt. Seine Statue sowie die von Gertrude Vanderbilt Whitney schmücken den gepflegten, ruhigen Park, der durch die 2nd Avenue zweigeteilt wird. An der Westseite liegen das 1861 gebaute **Rutherford Meeting House** (15 Rutherford Place), das Zentrum der Quäker und Mennoniten, und daneben die **St. George's Episcopal Church** (209 East 16th St.), das Gotteshaus einer schon 1749 gegründeten Gemeinde. Der Bau selbst entstand 1856. Als ein Feuer 1865 den Dachstuhl zerstörte, wurden die ursprünglich vorhandenen beiden Turmspitzen beschädigt und entfernt. Als Vorbild soll die von Friedrich von Gärtner geplante St.-Ludwig-Kirche in München gedient haben. Am Nordostrand des Platzes steht unübersehbar ein großes Krankenhaus, das **Beth Israel Medical Center** (1st Ave. at 16th St.).

Hotel 17 (II F3, 225 East 17th St.): Zu den legendärsten Gästehäusern der Stadt gehörend, haftet dem 2005 renovierten Hotel 17 (www.hotel17ny.com) ein besonderer Mythos an. Zu Beginn der 1990er Jahre galt die Herberge in der Szene als »coolstes« Haus. Models und angehende Schauspieler, Transsexuelle, Fotografen und Regisseure, Sternchen und Stars gingen hier ein und aus. Hier drehten, posierten oder wohnten David Bowie, Madonna, Woody Allen, Bob Dylan, Dennis Rodman, Lenny Kravitz, Alice Cooper und Courtney Love.

Pete's Tavern (II F3, 129 East 18th St.): Am Irving Place steht die älteste erhaltene Gaststätte New Yorks, die seit 1864 kontinuierlich betrieben wird. Etliche Berühmtheiten waren hier Stammgäste, beispielsweise der Dichter O. Henry, der sein Werk *Das Geschenk der Weisen* in eben diesen Räumlichkeiten geschrieben haben soll.

Gramercy Park (II F–G3): Den 1840 angelegten Stadtpark und sein Ambiente würde man eher in London ansiedeln als in New York. Der Park ist als einziger Privatpark Manhattans nur für Anwohner und Gäste des noblen Hotels Gramercy zugänglich; lediglich im April, während der Gramercy Park Garden Show, ist die Grünanlage auch der Öffentlichkeit zugänglich. Die Bauten an der West- und Südseite stammen fast alle aus dem späten 19. Jahrhundert und repräsentieren verschiedene damals beliebte Neo-Stile.

An der Südseite des Platzes liegt der 1898 gegründete **National Arts Club** (15 Gramercy Park South). Zu den Mitgliedern zählten Woodrow Wilson oder Theodor Roosevelt, aber auch bedeutende Künstler wie Daniel Chester French oder Frederic Remington. Das Haus war 1881–84 von Calvert Vaux – der auch am Central Park beteiligt war – als Wohnsitz für Samuel Tilden, Governor von New York State, erbaut worden. 1906 hatte es der Arts Club für seine öffentlich zugängliche Kunstsammlung (Werke amerikanischer Künstler des späten 19. und frühen 20. Jahrhunderts) erworben. Daneben befindet sich mit **The Players** ein weiterer Club, überwiegend von Schauspielern frequentiert. Auch Mark Twain oder Winston Churchill sollen hier zu Gast gewesen sein.

Theodore Roosevelt Birthplace National Historic Site (II F3, 28 East 20th St.): In der Nähe des Gramercy Park befindet sich das Geburtshaus des US-Präsidenten Theodore »Teddy« Roosevelt (www.nps.gov/thrb). Es handelt sich um ein typisches New Yorker Brownstone-Haus, das Theodores Großvater Cornelius als Hochzeitsgeschenk für Teddys Vater erworben hatte. Am 27. Oktober 1858 erblickte dieser hier das Licht der Welt und lebte in diesem Haus bis zum 14. Lebensjahr. Es wurde 1916 abgerissen, jedoch auf Inititiative einflussreicher Bürger nachgebaut und 1923 als Memorial wiedereröffnet. Seit 1963 untersteht es der Ägide des National Park Service. Die fünf zeitauthentisch ausgestatteten Zimmer fungieren als Museum zum Leben und Werk des Politikers und 26. Präsidenten der USA.

Flatiron Building (II G3, 23rd St., Broadway 5th Ave.): Das Flatiron Building entstand nach Plänen des Chicagoer Architekten Daniel Burnham (1846–1912), eines Schülers von Louis Sullivan, der mit seiner neuen Stahlgerüst-Konstruktion die moderne Hochhausarchitektur entscheidend vorangetrieben hatte. Ab der Fertigstellung 1902 war das »Bügeleisen«, auch »Fuller Building« nach dem Bauherrn genannt, mit seinen 87 Metern eines der damals höchsten Gebäude New Yorks und zugleich ein Meilenstein im Wolkenkratzerbau. Die New Yorker nannten es auch »Burnham's Folly«, hielten sie den Baumeister doch anfangs für ziemlich verrückt. Dabei war der Bau durchaus kein Unikum: Schon 1882 war in Toronto mit dem Gooderham Building ein Bau selben Grundrisses entstanden, das etwas kleinere »Flatiron Building« in Atlanta folgte 1897.

Das aerodynamische Gebäude, das in den *Spider-Man*-Filmen als Kulisse diente, steht passenderweise an der spitzwinkligen Kreuzung 5th Avenue / Broadway, zwischen 22nd und 23rd Street. Lange Zeit wurde das Areal um den Bau, die 5th Avenue zwischen 14th Street und Madison Square Park, wegen der zahlreichen Haute-Couture-Läden auch »Ladies' Mile« genannt. Nach Jahren des Niedergangs erstrahlt die Hauptachse des wiederbelebten Flatiron Districts heute wieder in neuem Glanz und erinnert an seine eleganten Tage zu Anfang des 20. Jahrhunderts.

Flatiron Building

Madison Square Park (II G3): Der sich vor dem Flatiron Building ausbreitende Park war einst ein mondäner Ort und zugleich ein Vergnügungsviertel mit exquisiten Läden, einem Hotel, dem Madison Square Theater und einer Sporthalle, dem alten Madison Square Garden. Hier wurde 1884 der Arm der Freiheitsstatue aufgestellt, damit sich die New Yorker eine Vorstellung von der Monumentalität der Figur machen konnten. Bis 1860 im Besitz der Roosevelts und anderer vermögender New Yorker, wurde der Park schließlich der Öffentlichkeit zugänglich gemacht.

Immer noch symbolisieren einige Bauten rund um den seit kurzem verkehrsberuhigten Platz seine vormalige repräsentative Bedeutung, so die **Metropolitan Life Insurance Company** (1 Madison Ave.) von 1909, mit gewaltigem, nachts beleuchtetem Uhrturm, oder der Bau der **New York Life Insurance Company** (45–55 Madison), 1928 von Cass Gilbert, dem Architekten des Woolworth Building, geplant. An der Ecke 26th St. / Madison Ave. war 1879 bis 1889 der erste Madison Square Garden nach Plänen von Stanford White errichtet worden. In ihm fanden Musicals und Showveranstaltungen, aber auch Zirkus, Boxkämpfe und andere Sportwettbewerbe statt. 1925 wurde der Bau durch einen Neubau an der Ecke 49th St. / 8th Ave. abgelöst, der wiederum 1968 durch die jetzige Arena an der 33rd St. / 8th Ave. ersetzt wurde.

Chelsea Hotel (II G2, 222 West 23rd St.): Neben dem Hotel 17 gehört das 1884 eröffnete »Chelsea« zu den legendären Herbergen der Stadt (www.hotelchelsea.com). Trotz mehrfacher Renovierungen in die Jahre gekommen, gingen auch hier einst illustre Gäste wie Mark Twain, Janis Joplin, Andy Warhol, Arthur Miller, Ernest Hemingway, Vladimir Nabokov, Bob Dylan oder Jack Kerouac ein und aus. In den 1960er Jahren erlebte das Hotel seinen Höhepunkt – besonders wegen des 1966 hier gedrehten Films *Chelsea Girls*. Wer damals seine Miete nicht bezahlen konnte, spendete stattdessen ein Kunstwerk, zudem soll es vorgekommen sein, dass Musikgruppen wie Greatful Dead oder Jefferson Airplane das Mobiliar demolierten. Kakerlaken, nicht funktionierende Aufzüge, gefährliche Dampfheizungen und fehlende Klimaanlagen waren ständiger Grund für Beschwerden, aber dennoch fühlte sich Arthur Miller hier zu Hause und auch andere Gäste erlagen dem maroden Charme des Hauses. Von 1945 an im Besitz der Bard-Familie, übernahm 2007 die lokale Hotelkette »BD Hotels« das Haus, das anlässlich seiner 100-Jahr-Feier zum »Historischen Denkmal« erklärt worden war. Gegen Bemühungen, das Hotel in eine Luxus-Designer-Herberge umzuwandeln, wehren sich verschiedene Gruppen bisher erfolgreich.

Empire Diner (II G1, 210 10th Ave.): Mitten im Wohnbereich von Chelsea glitzert silbern der berühmte Empire Diner, der als Kulisse in verschiedenen Filmen von Woody Allen Berühmtheit erlangte. Dieser urtypisch amerikanische Imbiss, der überraschend im Frühjahr 2010 schloss, entstand 1929 im Art-déco-Stil, mit typischer Stahl-Chrom-Ausstattung.

Chelsea Historic District (II F–G1/2, 8–10th Ave. / West 20th–23rd St.): Der historische Teil Chelseas breitet sich um den Chelsea Square aus. Ab den späten 1830er Jahren entstanden hier die für New York typischen Brownstone-Reihenhäuschen, so benannt nach dem Baumaterial. Beispiele sind die **Cushman Row** mit sieben Bauten (406–418 West 20th St.) oder die Häuser dort auf **Nr. 446–450** im Italianate-Stil.

Chelsea Piers (I/II F–G1): Wo einst am Hudson River Eisenbahnschienen, Piers und Lagerhallen das Bild prägten, ist derzeit ein neues In-Viertel am Entstehen. Ein Auslöser für den Wandel war die Umgestaltung der Chelsea Piers (www.chelseapiers.com) in den 1990er Jahren. In den alten Docks, vor denen vormals große Überseedampfer anlegten, entstand ein zwölf Hektar großes »Sports

Village« mit Sportflächen, Fitnesszentrum und Veranstaltungshalle. Inzwischen passiert der Manhattan Waterfront Greenway den Pier, ein schmaler Grünstreifen mit Fuß- und Radweg, der sich am gesamten Hudson-River-Ufer entlangzieht.

IAC Building (II F1, 555 West 18th St.): Gegenüber den Chelsea Piers, am West Side Highway, entstand 2007 der erste New Yorker Bau des weltberühmten kanadischen Architekten Frank Gehry (* 1929). Typisch sind die segelartigen Kurven an der Westfassade, die gerundeten Ecken und die insgesamt dynamisch geschwungenen Formen und organischen Flächen.

Nicht weit entfernt, im südlich gelegenen Greenwich Village, stehen, ebenfalls am West Side Highway, zwei weitere **Luxus-Apartment-Bauten** (173, 176 Perry St.) von Richard Meier (* 1934). Sie wurden 2002 fertiggestellt.

High Line Park (II F–G1): Im Juni 2009 wurde die 1929–34 erbaute High Line, eine Hochbahntrasse der Eisenbahn, die auf rund zweieinhalb Kilometern Länge und in neun Metern Höhe einst das Viertel zwischen der 34th (Javits Convention Center) und der Gansevoort Street im Meatpacking District durchschnitt, einer neuen Bestimmung zugeführt: Die Strecke wurde bis 1980 von Güterzügen frequentiert, dann jedoch stillgelegt und dem Verfall preisgegeben. 1999 rief eine Privatinitiative, die »Friends of the High Line«, das »High Line Project« ins Leben, um die alte Hochbahnlinie als öffentlichen Park, unter Ägide des New York City Department of Parks & Recreation, zu reanimieren. Gestaltungselemente der neuen grünen Promenade sind kleine Platzanlagen, diverse Kunstinstallationen, Veranstaltungsflächen, Sonnendecks und Bänke sowie eine Begrünung mit ursprünglichen Stauden und Gräsern. Geboten werden hier oben Touren, Vorträge und andere Veranstaltungen. Sogar ein Hotel (»The Standard«) hat sich am bzw. über dem alten Bahngleis angesiedelt.

Seit Sommer 2009 ist der südliche Teil des dreiphasigen Projektes zugänglich, von der Gansevoort bis zur West 20th Street (www.thehighline.org), folgen soll bis Frühjahr 2011 der Abschnitt bis zur 30th Street / Javits Center (Garment District) und projektiert ist bereits der Teil bis zur 35th St. Der Entwurf stammt von der Landschaftsarchitektur-Firma Field Operations in Zusammenarbeit mit dem Architekturbüro Diller Scofidio + Renfro. Als öffentliches Parkareal soll die High Line zusammen mit dem Manhattan Waterfront Greenway der West Side zwischen den ehemaligen Industrie- und Hafenregionen Hell's Kitchen, den Hudson Yards, West Chelsea und dem Meatpacking District neue Attraktivität verleihen. Zeichen des Wandels sind im Umfeld neue Wohnbauten wie der **HL23 Tower** (515–517 West 23rd St.) von Neil M. Denari (* 1957). Er hatte im Frühjahr 2009 in nächster Nähe einen Wohnturm fertiggestellt, der wegen seiner Lage an der High Line und der West 23rd St. **HL23** (II G1) genannt wurde. Glas und Stahl dominieren die Architektur, auffällig ist aber vor allem, dass, auch aufgrund der vorgegebenen Grundstücksgröße und -form, drei unterschiedliche Fassaden zum Einsatz kamen. Bei der über die Eisenbahntrasse kragenden Seite dominiert der Stahl, während seitlich, im Norden und Süden Glas der beherrschende Baustoff ist.

Meatpacking District (I F1, 12th–14th St.): Zwischen West Chelsea und Greenwich Village, Hudson Street und Hudson River liegt das alte Schlachthaus- und Rotlichtviertel (www.meatpacking-district.com). Einige umgenutzte Fleischlagerhallen und Kühlhäuser sowie eine Handvoll aktiver Schlachtereien erinnern noch daran. Seit Restaurant- und Boutiquebesitzer, Immobilienmakler und Hoteliers das ehemalige »Bermuda Triangle« entdeckt haben, hat ein Revitalisierungsprozess begonnen. Wer gut essen oder ausgehen möchte, ist hier richtig. Eine Hauptachse des Meatpacking Districts ist die Gansevoort Street, dort befindet sich auch das schicke Gansevoort (Boutique) Hotel.

Chelsea Market (II F1, 9th Ave. / 15th St.): In die alte, rund 20 Einzelbauten umfassende Nabisco Keksfabrik ist Ende der 1990er Jahre der Chelsea Market eingezogen. In den renovierten Gebäuden der alten Fabrik haben sich Läden und Lokale aller Art angesiedelt, es gibt Sitzgelegenheiten und Infotafeln zur Geschichte sowie Kunstwerke. Im Komplex sind auch die Studios von Food Network, dem landesweiten Koch-TV-Sender, beheimatet.

Midtown

Nirgendwo sonst in New York konzentrieren sich so viele Attraktionen und Wahrzeichen auf einem so begrenzten Areal wie in Midtown: Das Spektrum reicht vom geschäftigen Times Square über das Megakaufhaus Macy's, dem MoMA und Empire State Building, Madison Square Garden und Radio City Music Hall bis hin zur Shoppingmeile Fifth Avenue und dem Rockefeller Center. Midtown gilt zu Recht als das Kerngehäuse des »Big Apple«, bildet es doch gleichzeitig das geografische Zentrum Manhattans. Das Areal zwischen 34th und 59th Street setzt sich aus **Lower Midtown** mit Garment District, Murray Hill, Hell's Kitchen, Times Square, Theater District und UN-Komplex, und **Upper Midtown**, der Region vom Rockefeller Center bis zum Central Park mit der legendären Shoppingmeile Fifth Avenue, zusammen.

Garment District und Murray Hill

Offiziell bildet die 34. Straße die Grenze zwischen Chelsea/Gramercy und dem nördlich anschließenden Garment District (West) bzw. Murray Hill (Ost), doch gehen die

Viertel genau genommen ineinander über. Im Zentrum des Garment Districts befindet sich der Herald Square, benannt nach der Redaktion der Tageszeitung *New York Herald*, die sich zwischen 1894 und 1921 hier befand. Seit der Eröffnung des Kaufhauses Macy's, 1902, ist der Platz einer der Hauptanziehungspunkte für »Shopper« aus aller Welt.

Macy's (II H2, 6th Ave. / 34th St.): Macy's New York gilt mit seinen über 198000 Quadratmetern auf elf Etagen als das größte Kaufhaus der Welt. Der »Konsumtempel« ist mit einer sehenswerten Fassade an der 34th Street und einem markanten Eingang mit Stützfiguren, Uhr und Schriftzug versehen und nimmt einen ganzen Straßenblock ein. Dabei waren die Anfänge bescheiden: 1858 eröffnete der ehemalige Walfänger-Kapitän Rowland Hussey Macy einen kleinen Laden an der West 14th Street. 1862 war R. H. Macy Co. der einzige Laden mit einem eigenen Weihnachtsmann zur Vorweihnachtszeit, erstmals wurden hier die Schaufenster entsprechend festlich dekoriert. Als Macy 1877 starb, war der Laden auf elf Gebäude angewachsen und seine ehemaligen Mitarbeiter, die Brüder Isidor Straus, der 1912 beim Untergang der Titanic ums Leben kam, und Nathan Straus übernahmen den Betrieb. Sie expandierten weiter und ab 1902 entstand ein neuer Gebäudekomplex am Herald Square.

In den 1920er und 1930er Jahren wurden schließlich mehrere Filialen in anderen Städten eröffnet – die Kaufhauskette war geboren. Mit der Fertigstellung des letzten Bauteils an der 7th Avenue, 1924, wurde Macy's zum »World's Largest Store« und im selben Jahr hielten auf Betreiben der Angestellten – vorwiegend Einwanderer aus Europa – erstmals eine große Thanksgiving-Parade ab. 10000 Zuschauer waren dabei zugegen. Diese Tradition hat sich bis heute gehalten und immer Ende November zieht ein bunter Umzug mit figürlichen Riesenballons von der 77th Street / Central Park West über den Columbus

Circle entlang dem Broadway bis zur 34th Street, zu Macy's am Herald Square und läutet die Vorweihnachtszeit mit der Ankunft von Santa Claus ein. Ähnlich berühmt sind die Fourth of July Fireworks, die das Kaufhaus seit 1976 ebenfalls finanziert. Etwa 40000 Raketen werden am Abend des Nationalfeiertags über dem East River von sechs verschiedenen Punkten aus abgefeuert und bieten ein einmaliges Spektakel.

Empire State Building (II H2/3, 350 5th Ave.): Mitten in den turbulenten Zeiten von Börsenkrach und Wirtschaftskrise entstand an einer Stelle, an der sich einst eine Farm, später das Waldorf-Astoria-Hotel befand, zwischen 1929 und 1931 nach Plänen des lokalen Architektenbüros Shreve, Lamb & Harmon Associates ein bis heute die Skyline dominierender Wolkenkratzer. Dank der zentralen Lage des ESB im Zentrum von Midtown bietet sich von der Spitze des bis heute höchsten Wolkenkratzers der Stadt ein herrlicher Ausblick. Vom Aussichtsplateau im 86th Floor (87. Stock) auf 320 Metern Höhe reicht der Blick nordwärts bis zur Bronx, im Süden zum Battery Park und hinüber nach Staten Island, im Westen nach New Jersey und im Osten nach Queens und Brooklyn – bei optimalen Wetterbedingungen über 120 Kilometer weit! Anlässlich des 75. Geburtstags wurde 2005 auch das zweite Observation Deck im 102th Floor auf 373 Meter Höhe wiedereröffnet.

Wer zum Aussichtsplateau möchte, braucht Zeit, denn das seit 1986 als »Landmark« unter Denkmalschutz gestellte Wahrzeichen gehört zu den beliebtesten Anziehungspunkten der Stadt, und die mehr als 3,5 Mio. Besucher jährlich müssen strenge Sicherheitskontrollen durchlaufen, ehe sie an den Aufzügen anstehen dürfen.

73 Hochgeschwindigkeitsaufzüge verbinden die einzelnen Etagen, das Treppenhaus hingegen, bzw. die gut 1500 Stufen von der Lobby zum ersten Aussichtsbereich auf 320 Metern Höhe nutzen einmal im Jahr, Anfang Februar,

Empire State Building

Langstreckenläufer anlässlich des legendären »Empire State Building Run-Up«.

1963 wurde die zentrale Marmor-Lobby hinzugefügt. Dort zu sehen sind die »Wonders of the World«, Wandbilder, die die sieben klassischen Weltwunder darstellen und dazu, als achtes, das Empire State Building zeigen. Geschaffen hat die Bilder 1963 das Künstlerehepaar Roy Sparkia und Renee Nemorov.

Die Bauweise des ESB gilt als wegweisend. Der Wolkenkratzer wurde großteils aus vorgefertigten Teilen um ein Stahlgerüst herum errichtet; als Fundament und Verankerung dienten 200 unterirdische Stahl- und Betonpfeiler. Insgesamt gibt es 6500 Fenster, 60000 Tonnen Stahl wurden verbaut. Schließlich ragte das ESB 381 Meter weit in den New Yorker Himmel, bis zur Antennenspitze sind es sogar fast 449 Meter. Damit handelt es sich um das höchste Gebäude New Yorks, das dritthöchste der USA (nach Willis Tower – ehemals Sears Tower – und Trump Tower, beide in Chicago) und das derzeit neunthöchste weltweit.

Die Erbauungszeit barg während der wirtschaftlichen Depression ihre Risiken und tatsächlich stand der Wolkenkratzer nach der Eröffnung zunächst leer. Die New Yorker tauften ihn daher »The Empty State Building«. Positiver klingen Beinamen wie »achtes Weltwunder« oder »Cathedral of the Skies«. Und das ESB spielte in vielen Filmen eine wichtige Rolle; am bekanntesten dürfte *King Kong* von 1933 sein. Heute werden die oberen 30 Stockwerke jede Nacht beleuchtet, je nach Anlass oder Feiertag auch in wechselnden Farben: z. B. am St. Patrick's Day, dem irischen Nationalfeiertag, in Grün, am Independence Day, dem Nationalfeiertag am 4. Juli, in Blau, Rot und Weiß oder am 3. Oktober, dem »German Reunification Day«, in Schwarz-Rot-Gold.

Madison Square Garden (Penn Station; II H2): Der »MSG« (www.thegarden.com) gilt als legendärster Sportpalast der Welt. 1968 wurde die Halle, die formal ein verglaster Betonzylinder ist, über einem der New Yorker Hauptbahnhöfe, der Pennsylvania Station, erbaut. Dazu hatte man das vorherige Bahnhofsgebäude abgerissen und den Bahnhof in den Untergrund verlegt. Neben überregionalen Zügen von Amtrak verkehren hier die Nahverkehrszüge von PATH nach New Jersey und LIRR nach Long Island.

Der MSG ist bereits der vierte Bau dieses Namens in New York. 1879 war der erste »Garden« an der 26th Street / Madison Avenue erbaut worden, er wurde 1890 vom MSG II an gleicher Stelle abgelöst, ehe 1925 das dritte Gebäude an der Penn Plaza (7th–8th Ave. / 31st–33rd St.) entstand. Die Sportarena fasst je nach Sportart bzw. Veranstaltung zwischen 18 000 und 20 000 Zuschauer und ist Heimat mehrerer Profisportmannschaften: der Rangers (Eishockey), der Knicks (Basketball) und der Liberty (Frauen-Basketball). Zudem finden hier große Konzerte, Boxkämpfe, Zirkusvorführungen, Eisshows oder sogar Rodeos statt.

Nachdem Pläne, einen neuen Sportpalast in nächster Nähe zu bauen, aus Kostengründen momentan auf Eis gelegt wurden, erhält der Garden derzeit ein aufwendiges »Facelift« im Inneren. Bis 2011 sollen die Zuschauertribünen erneuert werden und breitere Umgänge sowie neue Logen entstehen.

James A. Farley Post Office (II H2): Gegenüber der Sporthalle an der 8th Avenue fällt der mächtige Bau des James A. Farley Post Office – benannt nach dem obersten Postchef der 1930er Jahre – ins Auge. Er steht auf dem National Register of Historic Places und entstand wie das alte, abgerissene Penn Station-Bahnhofsgebäude gegenüber nach Plänen des New Yorker Architekturbüros McKim, Mead & White im Beaux-Arts-Stil. War die Penn Station 1910 fertiggestellt worden, eröffnete das Postamt 1912 und wurde 1934 vergrößert. Prägend ist eine lange

Säulenkolonnade mit korinthischen Kapitellen und Freitreppe an der 8th Avenue, die einst als Pendant zur Kolonnade der Penn Station konstruiert wurde. Die 85 Meter lange Inschrift am Architrav – »Neither snow nor rain nor heat nor gloom of night stays these couriers from the swift completion of their appointed rounds« – ist nicht das Motto der US Postal Service, sondern stammt aus Herodots *Historien* (VIII,98) und bezieht sich auf die Tapferkeit der Boten des persischen Königs Xerxes I. An beiden Schmalseiten befinden sich turmartige Pavillons; in den nördlichen ist das kleine Museum of Postal History eingezogen.

Jacob K. Javits Convention Center (II H1): Westlich der Post erstreckt sich nahe dem Hudson River das ausgedehnte Messegelände der Stadt. Zwischen 1979 und 1986 wurde es unter Ägide von James Ingo Freed nach Plänen der weltbekannten Architekturfirma I. M. Pei & Partners erbaut. Es gilt heute als größtes Ausstellungs- und Kongresszentrum Amerikas. Der Komplex umfasst fünf Straßenblocks zwischen 34th und 39th Street und zwischen 11th und 12th Avenue. Obwohl bereits jetzt mehr als 85 000 Menschen an Veranstaltungen und Messen teilnehmen können, ist eine Ausweitung geplant. Den Kern des Convention Center bildet ein leicht wirkender Glasplattenbau, der sich formal in einzelne Bauteile untergliedert. Sehenswert ist die monumentale Lobby, die über 15 Stockwerke reicht und bezeichnenderweise »Kristallpalast« genannt wird.

Hudson Yards (II G1): In unmittelbarer Nachbarschaft zum Javits Convention Center wird an den ehemaligen Hudson Yards, einem ehemaligen Güterbahnhof und heute Bahnbetriebswerk der Long Island Rail Road, einmal der High Line Park enden. Der Anfang ist bereits gemacht, im Juni 2009 wurde Phase 1 des wegweisenden Projektes eröffnet (s. S. 97). Der zweite Abschnitt soll bis zur 30th Street reichen und im Frühjahr 2011 fertiggestellt sein, der letzte wird dann den Streifen bis hinauf zur 34th Street und zum Javits Center umfassen.

Während die Realisierung des High Line Park voranschreitet, steht die Zukunft der Hudson Yards, des Areals zwischen West 42nd/43rd und 28th/30th Street bzw. zwischen 7th/8th Avenue und Hudson River Park noch in den Sternen. Speziell für den West Side Yard, die Gleisanlagen zwischen der Hochbahn und dem Convention Center, zwischen West 30th und 33rd Street bzw. 11th und 12th Avenue ist Großes geplant. Wo heute noch Nahverkehrszüge geparkt werden, nähren private Investoren – wie Tishman Speyer – die Vision vom »Rockefeller Center des 21. Jahrhunderts« mit Wolkenkratzern, Wohnungen und Läden. Da gleichzeitig eine Verlängerung der Subway-Linie 7 bis hierher geplant ist, soll – bis 2018 – ein neues städtisches Zentrum mit wegweisender Hochhausarchitektur, Plätzen und Parkanlagen entstehen.

St. John the Baptist Church (II G2, 210 West 31st St.): Nicht weit vom Madison Square Garden entfernt steht die St. John the Baptist Church, die Kirche einer 1840 gegründeten katholischen Gemeinde. Es war die zweite deutsche Gemeinde in New York, nach St. Nicholas in der Lower East Side von 1833. Das neogotische Gotteshaus entstand 1871/72 nach Plänen von Nicholas Le Brun. Zur Kirche gehört ein Kapuzinerkloster, das einen beschaulichen Meditationsgarten und einen Schrein für Padre Pio, einen berühmten Wundermönch, pflegt.

Church of the Incarnation (II H3, 209 Madison Ave.): Im Stadtviertel Murray Hill, einem beschaulichen Wohnareal zwischen Gramercy und Lower Midtown, steht die Church of the Incarnation. 1850 als kleiner Ableger der Grace Church entstanden, war die Gemeinde schnell angewachsen, so dass 1864 eine erste Episkopalkirche gebaut werden konnte. 1882 durch ein Feuer zerstört, baute man die neogotische Kirche schnell wieder auf. Sehenswert sind besonders die Glasfenster von Louis C. Tiffany, nach

Motiven der Arts&Crafts- und Jugendstilkünstler William Morris und Edward Burne-Jones, die Szenen aus dem Alten und Neuen Testament zeigen.

Morgan Library & Museum (II H3, Madison Ave. / 36th St.): Zu den Highlights im Stadtteil Murray Hill gehört die im April 2006 neu eröffnete Morgan Library. Diese Bibliothek geht auf die umfassende Privatsammlung des Bankiers J. Pierpont Morgan (1837–1913) zurück, eines Liebhabers seltener Bücher und Manuskripte, Inkunabeln, Zeichnungen, Drucke und Gemälde.

1903 war nach Plänen von Charles McKim (1847–1909) vom New Yorker Architekturbüro McKim, Mead & White, angrenzend an die Morgansche Privatwohnung – einen Brownstonebau von 1880 – an der Kreuzung Madison Avenue / 36th Street ein Bibliotheksbau im Stil eines Renaissance-Palastes errichtet und innen reichlich mit Fresken, Mosaiken und Stuckreliefs dekoriert worden. Der Sohn des Bauherrn, J. P. »Jack« Morgan Jr. (1867–1943), machte die Bibliothek 1924 der Öffentlichkeit zugänglich, und schon vier Jahre später wurde aus Platzgründen – die Sammlung war durch Spenden und Schenkungen erheblich gewachsen – ein »Annex« an der Ecke Madison Avenue / 36th Street gebaut und mit dem Ursprungsbau durch eine Galerie verbunden. Dabei wurde das alte Wohnhaus der Morgans abgerissen; die Familie war bereits 1905 in ein historisches Nachbargebäude (1852) umgezogen. 1988 wurde dieses in den Museums- und Bibliothekskomplex integriert, 1991 kam ein verbindender »Garden Court« dazu.

2005/06 erfolgte nach Plänen des bekannten italienischen Architekten Renzo Piano (* 1937) eine neuerliche Vergrößerung der Ausstellungsfläche um über 50 Prozent. Piano fügte einen dreiteiligen Stahl-Glas-Pavillon mit Eingangslobby und luftig-hellem Foyer, dem Gilbert Court, mit Café, Lokal, Shop, Veranstaltungssaal und Lesesaal hinzu. Mittels unaufdringlicher moderner Architektur gelang ihm eine sehenswerte Symbiose mit den drei bestehenden historischen Gebäuden (siehe auch »Museen«).

Sniffen Court (II H3, East 36th St. / 3rd Lexington Ave.): Ein wenig bekanntes Juwel in Murray Hill ist der Sniffen Court. Um einen schönen Innenhof herum gruppieren sich zehn Kutschenhäuser, die im neoromanischen Stil um 1850 von John Sniffen erbaut worden waren. Die bis 1920 als Ställe bzw. Abstellplätze für Kutschen verwendeten Bauten wurden zu Wohnungen umgestaltet.

Lower Midtown mit dem Theater District

Times Square (II I2): Als »die Summe und Krönung aller Marktplätze und Tingeltangelstraßen in Amerika« bezeichnete einmal der Schriftsteller und Mitbegründer der Beat Generation, Jack Kerouac, den Times Square. Dabei handelt es sich eigentlich »nur« um den Kreuzungspunkt mehrerer Straßen: Hier kreuzt der Broadway über vier Blocks, von der 42nd bis zur 46th Street, die 7th Avenue. Der entstehende Triangel am Schnittpunkt im Süden heißt Times Square, der im Norden Duffy Square.

Nicht zu Unrecht spricht man von den »Crossroads of the World« – schließlich tummeln sich hier alljährlich rund 35 Millionen Besucher und machen den Platz zu einem der meistbesuchten Orte der Welt. »Broadways« gibt es in vielen amerikanischen Städten, doch nur der New Yorker »breite Weg« steht synonym für Glitzer und Glamour, Theater und Unterhaltung. Der Broadway New Yorks geht auf einen alten Indianerpfad zurück, der von der Südspitze Manhattans aufs Festland führte. Den Pfad nutzten später auch Neusiedler und so wurde daraus eine bedeutende Achse im Stadtbild.

Seinen Namen erhielt der Times Square 1904, als hier die *New York Times* ihr Redaktionsbüro eröffnete; zuvor hieß er nach der Form noch »Longacre Square«. Bekannt wurde

Times Square

er erst 1928, als die *Times* ein großes Display-Nachrichtenband am Hochhaus installierte. Dabei hatten die Angestellten der *New York Times* schon erstmals am 31. Dezember 1904 vor ihrem Bau eine Silversterparty veranstaltet; drei Jahre später wurde eine Tradition eingeführt, die bis heute Menschenmassen anlockt: Pünktlich zum Jahreswechsel fällt ein illuminierter Aluminiumball aus 23,5 Meter Höhe an einem Stahlseil vom Gebäude One Times Square herab. Der Ball wurde schon mehrfach modifiziert, seit der Milleniumsfeier 2000 handelt es sich um eine knapp 486 Kilo schwere, 1,83 Meter im Durchmesser messende Kugel, die mit 504 Waterford-Kristallen besetzt und von 168 Halogenlämpchen, 432 Glühbirnen und 96 Strahlern illuminiert wird. Dazu machen 90 rotierende pyramidale Spiegel die computergesteuerte Lightshow perfekt.

Als »BID« (Business Improvement District) ausgewiesen, hat sich die Region um den Times Square nach Jahren der Vernachlässigung wieder zur New Yorker Topadresse entwickelt. Große Firmen, Verlage und Sender wie MTV, ABC, Bertelsmann, Reuters oder die Computerbörse NASDAQ haben neue architektonisch sehenswerte Bürohochhäuser bezogen oder sind dabei, neue zu errichten.

Höhepunkt des Revitalisierungsprogramms ist die Erklärung der Platzanlage zur verkehrsberuhigten Zone. Im Sommer 2009 wurde der Times und Duffy Square mit dem neuen TKTS-Ticketbüro partiell zur Fußgängerzone erklärt und wird nun, ausgestattet mit Sitzgelegenheiten, Pflanzenkübeln und Fahrradwegen, von New Yorkern und Besuchern ganz anders erlebt. Auch an anderen Kreuzungspunkten des Broadway zwischen Madison Square und Columbus Circle sind inzwischen verkehrsberuhigte Zonen eingerichtet worden.

Der 2008 eröffnete TKTS-Bau fällt vor allem durch seine knallrote Treppe aus Fiberglas auf, die tribünenartig zum Sitzen und Schauen anregt. Am Fußende der Treppe steht der Namensgeber des Platzes, Reverend Francis P.

Duffy, ein Bürgerrechtskämpfer und katholischer Priester zur Zeit des Ersten Weltkriegs, als Bronzestatue vor einem keltischen Kreuz.

New 42nd Street (II I2): Die zentrale Achse des wiederbelebten Times-Square-Areals bildet die »NEW 42nd Street«, an der sich besonders zwischen 7th und 8th Ave. ein buntes Konglomerat an Kino- und Entertainmentkomplexen, Souvenir- und anderen Läden, Mme. Tussaud's Wachsfigurenkabinett, Eisdielen und Fastfoodshops aneinanderreihen.

New York Times Building (II I2, 620 8th Ave. / West 40th–41st St.): Zu den ungewöhnlichen Neubauprojekten der Stadt zählt, nur Schritte vom Times Square entfernt und gegenüber dem geschäftigen Port Authority Bus Terminal gelegen, das New York Times Building (www.newyorktimesbuilding.com). Die Pläne dafür stammen von dem italienischen Stararchitekten Renzo Piano, der in New York schon für die Erweiterung der Morgan Library zuständig war und von dem u. a. auch das Centre Pompidou in Paris oder der Potsdamer Platz in Berlin entworfen wurden, hier in Zusammenarbeit mit FXFOWLE Architects. Die Zeitungsredaktion nutzt den Hauptanteil des Gebäudes (2.–28. Stock), der Immobilien-Tykoon Bruce Ratner besetzt die oberen Stockwerke (29.–50. Stock). Das Dachgeschoss mit Roof Garden fungiert als Konferenzzentrum. Das Besondere an dem rund 228 Meter hohen Wolkenkratzer sind weder das sechsstöckige Atrium noch Lobby Garden oder Lobby Auditorium, sondern umweltschutztechnische Details wie die Außenhaut: eine neuartige Glass Curtain Wall mit keramischen Sonnenschutz-Elementen, die sich automatisch an Lichteinfall und Sonneneinstrahlung anpassen und damit für energiesparende Klimatisierung und Beleuchtung sorgt. Ein eigenes kleines Gaswerk liefert rund 40 Prozent der benötigten Energie, eine neuartige Fußboden-Luftzirkulation kommt zur Kühlung zum Einsatz, ein großer Teil des Stahls der Außenkonstruktion besteht aus recyceltem Material, anstelle von Autoparkplätzen findet man Stellplätze für Fahrräder.

Theater District (II I2): Times Square und Theater District gehören untrennbar zusammen, seit 1883 an der Ecke Broadway / 40th Street die Metropolitan Opera ihre Tore öffnete. Zuvor war das Areal um den Times Square eher als Rotlicht- und kriminelles Viertel berühmt-berüchtigt gewesen. 1899 kamen weitere Theater, wie das Victoria oder das Republic hinzu, andere Bühnen folgten schwerpunktmäßig in den 1920er Jahren. Am Broadway selbst und im Bereich zwischen 7th und 9th Avenue sowie 42nd und 57th Street schossen Theater wie Pilze aus dem Boden, dazu entstanden feine Restaurants und Nachtclubs, so dass sich die Region schnell zum kulturellen Zentrum der Stadt entwickelte. Auch die ersten überdimensionalen Leuchtreklamen, die den Broadway zum »Great White Way« machten, stammen aus dieser Zeit.

Nach dem Zweiten Weltkrieg verblasste mit dem Aufkommen des Fernsehens der Glanz, und das Areal um den Times Square wandelte sich wieder zum verrufenen Sex-&-Crime-District. In den 1980er Jahren machte ein großes Theatersterben vielen Bühnen den Garaus; mittlerweile hat sich die Lage wieder gebessert und die Theaterbranche stellt wieder einen wichtigen Wirtschaftszweig dar. Allerdings ist die Risikobereitschaft gesunken und immer häufiger überlassen die »Großen« den kleineren Off- und Off-off-Broadway-Bühnen das Experimentieren. Während die knapp 40 Broadway-Theater jeweils über mehr als 500 Sitze verfügen, gibt es auf die ganze Stadt verteilt, vor allem im Village, mehr als 30 »Off-Broadway-« und über 200 »Off-off-Broadway«-Bühnen. Der Begriff »off« bezieht sich dabei auf die Anzahl der Sitzplätze, nämlich weniger als 500 bzw. unter 100.

Inzwischen wurden auch wieder zahlreiche historische Bühnen renoviert und teils unter neuem Namen eröffnet. Zu den Aushängeschildern des wiederbelebten Theater

Districts gehört das von der Disney Corporation für 34 Millionen Dollar renovierte **New Amsterdam Theatre** (214 West 42nd St.). Das Jugendstilgebäude erstrahlt heute wieder in jenem Glanz, der es auszeichnete, als hier zwischen 1913 und 1918 die Revue »Ziegfeld Follies« mit großem Erfolg lief. Auch andere Bühnen wurden restauriert: das **Hilton Theater** (43rd St.) trat an die Stelle der alten Lyric und Apollo Theater, **Second Stage** (8th Ave.) und **Victory Theater** (42nd St.) wurden renoviert, und ins historische **Embassy Theater** (Broadway / 46–47th St.) ist das **Times Square Visitors Center** eingezogen. Das **Lyceum Theatre** (149 West 45th St.) von 1903 gilt dagegen als das älteste kontinuierlich betriebene Theater der Stadt.

Berühmt ist im Theater District besonders die Shubert Alley, eine Gasse zwischen West 44th/45th Street. Hier reihen sich gleich mehrere legendäre Bühnen auf: das **Booth Theatre**, erbaut 1913, und das namengebende, im selben Jahr entstandene **Shubert Theatre**. Gerade dessen Interieur mit Fresken, die 1996 aufwendig restauriert worden sind, ist sehenswert. In der West 45th Street stehen berühmte Bühnen wie das **Minskoff Theatre** (1515 Broadway) mit 2100 Plätzen, das **Music Box** (239 West 45th St.), von 1920, das **Royale** (Nr. 242) und das **Golden Theatre** (Nr. 252), beide von 1927. Zum Nobelhotel Marriott Marquis, mit dem View Bar & Restaurant im rotierenden 48. Stock, gehört das **Marquis Theater** (1535 Broadway).

Solomon Equities Building (II I2, 1585 Broadway): Die Pläne für diesen postmodernen Bau stammen aus dem Jahr 1989 und aus dem lokalen Büro von Gwathmey Siegel & Associates, die auch für den Guggenheim-Museumsanbau verantwortlich zeichnen. Das postmoderne Bürogebäude ist für seine Außenhaut – eine »Curtain Wall« – aus verschiedenen Glasarten, Aluminium und poliertem Edelstahl –, sein Walmdach und für die abgestufte Basis bekannt. Es überragt mit gut 200 Metern Höhe die Nordwest-Ecke des Duffy Square, dem Pendant zum Times Square.

Im Schatten dieses Baus steht das **Historic Biltmore Theater** (261 West 47th St. / 8th Ave.), das seit 2008 »Samuel J. Friedman Theatre« heißt. Im Dezember 1925 eröffnet, wurde es bekannt durch die Uraufführung von *Hair* 1968. 1987 wütete ein Feuer und erst 2003 wurde es von Polshek Partnership Architects renoviert. Jetzt steht es mit 900 Plätzen dem Manhattan Theatre Club zu Auftritten zur Verfügung.

Equitable Center (II I2, 787 7th Ave. / 50–51th St.): Dieser heute nach dem Finanzunternehmen »AXA Equitable Tower« genannte Skyscraper liegt ein Stück weiter Richtung Uptown und ist Teil des AXA Equitable Center, zu dem auch das UBS Building von SOM gehört. 1986 nach Plänen von Edward Larrabee Barnes (1915–2004) im postmodernen Stil erbaut, besteht der 229 Meter hohe Bau aus Stahl und Granit. Mehr als die Architektur sind die im Komplex versammelten Kunstwerke (»AXA Gallery«) bemerkenswert, allen voran das riesige Wandbild von Roy Lichtenstein – *Mural with Blue Brushstroke* (1984–85). James Rosenquist (*Nasturtium Salad*) ist ebenso vertreten wie Sol Lewitt (*Wall Drawing: Bands of Lines in Four Colors and Four Directions, Separated by Gray Bands*), zudem gibt es eine grandiose Bildserie von Thomas Hart Benton mit dem Titel *America Today* von 1930. Schräg gegenüber dem Komplex steht der **Winter Garden**, eine Bühne, auf der seit 1911 Revuen und Musicals gezeigt werden.

Nahe dem Times Square erhebt sich der **Feldman Tower 45** (II I2, 120 West 45th St.), ein Wolkenkratzer, der zwischen 1976 und 1988 vom selben Architekturbüro erbaut wurde, das auch die Statue of Liberty restaurierte: Swanke Hayden Connell. Sehenswert ist der offene, 14 Etagen hohe Eingangsbereich, über dem sich der eigentliche »Turm« erhebt.

Hell's Kitchen (II I1): Berühmt geworden ist dieses Viertel, das sich westlich vom Theater District in Richtung Hudson River erstreckt, durch die *West Side Story.* Dieses Musical spielte passenderweise in dieser einst von Straßenbanden beherrschten Region. In der Tat konnte die »Küche des Teufels« lange Zeit wenig Rühmliches vorweisen. Vor allem sein Zentrum zwischen der 50th und der 56th Street war fest in irischer Hand, und das Viertel galt bis Ende der 1970er Jahre als eines der verrufensten New Yorks. Inzwischen ist der Revival-Funke von Times Square und Theater District übergesprungen; heute zählt das Areal zu den am schnellsten wachsenden, was die Bevölkerung angeht. Renovierte Apartmentgebäude und Brownstone-Häuser, kleine Läden, Cafés und Lokale sowie verstreute Community Gardens machen es lebenswert und attraktiv und damit zu einer beliebten Wohnadresse.

Hauptattraktion ist das **Intrepid Sea, Air & Space Museum** an Pier 86 (II I1). Es handelt sich dabei um einen 280 Meter langen US-Flugzeugträger aus dem Zweiten Weltkrieg, der hier vor Anker liegt, die USS Intrepid. Der erst Ende 2008 nach umfangreichen Renovierungen neu eröffnete Komplex gehört zu den größten maritimen Museen der Welt (siehe auch »Museen«).

Algonquin Hotel (IV I2, 59 West 44th St.): Das 1902 eröffnete Algonquin Hotel erstrahlt seit einigen Jahren wieder im Glanz der 1920er Jahre, als hier noch der »Round Table«, der mittägliche Treff von Literaten, Intellektuellen und Mitarbeitern des *New Yorkers*, stattfand. Sehenswert sind der Oak Room, der Rose Room und die holzvertäfelte Lobby. Noch heute gilt das Lokal des Hotels als beliebter Treffpunkt von Verlags- und Theaterleuten.

New York Yacht Club (IV I2, 37 West 44th St.): In dem 1899 bis 1901 erbauten sechsstöckigen Prachtgebäude im Beaux-Arts-Stil, traf und trifft sich die Hautevolee der

Stadt. Die Kalkstein-Fassade des New York Yacht Club ist mit nautischem Dekor geschmückt – z. B. mit markanten Segelschiffhecks in den Erkerfenstern und vorspringenden Delphinen und Wellen an den Fenstersimsen – ebenso das Innere, in das jedoch kaum ein normaler Besucher vordringen dürfte. Der 1844 gegründete Privatclub zählt weltweit zu den bedeutendsten und einflussreichsten Vereinen des Segelsports und gilt als »Geburtsort« der legendären, erstmals 1851 ausgetragenen Segelregatta »America's Cup«.

New York Public Library (II H2/3, 455 5th Ave.): Der tempelartige Repräsentationsbau, in dem die Zentrale der Stadtbibliothek beheimatet ist, begrenzt den Bryant Park im Osten. Der Park selbst, ausgestattet mit zwei Restaurantpavillons und vier Kiosken im Beaux-Arts-Stil, ist eine beliebte Ruheoase mitten in Midtown und zugleich ein lebendiger Veranstaltungsort. Im Sommer finden hier regelmäßig Gratisveranstaltungen aller Art und Open-Air-Kino statt. Die Grünanlage entstand an jener Stelle, an der anlässlich der Weltausstellung 1853 der legendäre Kristallpalast errichtet worden war. In den 1960er Jahren erwarb sie sich als Drogenumschlagplatz einen schlechten Ruf, doch seit einer Sanierung 1989 gehört der Park wieder zu den Rückzugsidyllen im zentralen Manhattan.

Die New York Public Library, die über 50 Millionen Medien (Bücher, CDs, Videos, Karten, Handschriften u. a.) – darunter bedeutende Handschriften wie die von Thomas Jeffersons verfasste Unabhängigkeitserklärung oder eine Ausgabe der Gutenberg-Bibel – beherbergt, entstand 1911 als Beaux-Arts-Prachtbau nach Plänen des Architekturbüros Carrère & Hastings und soll damals schon rund neun Millionen Dollar gekostet haben. Die Wurzeln der New Yorker Stadtbibliothek gehen auf die Sammlungen zweier bedeutender New Yorker zurück: des deutschen Emigranten Johann Jacob Astor (1763–1848), der durch Pelzhandel und Immobilien reich ge-

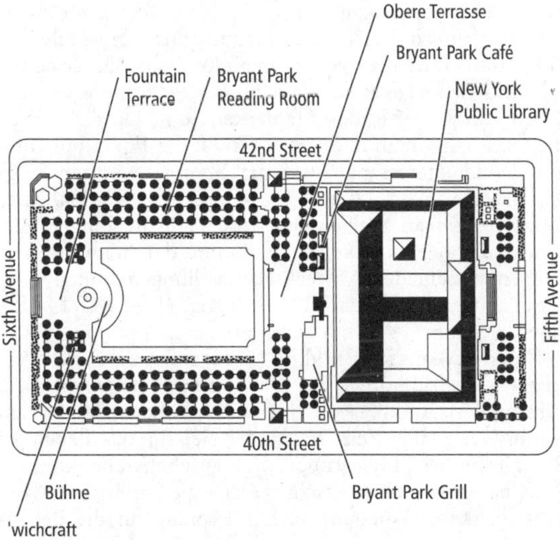

Bryant Park mit New York Public Library

worden war, sowie jener des Philanthropen James Lenox (1800–1880), Gründer des Presbyterian Hospitals. Heute unterhält die seit 1965 unter Denkmalschutz stehende Bibliothek, die mit der Library of Congress in der US-Hauptstadt Washington, der Boston Public Library und den Universitätsbibliotheken von Harvard und Yale zu den fünf bedeutendsten Bibliotheken der USA zählt, 89 Filialen im ganzen Stadtgebiet und verzeichnet an die sieben Millionen Benutzer.

Flankiert wird die breite Freitreppe zum Eingang von zwei berühmten Löwenskulpturen, die aus der Werkstatt von Edward Clark Parker stammen und 1911 aufgestellt wurden. Zunächst nannten sie die New Yorker – obwohl beide männlich – nach den Hauptsponsoren »Lady Astor« und »Lord Lenox«. Später taufte sie Bürgermeister Fiorello La Guardia in »Patience« (Geduld, die südliche Figur) und »Fortitude« (Tapferkeit) um. Über die Freitreppe gelangt man in die Astor Hall, das Foyer mit Infostand und interessantem Library Shop. Im dritten Stock können die »Special Collections« besichtigt werden, einen Blick sollte man auch in den Rose Main Reading Room, einem der beeindruckendsten Räume der Stadt, werfen. Neben verschiedenen Wechselausstellungen finden Gratisführungen durch die Bibliothek statt (Di–Sa 11/14 Uhr, www.nypl.org).

Bank of America Building (II I2, 1 Bryant Park): Verkörpert die Bibliothek die Baukunst zu Beginn des 20. Jahrhunderts, gibt es an der anderen Ecke des Bryant Parks Gelegenheit, ein Musterbeispiel für das Bauen im 21. Jahrhundert, für »grüne«, ökologische Architektur, für Nachhaltigkeit, Umweltschutz, Energiesparen und Wirtschaftlichkeit zu bestaunen. Die Planung für die Bebauung des flächenmäßig größten Bauplatzes in Midtown oblag Tobias Holler, Architekt vom New Yorker Architekturbüro Cook+Fox. Das 2009 eröffnete Gebäude schraubt sich mit seinen 288 Metern (366 mit Antenne) als neues Wahrzeichen von Midtown in den Himmel und ist nach dem ESB der zweithöchste Bau der Stadt. Der Allgemeinheit steht der »Urban Garden Room« an der 43rd Street / 6th Avenue, ein begrünter Innenraum, offen. Die Fassade des Henry Miller's Theatre von 1918, eines jener Gebäude, die dem Neubau weichen mussten, wurde in die neue Front integriert, zudem wurde ein neuer, gläserner Subway-Zugang geschaffen. Dennoch wirkt der sich nach oben verjüngende Bau trotz dekorativer Spitze und kristalliner Struktur mit viel Glas und strengen vertikalen Linien architektonisch wenig originell, das gleiche gilt prinzipiell auch für das Innere.

Bank of America Building

Dafür wurde jedoch darauf geachtet, dass den Ansprüchen ökologischen Bauens Genüge getan wurde und ein »Green Building« entstand. Wasserfilter auf dem Dach wandeln Regenwasser in Brauchwasser um, für die Stromerzeugung gibt es ein eigenes kleines Gaskraftwerk, eine Boden-Klimaanlage reguliert individuell Heizung und Kühlung und Luftfilter sorgen für angenehmes Raumklima. Für die Fenster wurde ein neuartiges spezielles Isolierglas verwendet, das Infrarotstrahlen großteils filtert, aber dennoch viel Licht durchlässt.

Zu Baubeginn, im Sommer 2004, haftete dem Bau noch der Ruf an, ein innovatives Liebhaberprojekt zu sein, mittlerweile gilt er als Art Vorreiter für Grünes Bauen und dazu als Anwärter auf die begehrte LEED-Auszeichnung in Platin, die höchste Stufe. »LEED« (Leadership in Energy and Environmental Design) ist 1994 von verschiedenen staatlichen Behörden, Wissenschaftlern, Architekten und Umweltgruppen als Richtlinienkompetenz für ökologisches Bauen ins Leben gerufen worden.

Grand Central Terminal (II I3, 42nd St. / Park Ave.): Nicht ohne Grund wurde der Grand Central Terminal ehrfurchtsvoll als »Kathedrale für die Eisenbahn« bezeichnet. 1913 als wichtigster Überlandbahnhof der Stadt erbaut, steht er in einer Reihe mit anderen historischen Bahnhöfen: Bostons South Station (1898), Kansas Citys Union Station (1914), Philadelphias 30th Street Station (1933), Seattles King Street Station (1906) oder der Union Station (1909) in der Hauptstadt Washington.

Von der Jahrhundertwende bis in die 1940er, 50er Jahre war die Eisenbahn als Transportmittel derart wichtig, dass man Bahnhöfe nicht nur als Zweckbauten ansah, sondern ihnen bewusst die Gestalt von »Kathedralen« gab. In eben diesem Sinne plante man auch den Grand Central Terminal, der jedoch nicht der erste Bahnhof New Yorks war. Das Eisenbahnzeitalter hatte in der Metropole am Hudson River bereits 1831 mit der »New York & Harlem

Grand Central Terminal

Railroad« begonnen. Im Laufe der Zeit waren mehr und mehr Linien entstanden, und mit ihnen wuchsen die Probleme: Lärm, Schmutz und Unfälle sorgten dafür, dass ab 1858 Dampfloks südlich der 42nd Street nicht mehr erlaubt waren und deshalb der Bau eines neuen Bahnhofs notwendig wurde.

Cornelius »Commodore« Vanderbilt (1794–1877), seit den 1860er Jahren einer der großen Eisenbahnmagnaten und zugleich Besitzer der New York Central Railroad, erwarb daraufhin Grund zwischen 42nd und 48th Street und Lexington und Madison Avenue. Im Oktober 1871 eröffnete ein neuer Bahnhof, der von drei verschiedenen Linien – New York Central & Hudson Railroad, New York & Harlem Railroad und New York, New Haven & Hartford Railroad – genutzt wurde. Obwohl das Gebäude über sechs Millionen Dollar verschlungen hatte und die

Glas- und Stahlkonstruktion des Gebäudes neben der des Eiffelturms als eine der größten technischen Errungenschaften vor der Jahrhundertwende gefeiert wurde, war er von Beginn an zu klein konzipiert. 1903 erhielt deshalb das Architekturbüro Reed & Stem aus St. Paul sowie das lokale Büro Warren & Wetmore den Auftrag, einen Neubau zu entwerfen. Sie schlossen sich 1904 zu den »Associated Architects of the Grand Central Terminal« zusammen, und bereits am 2. Februar 1913 wurde die offizielle Eröffnung des teils noch unfertigen Bahnhofs gefeiert. Der Außenbau basierte auf einem Stahlgerippe mit Granit- und Marmorverkleidung. Über dem Haupteingang an der 42nd Street grüßt eine kolossale Skulpturengruppe von Merkur, Herkules und Minerva über einer Uhr, genannt »Transportation«, geschaffen von dem Franzosen Jules-Alexis Coutan.

Im Umkreis des neuen Komplexes entstanden Hotels, Apartments, Geschäfte, Restaurants und Lagerhallen. Der Bahnhof fungierte zudem als Kulturtreff mit Ausstellungen, Theater, Kino und Museum. Mit 44 Bahnsteigen galt der Grand Central Terminal damals als größter Passagierbahnhof der Welt, in dem berühmte Überlandexpresszüge wie der »Twentieth Century Limited« nach Chicago abfuhren. Doch nicht nur Fernzüge brachten Menschen aus dem ganzen Land in die Stadt, es handelte sich auch um ein Nahverkehrszentrum und um einen wichtigen Güterumschlagplatz. Im Jahr 1947, auf dem Höhepunkt des Eisenbahnzeitalters in den USA, frequentierten über 65 Millionen Passagiere den Bahnhof, und der 3. Juli 1947 ging mit der Rekordzahl von 252251 Besuchern in die Annalen ein.

In den 1950er Jahren setzte der Niedergang der Eisenbahn und damit das Ende der prunkvollen Bahnhöfe ein. Auch in New York kamen Pläne auf, den Grand Central Terminal abzureißen und durch Büros zu ersetzen. Der hintere Teil war bereits dem PanAm Building (heute

»MetLife«) zum Opfer gefallen, als die New Yorker gerade noch den kompletten Abriss verhindern konnten. Nachdem bereits 1967 die alte Penn Station abgerissen worden war, gründete man eine Landmark Preservation Commission; Prominente, allen voran Jacqueline Kennedy Onassis, setzten sich für die Restaurierung ein und bewirkten, dass der Bahnhof 1978 unter Denkmalschutz gestellt wurde. 1983 wurde der Bahnhof dem New Yorker Nahverkehr (MTA – Metropolitan Transportation Authority) – dem Zusammenschluss von Metro-North Railroad, Long Island Railroad, NYC Transit, Bridges and Tunnels sowie Long Island Bus – unterstellt, und 1988 erhielten zwei renommierte Architekturbüros (Beyer-Blinder-Belle und Williams-Jackson-Ewing) den Auftrag zu einer grundlegenden Renovierung, die zwischen 1996 und 1998 ausgeführt wurde.

Der Eindruck fast religiöser Monumentalität wird beim Grand Central Terminal in der Bahnhofshaupthalle durch ihr Tonnengewölbe und drei 23 Meter hohe Bogenfenster erzeugt. Der Blick wandert automatisch nach oben, zum gemalten Sternenhimmel mit Tierkreiszeichen und Himmelskonstellationen. Gerade diese Decke, deren Sterne sogar funkeln, hat den Bahnhof berühmt gemacht. Dabei waren ursprünglich Ausstattung und Architektur nur ein Aspekt, die Infrastruktur war mindestens ebenso wichtig. So wurden Fußgängerzugänge, Schienenverkehr und Pkw-Zufahrt auf verschiedene Ebenen verteilt und durch geschickte Treppen- und Rampensysteme miteinander verbunden. Die Gleise liegen »im Keller«, dessen unterste Ebene wiederum die Subway bildet.

Heute soll fast eine halbe Million Menschen täglich den Bahnhof frequentieren, doch nur etwa 100000 davon benutzen die Züge, der Rest sind Subway-Pendler, Touristen und Kunden der zugehörigen Läden und Restaurants. Der Bahnhof dient heute ausschließlich dem Nahverkehr und beherbergt mit dem NY Transit Museum Gallery Annx eine Filiale des sehenswerten New York Transit Museums in Brooklyn (www.mta.info/mta/museum, siehe auch »Museen«).

Zu den altehrwürdigen Institutionen im Bahnhof zählt die Grand Central Oyster Bar, während der »Grand Central Market« als attraktive Ladenstraße im Zuge der Renovierungen zugefügt wurde. Gegenwärtig sind neuerliche Umbauten zur Verbesserung der Infrastruktur geplant. Dazu gehört auch ein zwölf Kilometer langer Durchstich für die Long Island Railroad von der Grand Central Station unter den East River zu deren zentralem Knotenbahnhof in Queens.

MetLife (PanAm) Building (IV I3, 200 Park Ave.): Direkt hinter der Grand Central Terminal erhebt sich unübersehbar das MetLife Building. Es fungierte ab 1963 als Sitz der 1927 gegründeten Fluggesellschaft PanAm, die 1936 den transatlantischen Linienverkehr eingeführt hatte und auf dem Dach des Baus sogar einen Helikopterlandeplatz unterhielt, von dem aus Passagiere vom/zum JFK Airport gelangten. 1981 ging der Bau in den Besitz der Metropolitan-Life-Versicherungsgesellschaft über, 1991 meldete PanAm Bankrott an. An der Planung des Wolkenkratzers beteiligt war der große Bauhaus-Architekt Walter Gropius (1883–1969). Seinem Engagement ist es zu verdanken, dass hier ein Musterbeispiel für den »International Style« entstand.

Helmsley Building (IV I3, 230 Park Ave.): 1929 als Niederlassung der New York Central Railroad Company (230 Park Ave.) errichtet und »New York Central Building« genannt, heißt der Bau heute nach seinem Besitzer, dem 1997 verstorbenen Immobilien-Tycoon Harry Helmsley. Sehenswert an dem vor dem MetLife Building stehenden Bau ist der üppige Eingangsbereich mit Uhr und Schriftzug der New York Central Railroad, mit viel Gold und extravaganten Details, wie etwa die seitlich der Uhr sitzenden römischen Götterfiguren oder das goldverzierte Dach mit Laterne. Zwei große Torbögen im Sockel wurden als Durchlass für den Verkehr auf der Park Avenue geschaffen.

Fred F. French Building (IV I3, 45th St. / 5th Ave.): Dieser Bau stellt ein kurioses Stilgemisch aus antiken, ägyptischen, orientalischen und Art-déco-Elementen in verschiedenen Farben und Materialien dar. 1927 wurde er als Hauptsitz der gleichnamigen Immobilienfirma errichtet; erstmals kamen hier Mohawk-Indianer (Irokesen) als schwindelfreie Bauarbeiter zum Einsatz. Seit 2004 steht das Gebäude auf dem National Register of Historic Places.

Home Savings of America Building (II I3, 110 East 42nd St.): Ein Blick in das heute »Green Point Bank Building« genannte Gebäude lohnt. 1923 nach Plänen des Architekturbüros York & Sawyer im neoromanischen Stil erbaut, fallen hier viele aufwendige Dekorelemente, hochkarätige Kunstwerke, Malereien und andere Schmuckdetails ins Auge. Über den Eingangstorbögen angebracht sind zwei italienische Glasmosaiken von Joyce Kozloff, ein riesiges Deckenbild überspannt die Rolltreppe, es finden sich aufwendig sandgestrahlte Glasfenster von Patsy Norvell und in der Skylobby ein Wandbild von Richard Haas. In den Aufzugs-Vestibülen sind kleine Bronzestatuen aus dem 19. Jahrhundert aufgestellt, darunter ein Modell der Statue of Liberty von Frederic-Auguste Bartholdi (1836–1904). Mächtig sind die Marmorsäulen, riesig die Schalterhalle und sehenswert der Fußboden.

Chrysler Building (II I3, 405 Lexington Ave. / 42nd St.): Das Chrysler Building wird zu Recht von vielen als »schönster Wolkenkratzer New Yorks« bezeichnet. Schon von weitem sticht das bogenförmig gestaffelte, spitz zulaufende Stahldach, das in der Sonne glitzert, ins Auge. Wer sich bei genauerer Betrachtung an einen klassischen amerikanischen »Straßenkreuzer« erinnert fühlt, liegt gar nicht so falsch. Dieses Musterbeispiel des Art-déco-Stils steckt voller Details, die mit Autos zu tun haben – kein

Wunder, war doch der Auftraggeber des Baus die gleichnamige Autofirma.

Walter P. Chrysler, der bei der Eisenbahngesellschaft Union Pacific begonnen und 1925 seine eigene Automobilfirma gegründet hatte, erteilte 1929 dem Architekten William Van Alen (1882–1954) den Auftrag, ein Gebäude zu errichten, das das »Golden Age« des Automobils symbolisiert. Beim Bau wurde derselbe rostfreie Stahl wie bei Autokühlern verwendet, Mauervorsprünge wurden stilisiert zu Kühlerhauben, und die Wasserspeier gleichen Kühlerfiguren.

Bei der Eröffnung 1930 war das Chrysler Building mit seinen 76 Stockwerken und 343 Metern Höhe das höchste Gebäude der Welt, aber nur ein Jahr lang, dann wurde das im Bau befindliche Empire State Building um zehn Stockwerke erhöht und lief dem Chrysler Building den Rang ab. Auch im Inneren wurde nicht gespart, wie ein Blick in die Lobby zeigt: die Intarsien an den Aufzugstüren, die Marmorverkleidung der Wände und die Deckengemälde zum Transportwesen sind wahre Kunstwerke. Walter P. Chrysler selbst zog hier nie ein, und auch der Architekt wurde nicht glücklich mit seinem Bau, da er wegen Betrugsverdachts sein Honorar niemals erhielt.

425 Lexington Avenue (II I3): Dieser Wolkenkratzer steht zum Chrysler Building sowie zur Seitenfront des Grand Central Terminals in faszinierendem Spannungsverhältnis. Zwischen 1983 und 1988 wurde er nach Plänen des in Chicago lebenden und tätigen österreichischen Architekten Helmut Jahn (Murphy/Jahn Associates) errichtet. Als »architektonische Säule« mit Sockel und vorspringender Bekrönung konzipiert, zeichnet diesen postmodernen Bau sein massiv-blockartiges Äußeres mit durchgehender Verglasung aus.

Daily News Building (II I3): Die Reihe der Art-déco-Bauten in der 220 East 42nd Street (zwischen 2nd und 3rd Ave.) schließt das Daily News Building, erbaut im Jahr

1930, ab. Architekt Raymond Hood (1881–1934) verwendete hier verschiedenfarbigen Backstein und setzte eine starke Vertikalbetonung als Stilmittel ein. Die Zeitung *Daily News* war 1919 gegründet worden und erzielte als »Dienstmädchenbibel« – so genannt wegen der vielen Fotos, reißerischer Berichterstattung und sensationeller Enthüllungen – enorme Auflagen. Sie zählt bis heute zu den wichtigsten Boulevardblättern in den USA. Sehenswert sind in der Lobby der langsam rotierende Globus und das Art-déco-Reliefbild mit dem Schriftzug »The News« über dem Haupteingang.

Tudor City (II H–I3): Zu den ungewöhnlichsten Bauprojekten in Manhattan gehört Tudor City, ein Gebäudekomplex, der hufeisenförmig um die 42nd Street angelegt wurde. Mitte des 19. Jahrhunderts nannte man diese Ecke der Stadt auch »Prospect Hill« oder »Corcoran's Roost«, nach einem der ersten Bewohner. Lange Zeit vernachlässigt, erwarb Immobilienmakler Fred F. French das Areal, um seine Vision einer »Musterstadt« umzusetzen. Es entstand ein Wohnkomplex in historisierendem Stil, der bei seiner Eröffnung 1932 rund 4500 Bewohner aufnehmen konnte. Tudor City, nach dem vorherrschenden Architekturstil benannt, darf als frühes Beispiel für sozialen Wohnbau und für den Versuch der Stadterneuerung in den 1920er Jahren gewertet werden. Zwölf Gebäude mit 2800 Wohnungen »vom Fließband« und für die Mittelklasse waren damals eine spektakuläre Neuerung. Der Tudor City Park wurde als grüne Oase in die Betonwüste integriert und bietet Besuchern heute von einer erhöhten Terrasse Ausblick auf Queens und den East River.

United Nations Complex (II I4): Nominell zählt das UN-Gelände nicht zu New York, sondern ist ein neutraler Ort. Die Landfläche, auf der sich der United Nations Komplex befindet, zählt zum Besitz der Staatengemeinschaft der UN. Die Familie von John D. Rockefeller Jr. (1874–1960) hatte 1949 dazu beigetragen, dass das Gelände am East River im Wert von etwa sechs Millionen Dollar erworben werden konnte. Es entstand eine »internationale Zone« mit eigener Post und Feuerwehr, Briefmarken und Flagge. 1945 war die UNO in San Francisco gegründet worden, vier Jahre später wählte man New York zum ständigen Hauptsitz. Sofort begannen die Bauarbeiten nach Plänen einer internationalen Architektengruppe um Oscar Niemeyer (* 1907) aus Brasilien und den Schweizer Le Corbusier (1887–1965).

Der bereits 1950 vollendete Komplex besteht aus mehreren Bauten, z. B. dem hohen, mit Spiegelglas versehenem Sekretariatsgebäude, einem Konferenzgebäude mit drei großen Tagungssälen für Sicherheitsrat, Treuhand-Verwaltungsrat sowie Wirtschafts- und Sozialrat. Ein weiterer Bau dient als Sitzungssaal der UNO-Vollversammlung unter Beteiligung aller Mitgliedsstaaten. Es findet eine reguläre dreimonatige Sitzungsperiode pro Jahr statt.

Anlaufpunkt für Besucher ist das General Assembly Building (1st Ave. / 46th St.), in dem Touren starten und sich Shops und eine Cafeteria befinden. An einer Längsseite dieses Gebäudes sind die Flaggen der Mitgliedsstaaten aufgereiht, außerdem ist der ganze Komplex von mehreren Gartenanlagen, wie dem Rosengarten zum East River hin, umgeben, in denen Kunstwerke, meist zum Thema Frieden und Völkervereinigung, stehen (nur zugänglich während der Tour). Dazu gehören die *Reclining Figure* von Henry Moore (1982) und Wandbilder von Marc Chagall. Es handelt sich meist um Geschenke verschiedener Mitgliedsstaaten oder einzelner Stifter, die auf dem Freigelände oder im Inneren aufgestellt wurden (www.un.org).

Upper Midtown

Upper Midtown umfasst das Areal zwischen Rockefeller Center und Central Park und gilt als weiteres Haupt-Touristenzentrum New Yorks. Zugleich ist es der luxuriöseste Teil von New York, mit der legendären Fifth Avenue, der Park Avenue und dem Rockefeller Center. Besonders die Fifth Avenue präsentiert sich in dem Abschnitt in Upper Midtown als exklusive »Luxusmeile«, vergleichbar mit Champs-Élysées oder Via Veneto. Immer schon residierten hier die »Reichen und Schönen«, bevorzugt in Central-Park-Nähe, doch heute existieren nur noch wenige der alten Villen. Aber auch die feinen Apartmenthäuser, die diese im Laufe der Jahre ersetzt haben, lassen ahnen, wie gut es sich leben ließ und lässt. Beschrieben wird das eindrucksvoll in Tom Wolfes *Fegefeuer der Eitelkeiten* (*The Bonfire of the Vanities*, 1987, verfilmt 1990).

Rockefeller Center (II I2,1250 Ave. of the Americas): Bis in die 1920er Jahre breitete sich mitten im Zentrum von Midtown noch der Botanische Garten der Columbia University aus. 1928 erwarb dann der Industrielle John D. Rockefeller Jr. das Grundstück, um darauf ein Opernhaus errichten zu lassen. Angesichts der Wirtschaftskrise änderte er seine Pläne; 1931 begann man einen Mehrzweckkomplex nach dem Entwurf eines Architektenteams unter Raymond Hood zu bauen. Es war der erste, privat finanzierte »Multipurpose Complex« oder »Multiplex« der Welt. Da er noch dazu während der Weltwirtschaftskrise in den Himmel wuchs, war das Rockefeller Center (www.rockefellercenter.com) zugleich ein wichtiges Arbeitsbeschaffungsprojekt. Bis 1940 entstanden nach und nach 14 Einzelbauten, zwischen 1957 und 1973 wurden sieben weitere hinzugefügt. Die 21 unterschiedlich genutzten Hochhäuser bilden ein architektonisches Gesamtkunstwerk, das 1985 zum nationalen Kulturdenkmal erklärt wurde. Sie enthalten Ausstellungsflächen, Büros,

Rockefeller Center

Studios, Läden, Lokale u. a. und sind durch unterirdische Gänge miteinander verbunden.

Das gesamte Ensemble schmücken zahlreiche Kunstwerke, darunter ein großes Mosaik – »Intelligence Awakening Mankind« (1933) – über dem Eingangsbereich an der Avenue of the Americas oder ein Stahlrelief mit dem Titel »News« am Haupteingang des Associated Press Building (50 Rockefeller Center). Allein wegen seiner Größe von viereinhalb Metern sticht die 1937 geschaffene Bronzestatue des Atlas, der die Weltkugel stemmt, am Haupteingang zum International Building an der Fifth Avenue ins Auge.

Am stärksten umlagert ist stets das Areal um die Sunken Plaza mit Eislaufplatz im Winter bzw. Café im Sommer; hier entlang verläuft auch eine Ladenpromenade zur 5th Ave.; zudem finden sich hier die NBC Studios mit dem berühmten »Schaufenster«. Beherrscht wird der Platz von einer markanten goldenen Figur des jungen Prometheus, Teil eines Brunnens, den Paul Manship 1934 schuf. Hinter ihm wird zur Weihnachtszeit seit über 75 Jahren ein über 20 Meter hoher Christbaum aufgestellt, den 26 000 Glühbirnen beleuchten.

Dominanter Bau und zugleich eines der ältesten Häuser des Centers ist das **General Electric (GE) Building** (vormals »RCA Building«; 30 Rockefeller Plaza). Seit Herbst 2005 kann man wieder von der 1933 erbauten Aussichtsplattform »Top of the Rock« (www.topoftherocknyc.com) aus etwa 260 Meter Höhe den großartigen Ausblick – bei gutem Wetter bis zu 130 Kilometer weit – genießen. Das offene Aussichtsdeck im 70. Stock, schnell mit dem »Sky Shuttle«, einem topmodernen Aufzug, erreicht, sorgte bereits bei der Eröffnung 1933 für Aufsehen: Es ist dem Oberdeck eines Kreuzfahrtschiffes im Art-déco-Stil nachempfunden, mit Stühlen, Kaminen und anderen stiltypischen Details. Im 67th/69th floor steht man hingegen wettergeschützt im »Grand Viewing Room«. In der Lobby des GE Building beginnen auch die NBC-Studiotouren.

Legendär ist dort der Rainbow Room im 65. Stock des Baus, ein Supper Club mit sich drehendem Tanzboden und großen Big-Band-Auftritten – Bar, Kabarett und Restaurant in einem, doch derzeit leider geschlossen.

Radio City Music Hall (II I2): An der Avenue of the Americas befindet sich ein weiterer Teil des Rockefeller Centers: die berühmte Radio City Music Hall (Touren tgl. 11–15 Uhr, www.radiocity.com). Der Name »RCMH« kommt von den ersten Mietern, der Radio Corporation of America. An der Realisierung wesentlich beteiligt war neben John D. Rockefeller Samuel Roxy Rothafel, der sich im Metier auskannte, da er 1927 schon das Roxy Theatre ins Leben gerufen hatte. Die neue Konzerthalle eröffnete 1932 als größte Bühne der Welt mit fast 6000 Plätzen und einer aufwendigen Show mit Ray Bolger und Martha Graham. Bereits ein Jahr später wurde sie jedoch mangels Zuspruch zum Kino umfunktioniert und so bis zur Schließung 1979 betrieben. Der drohende Abriss konnte abgewandt werden; 1997 erwarb Cable TV das Gebäude und begann es gründlich zu restaurieren. 1999 wiedereröffnet, zählt die Bühne heute wieder zu den Hauptattraktionen und Schmuckstücken der Stadt.

An der Fassade des ansonsten architektonisch eher unauffälligen Baus stechen drei Niken von Jim Dine ins Auge. Spektakulärer wegen all der kunstvollen Art-déco-Details von Donald Deskey ist hingegen das Innere des Baus (Touren). Die »Mighty Wurlitzer« im Zuschauerraum ist ebenfalls sehenswert und gilt zudem als größte Orgel in einem Kino. Bei der Bühne von Peter Clark mit mehreren separat hydraulisch beweglichen Teilen handelt es sich um die größte (20 × 44 m) und um eine der technisch vorbildlichsten Bühnen; sie steht seit 2001 unter Denkmalschutz. Ihr hydraulisches System ist heute noch voll funktionsfähig und war einst derart wegweisend, dass es auch die technische Ausstattung von Flugzeugträgern beeinflusste. Ein in der unteren Lobby ausgestelltes, voll funktionierendes Modell wurde 1928 als Schaustück von Clark für Rockefeller angefertigt.

Besonders berühmt und beliebt ist seit 1933 die Weihnachtsrevue *Radio City Christmas Spectacular* mit den »Rockettes«, einer 1925 von St. Louis hierher umgezogenen Tanztruppe, die vor Weihnachten rund 100 Shows absolviert. Während des Jahres finden hier vielerlei verschiedene Veranstaltungen statt, vor allem Konzerte großer Stars, aber auch andere Shows und nichtmusikalische Events.

St. Patrick's Cathedral (II I3, 460 Madison Ave.): Gegenüber dem mächtigen Atlas, der die Weltkugel trägt, und dem Rockefeller Center duckt sich an der geschäftigen Fifth Avenue die St. Patrick's Cathedral fast bescheiden zwischen hohe moderne Wolkenkratzer. Diese lassen sie kleiner erscheinen, als sie tatsächlich ist, denn bei »St. Pat's« handelt es sich um eine der größten katholischen Kathedralen der USA, ausgestattet mit rund 2500 Sitzplätzen. 1850 hatte Erzbischof John Hughes dem Architekten James Renwick (1818–1895) den Auftrag erteilt, eine Hauptkirche für die Erzdiözese New York zu bauen. Nachdem 1858 endlich die Grundsteinlegung erfolgt war, ließen aufgrund des Bürgerkriegs Fertigstellung und Weihung bis 1879 auf sich warten. Noch später (1885–88) kamen die beiden rund hundert Meter hohen Türme mit ihren 19 Glocken, und die Lady Chapel – in der 1906 der erste Gottesdienst gefeiert wurde – dazu.

Erbaut aus weißem Marmor aus New York State und Massachusetts, ist der Bau 120 Meter lang und 53 Meter breit. Die mächtige Rosette von Charles Connick über dem Hauptzugang im Westen mit seinen massiven Bronzetüren misst acht Meter im Durchmesser. Auch im Inneren ist die Kirche aufwendig ausgestattet: Dazu gehört z. B. eine Orgel mit ihren 7855 Pfeifen, eine Pietà – dreimal so groß wie das Vorbild von Michelangelo – von 1906 in der Lady Chapel, ein Baldachin über dem Hochaltar aus Bronze, ein Kreuzweg mit holländischen Reliefs. Zwei

St. Patrick's Cathedral und Olympic Tower

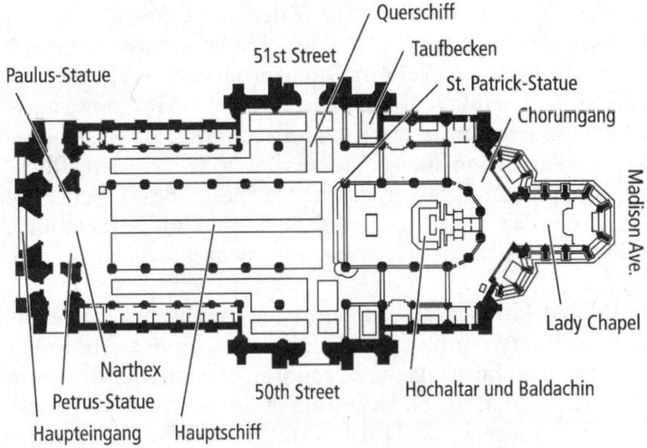

St. Patrick's Cathedral

der Altäre, St. Michael und St. Louis geweiht, stammen von Tiffany. Ein Schrein ist Elizabeth Ann Seton (1774–1821) gewidmet. Sie war 1975 als erster Bürger der »Neuen Welt« heilig gesprochen worden und gilt seither als New Yorks Nationalheilige. An den Besuch von Papst Johannes Paul II. 1978 erinnert eine Buste im Ostteil.

Olympic Tower (IV I3, 645 5th Ave.): Dass moderne Architektur und historische Bauwerke durchaus eine gelungene Symbiose eingehen können, belegt neben der St. Patricks's Cathedral der Olympic Tower. Wer schon einmal Chicago besucht hat, wird Ähnlichkeiten zu den dortigen Wahrzeichen, Willis (Sears) Tower und John Hancock Center, feststellen. In der Tat war in New York 1975 das gleiche berühmte Architekturbüro SOM (Skidmore, Owings and Merrill) tätig und errichtete den Olympic Tower im »International Style«.

Zu den Bauherren gehörte der griechische Reeder Aristoteles Onassis (1906–1975), an den das Onassis Cultural Center (www.onassisusa.org) im Untergeschoss erinnert. Dort gibt es ein Veranstaltungsprogramm, sehenswerte Wechselausstellungen und den »Hellenic Museum Shop« (Abgüsse berühmter antiker Meisterwerke) sowie Abgüsse des Parthenon-Bauschmucks im Foyer. In den Obergeschossen unterhalten die berühmteste Basketball-Profiliga der Welt, NBA (National Basketball Association), und ihr »weibliches« Tochterunternehmen, WNBA, ihre Büros.

Villard Houses (II I3): Zu den architektonisch interessanten Bauten im östlichen Teil von Upper Midtown, jenseits der Fifth Avenue, gehören die an der Ostseite von St. Patrick's, bereits an der Madison Avenue (50th–51st St.) gelegenen Villard Houses. Das Grundstück hatte 1881 Henry Villard (1835–1900) – Journalist, Herausgeber der *New York Post* und Präsident der Northern Pacific Railroad – erworben. Als Ferdinand Heinrich Gustav Hilgard, in Speyer geboren und in Bayern aufgewachsen und ausgebildet, war er 1853 nach einem Familienstreit in die USA emigriert. Erst als Journalist tätig, stieg er nach dem Börsenkrach von 1873 ins Eisenbahngeschäft ein und forcierte den infrastrukturellen Ausbau des Nordwestens.

Nachdem er 1881 die *New York Post* als Herausgeber übernommen hatte, ließ er sich zwischen 1881 und 1884 vom renommierten Architekturbüro McKim, Mead & White diesen Komplex aus sechs dreistöckigen Stadthäusern, die einen Innenhof umschließen, erbauen. Nach der Pleite Villards erwarb die römisch-katholische Erzdiözese die Anlage und verkaufte sie später an die Helmsley-Kette, die direkt dahinter das moderne 55stöckige Helmsley Hotel, heute das »New York Palace Hotel«, zwischen 1977 und 1980 errichten ließ. Im Nordflügel der Villard Houses sind die Municipal Art Society, die Architectural League of New York sowie ein Buchladen zu Hause.

Waldorf=Astoria (II I3, 301 Park Ave. / 49th St.): Das berühmte Waldorf=Astoria an der noblen Park Avenue ist eine Hotellegende. Der erste Bau war an der Stelle des heutigen Empire State Building 1893 unter der Ägide von William Waldorf Astor (1848–1919), Sohn des schwerreichen Johann Jacob Astor, eröffnet worden. Gleich daneben errichtete vier Jahre später Williams Cousin John Jacob Astor IV. (1864–1912) sein noch prunkvolleres Astoria Hotel. Beide Bauten übernahm schließlich George Charles Boldt (1851–1916), ebenfalls ein deutscher Emigrant, der als Hotelier mit einem Luxushotel in Philadelphia reich geworden war. Er vereinte die zwei Gebäude zu einem Hotelkomplex, der 1929 wegen des Baus des Empire State Building abgerissen wurde.

1931 entwarf deshalb das Architektenbüro Schultze and Weaver das heute erhaltene, 47 Stock (191 Meter) hohe Art-déco-Juwel mit über 1400 Zimmern und den besonders exklusiven Waldorf Towers. Obwohl die meisten Besucher, sofern nicht Präsident oder Adel, sich hier wohl kein Zimmer leisten können, sollte man einen Blick in die prächtige Lobby werfen. Wenn auch die Peacock Alley, eine vormals vielfrequentierte, edle Shoppingpassage nur noch in abgespeckter Version existiert, so lädt immerhin das gleichnamige Lokal wieder ein. Heute gehört das Hotel zum Hilton-Konzern und benutzt noch immer den doppelten Bindestrich im Namen. Dieser war so berühmt, dass er sogar in einem Lied vorkam und von den New Yorkern als Slogan benutzt wurde: »Meet Me at the Hyphen!« hieß »zwischen Waldorf und Astoria Hotel«.

St. Bartholomew's Church (IV I3, 325 Park Ave. / 51st St.): Die gegenüberliegende St. Bartholomew's Church wurde 1919 in rotem Backstein mit romanischem Portal und byzantinischer Kuppel erbaut. Bekannt und beliebt ist »St. Bart's« wegen der Konzerte, speziell alter kirchlicher Musik (www.stbarts.org/music.asp). Die episkopale Gemeinde war 1835 gegründet worden, doch erst 1872 stand genügend Geld für ein Gotteshaus zur Verfügung. Kein Geringerer als James Renwick (1818–1895), der Baumeister von St. Patrick's, plante den Bau, doch Bauschäden erforderten den Neubau, geplant von Bertram Goodhue (1869–1924) unter Miteinbeziehung des alten Portals von Stanford White. Der Innenraum spiegelt mit seinen golden-bunten Details die Vorliebe der Gemeinde für den byzantinischen Stil wider.

Austrian Cultural Forum (II J3, 11 East 52nd St.): Dieser 1942 von Zuwanderern gegründete Kulturverein fungiert heute neben der Institution in Washington als eine von zwei offiziellen Kulturvertretungen Österreichs in den USA. 1963 wurde das Kulturforum an jetziger Stelle eröffnet, das Gebäude stammt allerdings aus dem Jahr 2002 und stellt ein architektonisches Meisterwerk des Linzer Architekten Raimund Abraham (1933–2010) dar. Ihm gelang es, in die nur 7,5 Meter breite Baulücke ein sehenswertes, 24 Stock oder 84 Meter hohes Gebäude zu setzen, das dennoch unverwechselbaren Charakter hat. In mehreren Abstufungen verjüngt sich die Glas-Alu-Fassade nach oben hin. Im Inneren befinden sich Veranstaltungsräume, eine Bibliothek, Büros und Wohnungen.

Lipstick Building (II J3, 885 Third Ave. / 53rd St.): Der Bau gilt zu Recht als »Wegbereiter modernen Bauens« und als »Markstein der Architekturgeschichte«. Der Name – offiziell heißt der Bau »53rd at Third« – ist insofern zutreffend, als sich der 133 Meter hohe Wolkenkratzer wie ein überdimensionaler Lippenstift himmelwärts reckt. 1987 hatten John Burgee Architects und Philip Johnson (1906–2005) – letzterer ein Begründer der postmodernen Architektur – dieses Bauwerk mit Symbolcharakter geplant, das sich durch seine ungewöhnlich rundovale Fassade aus Glas und rotem Granit von den blockartigen Bauten in der Nachbarschaft und dem gleichförmigen Straßenraster absetzt. Da Johnson bei diesem Bau weitgehend auf die sonst stiltypischen historischen Zitate verzichtete, mar-

Lipstick Building

kiert das Lipstick Building bereits den Aufbruch zur »nachmodernen Architektur«.

Citigroup Center (II J3, 885 East 53rd St. / Lexington Ave.): Nur wenige Schritte vom Lipstick Building entfernt erhebt sich mit dem Citigroup (ehemals Citicorp) Center ein weiterer Meilenstein der New Yorker Architektur. Zwischen 1973 und 1978 nach Plänen von Hugh Stubbins (1912–2006) entstanden, kennzeichnet dieses fast 280 Meter hohe Bürohochhaus eine schlicht-moderne Fassade mit Glas-Aluminium-Haut im »Streifendesign«. Ungewöhnlich sind die vier dünnen, 35 Meter hohen Pfeiler, auf denen der Bau ruht (man musste sie bald nach Fertigstellung verstärken) ebenso wie das weithin sichtbare abgeschrägte Dach, für das ursprünglich Sonnenkollektoren vorgesehen waren.

Im Schatten des Baus liegt die kleine **St. Peter's Lutheran Church** (619 Lexington Ave. / 54th St.). Sie wurde gemäß einer Bauauflage an der Nordwestecke integriert. Das war die Voraussetzung, dass die einst hier befindliche Kirche 1970 abgerissen werden durfte.

Central Synagogue (IV J3): Die schlichte Fassade mit Zwillingstürmen und Zwiebeldächern an der Lexington Avenue / 55th Street im neomaurischen Stil übersieht man fast, dabei handelt es sich bei der Central Synagogue um die älteste kontinuierlich genutzte Synagoge der Stadt und zugleich um eine der ältesten in Nordamerika. Vorausgegangen war 1846 die Congregation Ahawath Chesed in der LES, 1872 ließ dann die Gemeinde diese neue Synagoge nach Plänen von Henry Fernbach, einem schlesischen Einwanderer, erbauen. Der Baustil soll an das jüdische Erbe in Spanien erinnern, doch als Vorbild diente die Dohány Synagoge in Budapest.

Lever House (IV J3, 390 Park Ave. / 53rd St.): Dieses 1952 vom Architekturbüro Skidmore, Owings & Merrill geplante, verspiegelte Gebäude gehört wie viele SOM-Bauten aus derselben Zeit zu den prägenden Werken des

International Style. Als Sockel fungiert ein flacher, aber ausladender Stahl-Glas-Quader auf Säulen, darüber scheint der Turm fast schwerelos dem Himmel entgegenzuwachsen.

Seagram Building (IV J3, 375 Park Ave. / 53rd St.): Noch deutlicher als das Lever House repräsentiert das 1958 erbaute Seagram Building den internationalen Stil. Schlicht und bescheiden wirkt die Fassade, mit schwarzem Stahlraster und bronzefarbenen Fenstern, die von keinem Geringeren als Ludwig Mies van der Rohe entworfen wurde. Da er damals noch keine Arbeitslizenz in den USA hatte, arbeitete er im Auftrag des Spirituosenkonzerns Seagram mit seinem Schüler Philip Johnson zusammen. Direkt daneben soll in Zukunft ein 62stöckiger Skyscraper von Norman Foster entstehen.

Museum of Modern Art (II J2, 11 West 53rd St.): Zu den musealen Höhepunkten in Midtown zählt das »MoMA« (www.moma.org, siehe auch »Museen«), das sich der Kunst von den 1880er Jahren (Impressionisten) bis zur Gegenwart widmet. Die Wurzeln des MoMA reichen in die Zeit des größten wirtschaftlichen Desasters zurück: 1929, zehn Tage nach dem Börsenkrach, fand hier die erste Ausstellung mit Werken von Postimpressionisten statt.

1935 begann man mit dem Aufbau der heute hochgeachteten »Film Library«, und 1939 zog die Sammlung in einen von Philip Goodwin (1885–1958) und Edward Durell Stone (1902–1978) geplanten Neubau im Internationalen Stil ein. Philip Johnson gestaltete dazu 1953 den Rockefeller Sculpture Garden. 1984 war es der Architekt Cesar Pelli (* 1926), der die Ausstellungsfläche mit einem neuerlichen Anbau verdoppelte und diese Maßnahme sollte fast 20 Jahre genügen. 2002 erhielt der japanische Architekt Yoshio Taniguchi (* 1937) den Zuschlag für einen Anbau an das MoMA. Er stand vor keiner leichten Aufgabe, da er an seinen großen Vorgängern gemessen werden würde und zudem der Platz eng geworden war. Als im

November 2004, zum 75. Geburtstag, Taniguchis Bau aus tiefschwarzem Granit, Alu und Glas eröffnet wurde, fiel dieser weniger durch spektakuläre Architektur auf als vielmehr durch Zweckmäßigkeit und vornehme Zurückhaltung.

Eine geräumige Lobby und ein hohes Atrium lassen das Museum hell und luftig erscheinen und geben den ausgestellten modernen Kunstwerken den passenden Rahmen. In mehreren Museumsabteilungen auf sechs Ebenen wird im Hauptbau, dem »David and Peggy Rockefeller Gallery Building«, die umfangreiche Sammlung präsentiert, dazu kommen Säle für Wechselausstellungen und großzügig proportionierte Galerien für zeitgenössische Kunst. Restaurants wie der edle »Bar Room« sorgen für das leibliche Wohl und ebenfalls neu gestaltet wurde der Sculpture Garden.

Überraschend wurde im November 2005 bekanntgegeben, dass bereits wieder eine Erweiterung ins Auge gefasst würde und dass die Planung dem französischen Architekten Jean Nouvel (* 1945) übertragen worden war. Nouvel ist in New York kein unbeschriebenes Blatt: Von ihm stammt u. a. bereits ein Wohnhaus in SoHo (40 Mercer St.). Auf einer kleinen Brachfläche neben dem Museum wird nun ein Wolkenkratzer, der »Tour de Verre«, mit 75 Stockwerken entstehen, der sich schwungvoll zur Spitze hin verjüngt, was dank der unregelmäßigen Stahl-Netzstruktur der Fassade, die tragende Funktion übernimmt, möglich gemacht wird. Allerdings wird das MoMA selbst nur gut 3700 Quadratmeter der Gesamtfläche belegen, die übrige Fläche wurde für 125 Millionen Dollar »verkauft«, ein Hotel, Luxuswohnungen und Läden sollen einziehen. Nach den Plänen von Jean Nouvel soll der Bau 2012 fertig sein. Fast so hoch wie das Chrysler Building, geriet er jedoch kürzlich in die Kritik. Vorgesehen sind als »grüne« Elemente Sonnenkollektoren und Windturbinen auf dem Turm.

St. Thomas' Episcopal Church (II J3, 5th Ave. / 1 West 53rd St.): Die 1909–14 im neogotischen Stil vom Architekturbüro Cram, Goodhue and Ferguson erbaute St. Thomas Church erinnert ein wenig an die Anlage der Kathedrale von Chartres. Der Vorgängerbau, zwischen 1865 und 1870 errichtet, war im späten 19. Jahrhundert zur beliebten Hochzeitskirche der New Yorker High Society avanciert. Der heutige Bau fällt durch seinen asymmetrisch angeordneten Einzelturm und das aufgrund der Grundstücksform seitlich verschobene Langschiff auf; im Inneren sind schöne Holzschnitzarbeiten zu bewundern.

Sony Building (II J3, 550 Madison Ave.): Zwischen 55th und 56th Street fällt der Blick auf das Sony Building, vormals unter dem Namen »AT&T-Building« bekannt. Wie das Lipstick Building geht auch dieser ältere Bau von 1984 auf Pläne von Philip Johnson zurück. Auch beim Sony Building fällt die Form auf: Hier setzte Johnson einen »Chippendale-Giebel« als oberen Abschluss ein – ein historisches Zitat, wie es typisch für den postmodernen Stil ist.

New York City Center of Music & Drama (IV J2): In der 131 West 55th Street fällt das New York City Center of Music & Drama durch seine markante maurische Fassade und Kuppel auf. 1923 als Freimaurertempel erbaut, wurde der Bau 1943 vom legendären Bürgermeister La Guardia zum Sitz der New York City Opera & Ballet erhoben. Oper und Ballett sind mittlerweile ins Lincoln Center umgezogen und in der über 2700 Sitze umfassenden Konzerthalle residiert heute u. a. das 1939 gegründete American Ballet Theater; diverse Tanzveranstaltungen finden hier statt.

Carnegie Hall (II J2, 7th Ave. / 56th St.): Diese älteste Konzerthalle der Stadt wurde zwischen 1887 und 1891 von William Burnet Tuthill (1855–1929) für Andrew Carnegie geplant und erbaut. Der Philanthrop Carnegie (1835–1919), ein Einwanderer aus Schottland, der mit

Stahl reich geworden war, finanzierte zahlreiche Kulturinstitutionen, sowohl in New York als auch in Pittsburgh. Den Plan, in New York eine Konzerthalle einzurichten, hatte Carnegie zusammen mit dem deutschstämmigen Dirigenten und Komponisten Walter Johannes Damrosch (1862–1950) gefasst. Damals existierte der »Theater District«, das Viertel, in dem Carnegie die Konzerthalle erbauen ließ, als solches noch nicht. Das Areal hieß schlicht »Goat Hill« – Ziegenhügel – und hatte nicht viel zu bieten. Das änderte sich jedoch mit Fertigstellung der Carnegie Hall im Italian Renaissance Style 1891.

Die Premiere wurde mit einem Konzert von Peter Tschaikowsky (1840–1893) gefeiert, und seitdem fanden und finden regelmäßig große Konzerte statt. Unter anderem traten Liza Minelli, Luciano Pavarotti, Woody Guthrie, Pete Seeger, Bob Dylan und die Beatles auf. Die Carnegie Hall genießt nicht nur Weltruf als Veranstaltungsort klassischer Konzerte, sondern gilt zugleich als legendäre Bühne für Popmusik. Als berühmtestes Konzert gilt bis heute der Auftritt Benny Goodmans mit seiner Big Band am 16. Januar 1938. Damit feierte nicht nur der Jazz seinen Aufstieg zur Kunstform, sondern erstmals traten weiße und afroamerikanische Musiker gemeinsam auf.

Nach einer Krise in den späten 1950er Jahren wurde der Bau dadurch gerettet, dass ihn die Stadt erwarb und 1964 unter Denkmalschutz stellen ließ. 1983–95 fand eine aufwendige Renovierung statt; 2003 eröffnete die auf modernsten technischen Stand gebrachte alte Hauptbühne, die Arthur Zankel Hall (644 Plätze), neu. Sie war 1891 als erste von drei Bühnen – die beiden anderen sind das Isaac Stern Auditorium (2804 Plätze) und die Weill Recital Hall (268 Plätze) – in Betrieb genommen worden. Im Obergeschoss befindet sich das **Rose Museum**, das ausführlich über die Geschichte des Baus informiert und Theatermemorabilien zeigt.

Die Carnegie Hall wurde zudem zwischen 1988 und

1990 von Cesar Pelli (* 1929) um einen postmodernen Anbau, den 60stöckigen **Carnegie Hall Tower** (152 West 57th St.), mit Wohnungen und Büros, erweitert.

Trump Tower (II J2, 72 5th Ave. / 56th St.): Markanter »Eyecatcher« an der Fifth Avenue, nahe dem Central Park, ist der »Goldpalast« des schwerreichen Immobilienmaklers Donald Trump. Der 1983 eröffnete Mehrzweck-Skyscraper, der neben Büros, Apartments und einem Luxushotel auch eine exklusive Shopping Mall enthält, wurde von dem lokalen Architekten Der Scutt geplant. Sehenswert ist das funkelnde, über sechs Etagen reichende Atrium mit viel rosafarbenem Marmor, Gold und Spiegeln.

IBM Building / 590 Madison Avenue (IV J3): Hinter dem Trump Tower erhebt sich das IBM Building, das heute unter dem Namen »590 Madison Avenue« firmiert. 1983 nach Plänen von Edward Larrabee Barnes (1915–2004) fertiggestellt, weist es die Form eines fünfseitigen Prismas auf und zeigt graugrünes Glas und Granit als Hauptbaumaterialien. Die Wasserskulptur am Zugang an der Madison Avenue mit dem Titel *Levitated Mass* (»Schwebende Masse«), in Form einer Granitplatte, die in einem Brunnen zu schweben scheint, stammt von Michael Heizer (* 1944). Ein Blick ins Atrium mit Sculpture & Bamboo Garden lohnt ebenfalls.

Plaza Hotel (II J2, 5th Ave. / East 59th St.): Den markanten Schlusspunkt an der Shoppingmeile Fifth Avenue setzt die Grand Army Plaza mit dem Plaza Hotel, eine der altehrwürdigen Herbergen New Yorks. 1907 für 12,5 Millionen Dollar erbaut, galt es lange als »bestes Hotel der Welt«. Geplant worden war es von Henry Janeway Hardenbergh (1847–1918) im French Renaissance Château Style, was die Ähnlichkeit mit einem französischen Schloss erklärt.

Überraschend schloss das Luxushotel Ende April 2005 seine Pforten und sollte komplett in Eigentumswohnungen und Läden umgewandelt werden. Nach heftigen Protesten seitens der New Yorker und mit Unterstützung des Bürgermeisters fand man schließlich einen Kompromiss: Ein Teil der 805 Zimmer und 360 Arbeitsplätze blieben erhalten, ebenso zwei bei New Yorkern heiß geliebte Institutionen, Palmenhof und Oak Bar; die übrigen Teile gelangten auf den Immobilienmarkt.

Nach einer umfassenden Renovierung wurde das Nobelhotel im März 2008 verkleinert wiedereröffnet. 282 Gästezimmer, davon 152 Suiten, sowie Wellness- und Fitness-Einrichtungen stehen heute betuchten Gästen zur Verfügung. Im Palm Court wird wieder Afternoon Tea, Breakfast, Lunch and Dinner serviert, der legendäre Oak Room und die Oak Bar erstrahlen in neuem Glanz. Dazu kamen eine elegante Champagner-Bar und der schicke Rose Club in der neuen Fifth Avenue Lobby. Auch die sehenswerten Grand Ballroom und Terrace Room wurden restauriert.

Uptown

Uptown umfasst den größten Teil der Insel Manhattan und erstreckt sich von der 59th Street bis hinauf zur Nordspitze. Die 59th Street bildet in etwa die geografische Mitte Manhattans und man spürt selbst als Besucher sofort den Wandel: Südlich erstreckt sich das touristisch-geschäftige Midtown mit Einkaufsstraßen und Theaterviertel, nördlich der ausgedehnte Central Park sowie schier endlose Wohnviertel. Es scheint ruhiger zuzugehen in »Uptown«, weniger touristisch, teils auch »gediegener«, wobei letzteres in erster Linie auf die Areale östlich und westlich des Central Park zutrifft.

Dennoch ist Uptown kontrastreich: einerseits exklusive Wohnviertel in der Upper East und West Side, andererseits aber auch Armenviertel wie East Harlem. Bunt und lebhaft geht es im Studentenviertel um die Columbia University oder um die 125th Street im afroamerikanischen Harlem zu, beschaulich wiederum in historischen Wohnvierteln wie Hamilton oder Washington Heights. Doch Uptown ist auch ein Kunstzentrum: Entlang der »Museumsmeile« an der Fifth Avenue findet sich eine weltweit einmalige Konzentration von Kultureinrichtungen.

Upper East Side (UES)

Die Upper East Side, zwischen 59th und 96th Street, grenzt im Süden an Midtown, im Norden an East Harlem. Die Westgrenze bildet der Central Park, die Ostgrenze der East River. Es ist das Viertel der High Society, das bereits seit etwa 1900 existiert. Besonders die luxuriösen Apartmenthäuser zwischen Fifth und Park Avenue gehören zu den teuersten Immobilien der Stadt.

Mittendrin liegen zwei weltberühmte »Kathedralen der Kunst«, das Metropolitan Museum of Art und das Guggenheim Museum. Sie sind allerdings nur zwei auf einer langen Liste von Kulturinstitutionen, die sich entlang der Fifth Avenue, an der Ostgrenze des Central Park, aneinanderreihen und die »Museums Mile« bilden. Die parallel verlaufende Madison Avenue gilt hingegen als Galerien-Viertel, an ihr reihen sich aber auch elegante Shops. Innerhalb der UES liegt mit Yorkville ein eigener Stadtteil, der einst als »Little Germany« galt.

Temple Emanu-El (II K3, 5th Ave. / 1 East 65th St.): Unter den gleichförmig-klotzigen, äußerlich kaum attraktiven Apartmenthäusern an der Fifth Avenue – hinter deren Fassaden sich im Inneren luxuriöse Apartments verbergen – ragt der Temple Emanu-El heraus. Der Bau gilt nicht nur als eine der weltgrößten, sondern zugleich als eine der schönsten Synagogen der Welt. 1929 erbaut, befindet sich hier der Sitz einer der reichsten und ältesten reformjüdischen Gemeinden New Yorks. 1845 hatten 37 deutsche Juden diese Gemeinde in der LES gegründet, dann war nach dem Zusammenschluss 1927 mit der Gemeinde Beth-El ein Neubau notwendig geworden. Die Gemeinde erwarb den alten Wohnsitz von Johann Jacob Astor an der Ecke 5th Avenue / 65th Street. Als Architekt wurde Robert D. Kohn gewählt, der in New York für eine Reihe jüdischer Gotteshäuser verantwortlich zeichnet. In der Synagoge haben 2500 Gläubige Platz, damit mehr als in der St. Patrick's Cathedral. Dazu gehört ein Museum (1 East 65th St., www.emanuelnyc.org) mit einer Sammlung von etwa 650 Kultobjekten, beginnend im 14. Jahrhundert, aber auch alten Haushaltsgegenständen und Erinnerungsstücken.

Lenox Hill Historic District (II K3): Zwischen Central Park und der 3rd Avenue sowie um die 70th Street erstreckt sich dieses denkmalgeschützte Viertel, in dem sich einst die New Yorker Oberschicht ihre Sommervillen baute. Den namensgebenden Hügel erkennt man sogar noch im Straßenbild. Im Vergleich zu Greenwich Village bot diese »Sommerfrische« den Vorteil, wegen ihrer Entfernung zum Zentrum ruhiger und kühler zu sein. Wie es damals hier ausgesehen hat, beschrieb schon 1835 Washington Irving, der im Haus von John Jacob Astor zu Gast war: »Ich habe noch keinen so ruhigen und wunderschönen Ruheort gesehen, seit ich in Amerika bin.« In den 1880er Jahren schluckte die sich beständig ausbreitende Stadt das ländliche Idyll, die heute prägenden Apartmentbauten entstanden. Das einzige original erhaltene Haus jener Tage ist die 1799 erbaute → Gracie Mansion.

St. James' Church (II K3, 865 Madison Ave.): Ein Vorgänger dieser Kirche auf dem Lenox Hill war schon im Jahr 1810 als hölzerne »Sommerkirche« an der Ecke 69th / Lexington errichtet worden. In der zweiten Jahrhunderthälfte entschied sich die Gemeinde für ein Steingebäude und verlegte den Standort an die Madison Avenue. Die 1869 fertiggestellte Kirche wurde rasch zu klein und schon wenige Jahre später entstand einen Block entfernt ein Neubau. 1885 eröffnete man diese neogotische Stadtkirche, die in den 1920er Jahren noch einmal massiv umgebaut wurde und ihren eigenartig deplaziert wirkenden Turm erhielt.

Frick Mansion (II K3, 1 East 70th St.): Eine Vorstellung davon, wie edel der New Yorker »Geldadel« einst lebte, vermittelt die Frick Mansion mit ihrer sehenswerten Kunstsammlung (Frick Collection; siehe auch »Museen«). Der Stahlmagnat Henry Clay Frick (1849–1919) hatte sich an der Ecke 5th Avenue und 70th Street von dem Architektenbüro Carrère & Hastings 1913/14 für fünf Millionen Dollar ein Stadtpalais errichten lassen. Nach Fricks Tod lebte seine Witwe Adelaide weiter hier und erst nach ihrem Tod, 1931, begann die Umgestaltung zum Museum, das 1935 eröffnet wurde.

Whitney Museum of American Art (III L3): Dieses Museum (siehe auch »Museen«), das sich ausschließlich der Kunst des 20. und 21. Jahrhunderts widmet, wurde 1931 von Gertrude Vanderbilt Whitney (1875–1942) ins Leben gerufen, nachdem das Metropolitan Museum ihre Sammlung abgelehnt hatte. Seit 1966 befindet sich diese nun in dem Gebäude 945 Madison Avenue von Marcel Breuer (1902–1981) und Hamilton Smith (* 1925), in Form einer auf dem Kopf stehenden Pyramide mit überhängender Fassade. Nachdem das Whitney Museum seine »Dependance« im früheren Altria Building verloren hat, ist geplant, im boomenden Meatpacking District (Gansevoort Street) eine neue Downtown-Niederlassung nach Plänen von Renzo Piano zu bauen.

Abigail Adams Smith Museum / Mount Vernon Hotel Museum (II J4, 421 East 61st St.): Nahe dem East River befindet sich das Mount Vernon Hotel Museum (siehe auch »Museen«), auch als »Abigail Adams Smith Museum« bekannt. Hier plante einst die Tochter (1765–1813) von Präsident John Adams zusammen mit ihrem Ehemann Colonel William Stephens Smith ein Landgut, das sie zu Ehren George Washingtons Landsitz »Mount Vernon« nannten. Doch die Smiths zogen nie hier ein und von den erhaltenen Bauten wurden die Stallungen 1826 in ein Hotel umgewandelt und 1836 zum Wohnhaus umfunktioniert. Seit 1939 betreuen die Colonial Dames of America das Museum.

Roosevelt Island (II/III J–M4): Die gut drei Kilometer lange, aber nur rund 250 Meter breite Insel liegt mitten im East River. Erreichbar ist sie entweder per Seilbahn, deren Station nahe Bloomingdale's neben der Queensboro Bridge (www.rioc.com) liegt, über eine Autobrücke von Queens oder mit den Subway-Linien F, N oder R. 1686 hatte sich hier eine Bauernfamilie namens Blackwell niedergelassen und eine Farm gegründet. Hoch verschuldet musste sie 1828 die Insel der Stadt für nur 32000 Dollar überlassen. Wie viele der kleinen Inseln im East River nutzte die Stadtverwaltung auch dieses, damals noch abgelegene Eiland als Gefängnis und Quarantänestation. Im Laufe der Zeit entstanden dann Krankenhäuser – weswegen man die Insel auch »Welfare Island« nannte – doch in den 1950er Jahren wurden die meisten aufgegeben und schließlich großteils abgerissen.

Von 1969 an entwickelte sich Roosevelt Island zum »architektonischen Experimentierfeld« und »Musterobjekt«. Philip Johnson (1906–2005) und John Burgee (* 1933) legten im Auftrag der New York State Urban Development Corporation einen Masterplan vor und begannen mit »Northtown«, einem Komplex aus vier architektonisch und infrastrukturell wegweisenden Wohngebäuden, der große Teile der Insel einnimmt. »Northtown Phase II« wurde 1989 im postmodernen Stil fertiggestellt und »Southtown« (ab 1998) steht kurz vor dem Abschluss.

1973 in »Roosevelt Island« umbenannt, handelt es sich um eine Stadt in der Stadt, mit rund 7500 Einwohnern aller Einkommensstufen und Ethnien und der derzeit höchsten Zuzugsrate in ganz New York. Aus vergangenen Zeiten erhalten geblieben ist »The Octagon«, der Turm des 1839 als New York Lunatic Asylum, einst ein berüchtigtes Hospital für Geisteskranke, über das schon Charles Dickens lästerte; es wurde 2006 in ein »grünes« Luxusgebäude umgewandelt. Ebenfalls ein Relikt alter Zeiten ist das Farmhaus der Gründerfamilie Blackwell von 1796, eines der ältesten erhaltenen Wohnhäuser New Yorks.

Metropolitan Museum of Art (MMA oder »The Met«; III L–M2, 5th Ave. / 82nd St.): Das Metropolitan Museum of Art (siehe auch »Museen«) gehört zu den absoluten Hauptanziehungspunkten New Yorks. Streng symmetrisch gegliedert, mit ausladender Fassade, beherbergt der Bau die wohl größte Kunstsammlung der westlichen Welt. 1870 war die Institution von einer Gruppe von Geschäftsleuten und Künstlern gegründet worden und konnte dank Hilfe der Stadt bereits zwei Jahre später in einem Gebäude an der 681 5th Avenue das erste Museum eröffnen. Der Eisenbahnfunktionär John Taylor Johnston und der Publizist George Palmer Putnam fungierten als Präsident und Aufsichtsratsvorsitzender, während der Künstler Eastman Johnson die Ausstellungskonzeption übernahm.

1873 zog das Museum in die Douglas Mansion in die 128 West 14th Street um, doch bereits zwei Jahre zuvor hatte man von der Stadt ein Grundstück an der Ostseite des Central Park erworben, wo der Architekt Calvert Vaux (1824–1895) und sein Assistent Jacob Wrey Mould (1825–1886) einen Museumsbau planten. Der viktorianische Bau, der 1874 eröffnet worden war, stieß jedoch auf wenig Gegenliebe, denn der verwendete verspielte Stil war damals bereits »out«. Aus diesem Grund wurde der angesehene Architekt Richard Morris Hunt (1827–1895), zugleich Mitglied des Aufsichtsrats, 1880 damit beauftragt, den Bau grundlegend umzugestalten und gleichzeitig zu erweitern.

Metropolitan Museum of Art

Hunt verwendete den vorhandenen Bau von Vaux lediglich als Kern und versah ihn mit einer großen Eingangshalle und einer prächtigen Beaux-Arts-Fassade aus hellbeigefarbigem Kalkstein aus dem US-Bundesstaat Indiana. Insgesamt sollte es bis 1926 dauern, ehe der gesamte Komplex – mit all seinen Anbauten – fertiggestellt war. Nach Hunts Tod hatte sein Sohn Richard Howland Hunt die Bauarbeiten geleitet, doch auch andere Architekten waren an gleichzeitig entstandenen Erweiterungsbauten beteiligt, z. B. das Büro McKim, Mead and White, das 1911 und 1913 Nord- und Südflügel zufügten. 1975 kam es zu einer erneuten Erweiterung großen Stils in Richtung Park, fünf Jahre später gestaltete das renommierte Architekturbüro Roche Dinkeloo & Associates den sogenannten amerikanischen Flügel. In den Jahren 2002–07 erfolgte eine grundlegende Fassadenrenovierung und eine Umgestaltung zahlreicher Ausstellungssäle.

Die Schätze verteilen sich heute auf drei Etagen in mehreren Bauten aus verschiedenen Bauzeiten. Nach erfolgter Renovierung und Umstrukturierung bietet das »Met« eine um rund 7500 Quadratmeter vergrößerte, insgesamt über 130 000 Quadratmeter große Ausstellungsfläche. Neu arrangiert wurden vor allem die »19th Century European Paintings and Sculpture Galleries« und die »Galleries for Oceanic Art and Art of North America«. Auch die »Greek and Roman Galleries« präsentieren sich seit April 2007 wesentlich attraktiver, weniger dicht gepackt und »angestaubt«. Ideal zum Erholen ist der Cantor Roof Garden mit kleinem Café, zeitgenössischen Skulpturen und spektakulärem Blick auf Central Park und Skyline, eine weitere Ruheoase bietet der überdachte Innenhof im American Wing.

Stanhope Hotel – 995 Fifth Avenue (III L3): Gegenüber dem Metropolitan Museum erhebt sich ein Luxusapartmentblock von 1927 im Beaux-Arts-Stil. Er ist bekannt für den Rembrandt Room, in dem zwischen 1968 und 1980 Kabarett-Aufführungen stattfanden. Abgesehen von gewöhnlichen Hotelzimmern standen Gästen Suiten und Wohnungen zur Verfügung. Mehrere Persönlichkeiten hatten sich hier sogar längerfristig eingemietet wie z. B. Ringo Starr; 1955 starb in einer der Hotelsuiten der Jazzmusiker Charlie Parker. Inzwischen wurde der Bau für rund 26 Millionen Dollar renoviert und zum Luxuswohnhaus umfunktioniert. Fernsehzuschauer weltweit kennen den Bau aus einigen Episoden in *Sex and the City.*

Neue Galerie (III M3): Das Gebäude, in dem sich die »Neue Galerie – Museum for German and Austrian Art« befindet, war 1914 von den beiden Architekten der New York Public Library, Carrère und Hastings, als privates Stadtpalais errichtet worden. Es liegt an der »Museumsmeile«, wie der Abschnitt der 5th Avenue nördlich des »Met« genannt wird, auf Höhe der 86th Street. Der Bau steht unter Denkmalschutz und vertritt architektonisch den Beaux-Arts-Stil. Von dem Industriellen William Starr Miller in Auftrag gegeben, fungierte das Haus später als Wohnung von Grace Wilson Vanderbilt, Ehefrau von Cornelius Vanderbilt III., und zugleich als gesellschaftlicher Mittelpunkt New Yorks. In den 1950er Jahren etablierte sich hier der Sitz des YIVO Instituts für jüdische Forschung.

1958 hatte der in Wien geborene Kunsthändler Serge Sabarsky und sein Freund, der Unternehmer Ronald S. Lauder, die »Serge Sabarsky Gallery« mit deutscher und österreichischer Kunst an der Madison Avenue gegründet. 1994 erwarben sie das Gebäude an der 5th Ave. von YIVO, um hier die Neue Galerie einzurichten. Nach Sabarskys Tod vergrößerte Lauder die Sammlung um seine erworbenen Kunstwerke; 2001 wurde die Neue Galerie nach einem Umbau durch die deutsche Innenarchitektin Annabelle Selldorf (* 1960) wiedereröffnet. Eine Pause lohnt nach dem Besuch der Sammlung das Museumscafé, das an ein Wiener Kaffeehaus erinnert (siehe auch »Museen«).

Solomon R. Guggenheim Museum (III M3, 1071 5th Ave./East 89th St.): Neben dem »Met«, das vor allem wegen seiner Monumentalität und Größe auffällt, sticht das Solomon Guggenheim Museum an der »Museumsmeile« wegen seiner ausgefallenen Architektur ins Auge. Die »Architektur-Ikone des 20. Jahrhunderts« wurde ab 1943 von Frank Lloyd Wright (1867–1959) im Auftrag von Solomon R. Guggenheim entworfen und stellt eine einmalige Harmonie von Bau und Kunst dar.

Die exzellente Sammlung moderner und zeitgenössischer Kunst wurde ab den späten 1920er Jahren von dem Industriellen und Philanthropen Solomon R. Guggenheim (1861–1949) zusammengetragen und erst in Guggenheims privatem Apartment im Plaza Hotel, dann ab 1939 im »Museum of Non-Objective Painting« untergebracht in einem Autohaus an der East 54th Street, ausgestellt. 1943 beauftragte Guggenheim mit Frank Lloyd Wright den damals bedeutendsten amerikanischen Architekten mit einem Neubau. Etwa 700 Skizzen fertigte Wright in den folgenden 15 Jahren für diesen »Tempel des Geistes«, doch der Baubeginn verzögerte sich bis 1956 aus kriegs- bzw. inflationsbedingten Gründen sowie baubehördlichen Bedenken; dazu kam Guggenheims Tod 1949. Als das Museum am 21. Oktober 1959 eröffnete, war der Architekt selbst schon ein halbes Jahr tot, und die Welt staunte nicht schlecht über dieses ungewöhnliche Gebäude, das Wright ebenso unsterblich machte sollte, wie es seinen Ruf als Begründer der modernen autochthon amerikanischen Architektur festigte. Er hatte sich für eine plastisch-organische Form entschieden, nach Vorbild eines Zikkurats, eines babylonischen Tempels. Laienhaft könnte man auch an ein auf dem Kopf stehendes Schneckenhaus denken. Wright ließ Besucher per Aufzug nach oben befördern, um sie von dort auf dem Weg über die spiralförmige Rampe im Inneren nach unten das ungewöhnliche Raumgefühl in der offenen Rotunde erleben und die segmentartig angeordne-

Guggenheim Museum

ten Galerien erkunden zu lassen. Der bedeutende moderne Architekt Philip Johnson brachte die Bedeutung des Baus auf den Punkt: »Mr. Wrights großartigstes Gebäude, New Yorks großartigstes Gebäude. Einer der großartigsten Räume des 20. Jahrhunderts.«

Von 1990 bis 1992 war das Museum wegen Renovierung geschlossen, es drohte aufgrund von Neuerwerbungen und Spenden an seine räumlichen Grenzen zu stoßen. So wurde es um einen achtstöckigen Annex von der Firma Gwathmey Siegel & Associates Architects, basierend auf Originalplänen von Wright, ergänzt. Eine mit dem Hauptbau durch die Thannhauser Gallery verbundene kleine Rotunde schließt nach oben mit einer Skulpturen-Terrasse ab, die Ausblick auf den Central Park bietet. 2009 konnte zum 50jährigen Bestehen eine weitere mehrjährige Renovierung abgeschlossen werden (siehe auch »Museen«).

Andrew Carnegie Mansion / Cooper-Hewitt National Design Museum (III M3, 2 East 91st St. / 5th Ave.): Vorbei an der 1929 im neogotischen Stil erbauten Church of the Heavenly Rest ist das Cooper-Hewitt National Design Museum das nächste nennenswerte Museum an der Museumsmeile. Die Sammlung wurde 1897 als »Cooper Union Museum for the Arts of Decoration« von der Familie Hewitt gegründet. 1967 gelangte sie in die Obhut der Smithsonian Institution, die sie 1976 an ihren jetzigen Platz, in die Andrew Carnegie Mansion, verlagerte. Der »alte« Palazzo von Andrew Carnegie wurde 1902 erbaut und galt schon zur Erbauungszeit wegen vorhandener Zentralheizung, Klimaanlage und Aufzugs als ungeheuer fortschrittlich. Der Bau mit seinem sehenswerten Treppenhaus umfasst 64 Zimmer und verfügt über Sonnenterrasse und Garten. Zum Komplex gehören zwei angrenzende Townhouses an der 90th Street für Büros und Museumsladen (siehe auch »Museen«).

Yorkville (III M3/4): Yorkville, begrenzt durch 79th

und 96th Street sowie East River und Lexington Avenue, wird dominiert von eher monotonen Mietskasernen der Jahrhundertwende – auch wenn diese im Inneren inzwischen vielfach in Luxusapartments umgewandelt wurden. Ein Bummel durch das Viertel lohnt allein wegen seines bunten Völkergemischs.

An der 86th Street schlägt das Herz von Yorkville, ein Viertel, das man zu Anfang des 20. Jahrhunderts noch »Little Germany«, »Kleindeutschland«, nannte, mit dessen Hauptachse »German Broadway«. Heute stößt man nur noch auf wenige Relikte aus der deutschen Vergangenheit: das **Restaurant Heidelberg** (1648 2nd Ave.) beispielsweise oder die **Schaller & Weber-Metzgerei** (1654 2nd Ave.). Papst Benedikt XVI. las bei seinem Besuch im April 2008 passenderweise eine Messe in der **St. Joseph's Roman Catholic Church** (East 87th St.) – dort findet regelmäßig einmal im Monat noch immer eine deutsche Messe statt.

Henderson Place Historic District (III, M3, East 86th St. / East End Ave.): Schlendert man über die 86th Street Richtung East River, stößt man auf dieses historische Viertel mit 24 Ziegel-Reihenhäuschen aus dem späten 19. Jahrhundert. Ab 1881 waren sie im Queen Anne Style nach Plänen von Hugh Lamb und Charles A. Rich für den Immobilienmakler John Henderson erbaut worden. Erklärtes Ziel des Bauherrn war gewesen, erschwingliche und ästhetisch ansprechende Häuser für den Mittelstand zu bauen.

Die zuvor eher ländlich geprägte Region hatten Archibald Gracie und John Jacob Astor erworben. Längst sind die kleinen Reihenhäuser eine begehrte Wohnadresse, zumal sie schön am Flussufer liegen. Von der breiten Promenade über dem East River Drive bietet sich guter Ausblick auf die Queensboro Bridge, Roosevelt und Ward's Island sowie Hell Gate, die Verbindung zwischen East River und Long Island Sound.

Gracie Mansion (III M4, East End Ave. / East River Dr.): Der Carl Schurz Park war bereits 1891 von der Stadt angelegt worden und erhielt seinen Namen 1910 zu Ehren des deutschen Immigranten, der amerikanischer Innenminister von 1869 bis 1875 war. Im Nordteil des Parks, auf Höhe der 88th Street, erhebt sich die Gracie Mansion, ein elegantes Landhaus, das sich der Kaufmann Archibald Gracie (1755–1829) 1799 im Federal Style erbauen ließ. 1896 erwarb die Stadt das Anwesen, das zunächst als Sitz des Museum of the City of New York fungierte, ehe es 1942 zum offiziellen Wohn- und Amtssitz des Bürgermeisters, damals Fiorello LaGuardia, wurde. Während Exbürgermeister Rudolph Giuliani kurz vor Ende seiner Amtszeit, nach seiner Scheidung, ausziehen musste, lebte der geschiedene derzeitige Bürgermeister Bloomberg nie hier, sondern in einem Townhouse an der 79th Street. Die Gracie Mansion wird heute für offizielle Empfänge und Dinners, als Herberge für Staatsgäste und andere Veranstaltungen genutzt. Michael Bloomberg ließ das Haus mit Hilfe einer üppigen Spende eines ungenannten Stifters – Gerüchten nach soll er es selbst gewesen sein – 2002 grundlegend renovieren.

Central Park

Wenn sonntags die meisten Straßen durch den Central Park gesperrt sind und noch dazu die Sonne scheint, dann wird diese nach dem Englischen Garten in München zweitgrößte Grünanlage auf einem Stadtgebiet zur »guten Stube« der New Yorker. Sie fungiert als Freilicht- und Konzertbühne, Sonnen- und Fitnessstudio, Picknick- und Kinderspielplatz, als Pleinair-Maleratelier und Experimentierfeld, als Treff und Ort zum Flirten. Im Sommer bildet der 340 Hektar große Stadtpark vor allem eine kühle Oase im brodelnd-heißen, stickigen Wolkenkratzer-Dschungel,

Central Park

im Winter, in weiße Schneepracht gehüllt, fühlt man sich meilenweit von der hektischen Stadt entfernt.

Der Park wird begrenzt durch die 59th und 110th Street sowie die 5. und 8. Avenue. Er ist rund vier Kilometer lang und knapp einen Kilometer breit und nimmt etwa fünf Prozent der Fläche Manhattans ein. Rund 50 Kilometer an Fuß-, Jogging- und Radwegen schlängeln sich durch den Park und mehrere sogenannte Transverse Roads dienen der Verbindung von Upper East und West Side.

Bereits 1844 hatte William Cullen Bryant, Herausgeber der *New York Post*, einen großen öffentlichen Park in Manhattan gefordert. Bei den Bürgermeisterwahlen 1850 wurde die Forderung thematisiert, doch weitere sieben Jahre sollten vergehen, bis das Projekt in Angriff genommen wurde. Erster »Superintendent of the Park« wurde Frederick Law Olmsted (1822–1903) aus Hartford (Connecticut). Der »Vater der amerikanischen Landschaftsarchitektur« machte sich an die Planung, doch diese erwies sich als weit schwieriger als erwartet: Auf dem vorgesehenen Gelände befand sich nämlich eine afroamerikanische Siedlung namens »Seneca Village«. Diese stammte aus der ersten Hälfte des 19. Jahrhunderts und diente über 250 freien Afroamerikanern und anderen Zuwanderern als Heimat. Zudem existierten drei Kirchen, zwei Friedhöfe und zwei Schulen. Im Zuge der Parkanlage wurden die Bewohner zwangsumgesiedelt und das Dorf 1858 dem Erdboden gleichgemacht. Spuren davon fand man vor einigen Jahren bei Ausgrabungen im Central Park.

Erst nach dieser bis heute umstrittenen Räumungsaktion konnte Olmsted zusammen mit dem Architekten Calvert Vaux (1824–1895) mit der Ausführung beginnen. Doch auch das vorgesehene Grundstück war mit Problemen behaftet: Es war teils Sumpfland, teils Weideland. Tag und Nacht wurde gearbeitet, um eine naturnahe und doch »dekorative« Landschaft zu schaffen. Ungeheure Mengen von Erde wurden bewegt, und Tonnen von Humus mussten aus New Jersey herbeigeschafft werden, um dem neu gepflanzten Grün Nährboden zu geben. Auch hinter den Kulissen geriet die Realisierung der Pläne mehrmals ins Stocken, zweimal drohten Olmsted und Vaux wegen politischer Querelen ihr Amt niederzulegen. Olmsted hatte sich mit seiner Vorstellung von einem Park, der durch seine Schönheit bestechen und dem Besucher passiven Genuss bieten sollte, durchgesetzt, doch die New Yorker waren nicht zufrieden und forderten »aktive« Vergnügungsmöglichkeiten. Kurz vor der offiziellen Eröffnung 1873 wurden deshalb ein Zoo und Sportplätze gebaut. Autos wurden ab 1899 zugelassen, an verschiedenen Stellen entstanden im Laufe der folgenden Jahre weitere Sportflächen und Spielplätze.

Zu den ursprünglichen Institutionen gehörte die **Dairy** (K2), eine Molkerei, von der aus die Milch der hier grasenden Kühe und Schafe an bedürftige Kinder verteilt wurde. In dem kleinen neogotischen Bau befindet sich seit der Restaurierung 1979 ein Besucherzentrum. Nicht weit davon entfernt liegt die 1873 eingeweihte **Bethesda Fountain and Terrace** (K2). Die Statue *Angels of the Waters* erinnert dort an die erste Wasserleitung, die die New Yorker mit Frischwasser versorgte, nachdem 1842 das Croton Aquädukt in Betrieb gegangen war. Über die Bow Bridge, eine von ursprünglich sieben Gusseisenbrücken im Park, erreicht man einen der vielbesuchten Orte des Parks: **Strawberry Fields** (L2). Dieses im Südwesten des Parks gelegene Grünareal gedenkt John Lennon, der im nahen Dakota Building wohnte und im Dezember 1980 davor ermordet wurde.

Im Zentrum des Parks liegen **Belvedere Lake** und **Belvedere Castle** (L2), von dessen Turm sich gute Ausblicke eröffnen. Im Untergeschoss befindet sich ein Informationsstand und eine kleine Ausstellung der Central Park Conservancy, der Naturschutzbehörde. Neben dem Schlösschen werden im **Delacorte Theater** (L2) im Sommer Shakespeare-Stücke aufgeführt. Das Theater wurde, wie Vieles im Park, vom Verleger George T. Delacorte gestiftet. Im Zentrum und westlich des Metropolitan Museum breitet sich der **Great Lawn** (M2) aus, auf dem im Sommer Freiluftkonzerte stattfinden. Der Norden des Parks wird von zwei Seen geprägt, dem **Jaqueline Kennedy Onassis Reservoir** (M–N2) und dem besonders bei den Bewohnern des anschließenden Harlem beliebten Harlem Meer (O2). (Infos zum Park: www.centralparknyc.org oder www.centralpark.com)

Upper West Side (UWS)

Die Frau von Beatles-Star John Lennon, Yoko Ono, lebt noch heute in der Upper West Side, genauer, im **Dakota Building** (II K–L1), wie zahlreiche andere Künstler, Musiker, Schauspieler und Autoren auch. Das Areal westlich des Central Park bis zum Hudson River und zwischen 59th und 110th Street war schon immer eine beliebte Adresse unter Intellektuellen, Exzentrikern und Stars, die sich die exklusiven Apartments in den braunen, von chiffrierten Türstehern bewachten Sandsteingebäuden aus der Zeit vor dem Ersten Weltkrieg am Broadway, in der West End Avenue, am Riverside Drive oder Central Park West leisten konnten und können. Dabei hatte sich die Upper West Side schon nach 1870 zum Wohnquartier entwickelt – damals war die 9th-Ave.-Hochbahn in Betrieb gegangen, die die Verbindung zu Midtown herstellte. Mit dem U-Bahn-Bau in den 1920er Jahren erhielt das Viertel weiteren Auftrieb. Seit den 1980er Jahren gesellten sich zur Prominenz wohlhabende junge Familien und gut verdienende Singles, Yuppies, die den Slogan von der »Yupper West Side« prägen.

Columbus Circle (II J2): Am Columbus Circle fällt zunächst vor dem **Trump Hotel & Tower** – einem von Philip Johnson und Costas Kondylis geplanten und 1997 eröffneten Luxushotel – ein überdimensionaler hohler, versilberter Globus ins Auge. 2004 kam am Platz ein weiterer doppeltürmiger Skyscraper dazu: das **Time Warner Center** (10 Columbus Circle, 59th St. / Broadway) vom Reißbrett der Architekturfirma SOM. Hier zog das luxuriöse Mandarin Oriental Hotel ein, außerdem gibt es ein Einkaufszentrum, mehrere Cafés und Restaurants wie das Sternerestaurant »Per Se«. Die CNN Studios und »Jazz at Lincoln Center« (www.jalc.org) sind ebenfalls in dem Komplex zu Hause. Dem Orchesterensemble stehen hier gleich drei Bühnen zur Verfügung: das Rose Theater, der Allen Room und Dizzy's Club Coca-Cola.

Dritter auffälliger Bau am zentralen Platz, der dank seiner Brunnenanlage um die Statue des Entdeckers Christopher Columbus sogar eine kleine Ruheoase inmitten des tosendes Verkehrs darstellt, ist der kompakte kubische, zwölfstöckige Bau des im Herbst 2008 eröffneten **Museum of Arts & Design** (2 Columbus Circle, siehe auch »Museen«).

Ursprünglich hatte sich an gleicher Stelle von 1874 bis 1960 das Pabst Grand Circle Hotel befunden, 1964 wurde von Edward Durell Stone ein Betonbau mit Stilelementen eines venezianischen Palazzo errichtet. Aufgrund seiner Säulenform auch »The Lollipop Building« genannt, beherbergte der Bau bis 1969 die Gallery of Modern Art. Anschließend wusste man nicht recht, was aus dem Gebäude werden sollte, diskutiert wurde die Ernennung zum historischen Denkmal. Schließlich entschied sich das Museum of Arts & Design für eine Vergrößerung seiner Ausstellungfläche und erwarb dafür dieses Gebäude. Man wählte das Büro Allied Works Architecture (Brad Cloepfil) aus Portland (OR) für die anspruchsvolle Umgestaltung. Resultat ist ein interessanter, mit schimmernden Keramikfliesen verkleideter Bau, der außer Ausstellungssälen auch Studios, ein Auditorium und ein Restaurant beherbergt. Lediglich die originalen lutscherförmigen Säulen sind vom alten Bau übriggeblieben.

Hearst Tower (II J2, 300 West 57th St. / 8th Ave.): Vom Columbus Circle fällt, Richtung Süden, ein neuer Wolkenkratzer ins Auge. Seine auffällige Prismenstruktur mit blaugetönten Fenstern und diagonal verlaufenden weißen Streben geht auf einen Entwurf des weltberühmten Architekten Sir Norman Foster (* 1935) zurück. Der Bau ist Sitz des Medienkonzerns Hearst Corporation und zeichnet sich zum einen durch die gelungene Integration eines alten Baus als Sockel, zum anderen als Musterbeispiel für ein »Green Building« aus. Obwohl erst 2006 fertiggestellt, erhielt der Turm bereits mehrere Auszeichnungen: 2006 den »Emporis Skyscraper Award« als bester Wolkenkratzerbau des Jahres und im November 2008 in der Frankfurter Paulskirche den »International Highrise Award 2008«.

Museum of Arts und Design, Columbus Circle

Norman Foster hatte wenige Wochen nach dem Anschlag am 11. September 2001 mit dem Bau begonnen. Auflage war gewesen, das 1928 im Auftrag von William Randolph Hearst durch den Architekten Joseph Urban gebaute Hearst Building im Art-déco-Stil zu integrieren. Der alte Bau war wegen Geldmangels nie vollendet worden und überdauerte die Jahrzehnte als unvollendeter Sockel. Diese originale Steinfassade benutzte Foster nun als Basis und setzte darauf, wie bereits in den ursprünglichen Plänen vorgesehenen, einen neuen Turm. Allerdings keinen gewöhnlichen, sondern einen 182 Meter hohen Glas-Stahl-Bau, für dessen aus einzelnen Prismen zusammengesetzte Fassade allein rund 9500 Tonnen überwiegend recycelter Stahl verwendet wurden.

Das Besondere an dem 46stöckigen Gebäude ist die Tatsache, dass es sich um einen »intelligenten« Bau und das erste »grüne Gebäude« New Yorks handelt, bei dem ökologische und energietechnische Kriterien zur Anwendung kamen. Sie reichen vom Bodenbelag bis zur energiesparenden Kühlung und Heizung des Gebäudes durch zirkulierendes Wasser, von Regenwassertanks bis zur Verwendung von Recylingmaterial und resultieren in einer bis zu 25prozentigen Energieeinsparung im Vergleich zu anderen Hochhäusern. Im Atrium des Gebäudes befindet sich ein dreistöckiger Wasserfall (»Icefall«) aus Tausenden von Glaspaneelen, der zugleich für gesundes Raumklima sorgen soll. Farbe in die Lobby bringt ein über 20 Meter hohes Gemälde mit dem Titel *Riverlines* von Richard Long.

Lincoln Center for the Performing Arts mit Metropolitan Opera und Avery Fisher Hall (II K1/2): In den 1950er Jahren war man auf der Suche nach einer neuen Heimat für die berühmte Metropolitan Opera und die New York Philharmonie, die zuvor im New York City Center of Music & Drama in der 55th Street zu Hause waren, fündig geworden: Zwischen Columbus und Amsterdam Avenue sowie West 62nd und 65th Street – in der Upper WestSide, wo Leonard Bernsteins *West Side Story* spielte und irische Gangs ihr Unwesen trieben – entstand das Lincoln Center als Heimat für zwölf Musik- und Kulturinstitutionen. 1959 legte Präsident Eisenhower den Grundstein, eröffnet wurde der Komplex 1966 und derzeit durchläuft er eine umfassende Renovierung, die 2011 abgeschlossen sein soll.

Angeordnet wurden die Einzelbauten des mehrteiligen Komplexes um einen großzügigen Platz, die Josie Robertson Plaza, mit dem Revson Fountain von Philip Johnson und der *Reclining Figure* von Henry Moore. Der Platz wird gegenwärtig zur »Lincoln Center Promenade« umgestaltet. Am Kopfende des Platzes steht das **Metropolitan Opera House**, die »Met«. Im südlich anschließenden **Damrosch Park** (West 62nd St.) zieht die Guggenheim Bandshell, eine Open-Air-Bühne, bei den regelmäßig veranstalteten Freiluftkonzerten Besucher an. Den südlichen Gebäudeflügel nimmt das **David H. Koch Theater** (Columbus Ave. / 63rd St.) – Sitz des New York City Ballet – ein, von Philip Johnson geplant und 1964 mit mehr als 2700 Plätzen eröffnet. Gegenüber, an der Nordflanke, erhebt sich die 1962 erbaute **Avery Fisher Hall** (Columbus Ave. / 65th St.), die Heimat des New York Philharmonic Orchestra, des 1842 gegründeten und damit ältesten Orchesters der USA. An der Nordwestecke des Blocks schließt sich das Lincoln Center Theater an. Es beherbergt das **Vivian Beaumont Theater** (1000 Plätze; 150 West 65th St.) und das kleine **Mitzi E. Newhouse Theater** (280 Plätze; 55th St.). Zwischen Theater und Met steht die **New York Public Library for the Performing Arts** (111 Amsterdam Ave.), in der auch Ausstellungen gezeigt werden. Jenseits der 65th Street finden sich schließlich die Alice Tully Hall, The Juilliard School und das Samuel B. & David Rose Building, ein Hochhaus mit Aufnahmestudio, Theater, Übungsräumen und Wohnungen.

Bereits weit gediehen ist das »West 65th Street Project«, das eine architektonisch gelungene Erweiterung der **Alice Tully Hall** (65th St. / Broadway) umfasst. Sie wurde vom Architekturbüro Diller Scofidio + Renfro mit einer neuen mit Plaza und einem Credit Suisse Information Grandstand (Tribüne) versehen. **The Atrium at Lincoln Center** (West 62nd–63rd St.), ein Ticket- und Besucherzentrum zwischen Broadway und Columbus Avenue, wurde ebenfalls kürzlich eröffnet.

Dakota Building (II K–L2, 1 West 72nd St.): Das wohl bekannteste unter den mächtigen Wohnblöcken an der Central Park West ist das Dakota Building, das 1884 die ersten Luxusapartments im Viertel, damals in sonst noch recht armseliger Umgebung, bot. Bauherr war der Singer-Erbe Edward S. Clark, Architekt Henry J. Hardenbergh (1847–1918). Sehenswert an dem massiven, festungsartigen zehnstöckigen Bau mit seinem großem Atriumhof ist vor allem der Eingang mit seinen Reliefs – Indianerszenen –, durch ihn schritten schon Prominente wie Leonard Bernstein, Roberta Flack, Judy Garland oder Kim Basinger, um in eine der ursprünglich 65, jetzt 103 Luxussuiten, zu gelangen. Bekanntester Mieter war John Lennon, der am 8. Dezember 1980 vor dem Haus erschossen wurde. An den Rockstar erinnert wenige Schritte entfernt der Strawberry-Fields-Garten im Central Park. Bekannt wurde der Bau zudem als Drehort von *Rosemaries Baby* von Roman Polanski (1968).

Auch in anderen, ähnlichen Luxusresidenzen entlang Central Park West, war und ist die Hautevolee zu Hause. Sehenswert ist beispielsweise das **Majestic** (115 Central Park West), ein brauner Ziegelbau im Art-déco-Stil, 1930/31 mit 29 Stockwerken erbaut. Etwa gleichzeitig entstand das **San Remo** (145 Central Park West), ein riesiger neobarocker Bau mit kathedralartigen Zwillingstürmen nach Plänen von Emery Roth (1871–1948). Mit 122 Metern ist es das höchste der illustren Wohngebäude und zählt zu den teuersten Adressen in New York. Ebenfalls berühmt ist das **Hotel des Artistes** (1 West 67th St.), das 1910 als Wohnhaus mit Künstlerateliers erbaut wurde, und sehenswert ist das **Ansonia Hotel** (2109 Broadway / 73rd St.), 1899 vom Erben der Autofirma Dodge in Auftrag gegeben. Als es 1904 eröffnet wurde, sollte es dem Dakota Konkurrenz machen und bot Mietapartments mit den Annehmlichkeiten eines Grand Hotels. Beliebt war und ist es wegen des vorhandenen Schallschutzes besonders bei Musikern – Arturo Toscanini, Enrico Caruso und Igor Strawinsky wohnten hier.

American Museum of Natural History (III L1, Central Park West / 79th St.): Das American Museum of Natural History (siehe auch »Museen«) gilt als das größte Naturkundemuseum der Welt. In einer Parkanlage am Rand des Central Park gelegen, besteht der Komplex aus 25 miteinander verbundenen Bauteilen und rund 40 Ausstellungshallen auf vier Ebenen. Schon 1869 gegründet, wurde der Kernbau des Museums mit seiner tempelartigen Fassade und neogotischen Dekorelementen von Calvert Vaux, der auch an der Planung des Central Park beteiligt war, und Jacob Wrey Mould geplant und 1877 eröffnet. 1900 wurde ein Südflügel nach Plänen von J(osiah) Cleaveland Cady (1837–1919) im neoromanischen Stil hinzugefügt. 1936 stellte man vor der Hauptfassade eine überlebensgroße Statue von Theodore Roosevelt als »New York State Memorial« auf, geschaffen von John Russell Pope (1874–1937). Hinter dieser Reiterstatue betritt man die Hauptlobby des Museums, die an eine römische Basilika erinnert und in der ein Dinosaurierskelett Aufmerksamkeit auf sich zieht.

Von den 1930er Jahren an wurde nichts Grundlegendes an dem Komplex verändert. Erst vor einigen Jahren begann eine 37 Millionen Dollar teure Renovierung, die kürzlich abgeschlossen wurde. Dabei wurden unter anderem die Südfassade zwischen Columbus Avenue und Central Park

Museum of Natural History

West und das Eingangsfoyer neu gestaltet, aber auch Ausstellungsbereiche neu konzipiert und modernisiert.

Angeschlossen ist dem Museum, abgesehen von einem IMAX-Kino, das **Hayden Planetarium**. Es existiert seit 1935 und ist seit 2000 in dem spektakulären Glaskubus, der »cosmic cathedral« des **Rose Center of Earth & Space**, einem von James Stewart Polshek (* 1930) geplanten Gebäude, untergebracht.

Harlem und Upper Manhattan

Nördlich der 110th Street und damit jenseits der Nordgrenze des Central Park beginnt Harlem, das in den letzten Jahren eine Wiedergeburt erlebt. Herz und Seele des Areals ist die 125th Street, der Martin Luther King Boulevard. Im westlichen Teil Harlems, anschließend an die Upper West Side, liegt das Viertel Morningside Heights mit der Columbia University, weiter im Norden schließen sich historische Viertel wie Hamilton Heights oder Washington Heights an und noch weiter nördlich stellt The Cloister eine Reminiszenz an das Mittelalter dar.

Im Norden Manhattans ändern sich etliche Straßennamen: Die 125th Street heißt nun »Martin Luther King Jr. Boulevard«, die 6th Avenue »Lenox Avenue« bzw. »Malcolm X Boulevard«, die 7th Avenue wird zum »Adam Clayton Powell Jr. Boulevard« und die 8th Avenue zum »Frederick Douglas Boulevard«.

Neuestes Revitalisierungsprojekt ist der zwischen 125th und 135th Street sowie Broadway und Hudson River 2008 eröffnete Harlem Piers Park, eine grüne Erholungsregion mit Promenade und Bootsanlegeplätzen direkt am Fluss.

Harlem (III O–Q1/3): Am Nordrand des Central Park macht sich ein Bruch bemerkbar – ethnisch, kulturell und wirtschaftlich. Dennoch ist Harlem längst kein »Getto«, »Schandfleck« oder gar »Slum« mehr. Sanierungs-, Kultur- und Veranstaltungsprogramme sowie soziale Einrichtungen traten erfolgreich den Kampf gegen Armut, Elend und Drogen an, die Kriminalitätsraten sind rückläufig und heute kann jeder Besucher hier ein vielgesichtiges, buntes und hoffnungsvolles Viertel in Eigenregie entdecken. Bedauerlicherweise steigen die Immobilienpreise und Mieten, so dass zunehmend alte Geschäfte und Lokale den schickeren Designerboutiquen und Fastfoodketten weichen müssen und auch viele alteingesessene »Harlemnites« ihre Wohnungen nicht mehr finanzieren können. Es ist »in« geworden, nach Harlem zu ziehen oder dort ein Unternehmen zu eröffnen.

Harlem gliedert sich in verschiedene Regionen: East Harlem (»El Barrio« oder »Spanish Harlem«) zwischen Harlem River und Randall's Island, West Harlem mit Morningside Heights, Manhattanville und Hamilton Heights (»Sugar Hill«), Central Harlem um das Apollo Theater an der 125th Street sowie Washington Heights und Inwood im äußersten Norden Manhattans.

Harlems große Zeit waren die 1920er Jahre, als es das »Black Capital of the Western World« und als »Gelobtes Land« der Afroamerikaner galt. Die sogenannte »Harlem Renaissance« involvierte damals die unterschiedlichsten Genres der Kulturszene – Musik, Ballett, Theater, Kunst und Literatur – und ließ sie aufblühen. Der Jazz entwickelte sich zum Sprachrohr der Bewohner. Obwohl weiter die Weißen die Fäden zogen und in den Topclubs schwarze Performer ausschließlich weißes Publikum unterhielten, wurde Harlem enorm wichtig für die Wiedergeburt des afroamerikanischen Selbstbewusstseins.

Die Hauptachsen des Viertels während der »Roaring Twenties« waren die 7th Avenue und die 125th Street. Wie von Duke Ellington in dem Jazz-Klassiker *Take the A-Train* besungen, war die 125th Street gleichbedeutend mit Exotik, Erotik, Sex, Alkohol und Vergnügen. Hier steht das berühmte und unlängst renovierte Apollo-Theater, in dem

Louis Armstrong, Count Basie, Duke Ellington, Josephine Baker oder Billie Holiday auftraten; hier befindet sich seit 1978 der legendäre Cotton Club (Westside Highway / West 125th St.), in dem schon Größen wie Bing Crosby, Cole Porter, Duke Ellington oder Lena Horne auftraten.

Harlem war, wie der Name andeutet, um 1658 von den Holländern als kleines Bauerndorf gegründet worden. Im 19. Jahrhundert entwickelte sich das ländliche Idyll zum beliebten Ausflugsziel, vor allem wegen der hier zahlreich vorhandenen, von deutschen Immigranten betriebenen Biergärten. Der Versuch, Harlem zum Nobelvorort zu machen, scheiterte jedoch, da er vielen New Yorkern zu weit entfernt im Norden lag, und so kamen Spekulanten auf die Idee, die Immobilien an afroamerikanische Zuwanderer aus den Südstaaten zu vermieten. In den 1920er Jahren strömten deshalb Heerscharen von Afroamerikanern aus den wirtschaftlich darniederliegenden Südstaaten hierher. Um 1930 wohnte bereits eine Viertelmillion Menschen in Harlem.

East Harlem war lange Zeit fest in puertorikanischer Hand, doch auch hier macht sich ein Wandel bemerkbar. Das Viertel ist heute heterogener, mehr Mittelklasse-Wohnungen sind entstanden, und wie in Harlem befürchten die Alteingesessenen, dass bald Wohnungen und Gewerbeflächen unerschwinglich werden könnten.

Apollo Theater (III Q2, 253 West 125th St.): Von außen wirkt das legendäre Theater (www.apollotheater.com) eher unscheinbar und nicht allzu groß. 1914 eröffnet, entwickelte es sich in den 1920er und 30er Jahren zu Harlems beliebtester Showbühne, auf der legendäre schwarze Künstler wie Bessie Smith, Duke Ellington und Billie Holiday auftraten. Nach dem Zweiten Weltkrieg waren es Charlie Parker, Dizzy Gillespie oder Aretha Franklin. Auch James Brown und Gladys Knight begannen ihre Karrieren im »Apollo« bei einem der bis heute jeden Mittwoch stattfindenden Amateurabende. Nach einer Krise in den 1960er und 1970er Jahren erwarb der Staat New York 1991 das Theater und ermöglichte eine umfangreiche Renovierung. Heute erstrahlt der Bau wieder in altem Glanz, zu Shows und Touren, und begrüßt alljährlich über eine Million Besucher.

Mount Morris Historical District (III P2, West 119th–124th St.): Beim Bummel durch das denkmalgeschützte Viertel wird der Besucher in eine andere Zeit versetzt. Im Zentrum befinden sich überwiegend renovierte viktorianische Reihenhäuschen aus dem späten 19. Jahrhundert, die einst von deutschen Juden bewohnt wurden. Etwas harlemtypisches fällt hier ebenfalls ins Auge: In fast jedem Häuserblock gibt es eine Kirche oder einen Gemeindesaal.

Angrenzend an Mount Morris liegt der **Marcus Garvey Park** (III P–Q2/3, 120–124th St.), in dem sich der einzige erhaltene Feuerwachturm New Yorks von 1856, eine Stahlkonstruktion mit Wendeltreppe und Alarmglocke, befindet.

Morningside Heights und Columbia University (III P–Q1, West 116th St.): Im Zentrum von Morningside Heights (www.morningside-heights.net) liegt die berühmte Columbia University. Um die Mitte des 17. Jahrhunderts waren in dieser Gegend vereinzelt Farmen und Landhäuser entstanden, erst 1870 leitete der Riverside Drive und Park von Frederick Law Olmsted (1822–1903) den Wandel der ländlich geprägten Region ein. Die Verstädterung schritt voran: 1882 folgte ein Altersheim (Amsterdam Nursing Home), 1887 der Morningside Park, ebenfalls von Olmsted, ab 1892 die St.-John-Kathedrale und fünf Jahre später die Columbia University.

Die Columbia University ist eine der ältesten und angesehensten Universitäten in den USA, eine der acht amerikanischen Tophochschulen, genannt »Ivy League Universities«. Die Hochschule, die 1754 als »Kings College« vom englischen König George II. gegründet worden war und damit auch die älteste städtische Institution ist, befand sich anfangs in der Nähe des World Trade Center; 1897 begannen die Bauarbeiten in Upper Manhattan. Fast 21 000 Studenten und etwa 6500 Dozenten gehen heute in den 15 Schools (Fakultäten) ein und aus. Besonders die Institute für Jura, Medizin und Journalismus genießen einen ausgezeichneten Ruf. Zu den herausragenden Absolventen der Uni gehören Franklin D. Roosevelt, Isaac Asimov und Jerome D. Salinger.

Im Zentrum des aus rund 60 Einzelbauten bestehenden Komplexes, genauer, an der Nordseite des Hauptplatzes »Central Quadrangle«, steht die Low Library. Sie wurde 1895–97 von McKim, Mead & White mit tempelartiger Fassade und hoher Kuppel erbaut. Ihre Freitreppe ziert eine bronzene Sitzfigur der Alma Mater von 1903, mit einer Eule, die mutig unter ihrem Rock hervorlugt. Gegenüber erhebt sich die Butler Library, die Haupt-Universitätsbibliothek. Sie ist mit über 6,6 Millionen Büchern eine der größten Bibliotheken der USA. Schon 1912 wurde an der Nordwestecke des Platzes die School of Journalism hinzugefügt, ins Leben gerufen von dem renommierten Verleger Joseph Pulitzer. Passenderweise wird hier jährlich der nach ihm benannte Literaturpreis vergeben. Eher bescheiden nimmt sich an der Nordostecke des Platzes die **St. Paul's Chapel** aus, Anfang des 20. Jahrhunderts in einem kuriosen Stilgemisch aus Neorenaissance, Neogotik und byzantinischen Elementen erbaut. Im Inneren zu sehen sind aufwendige Schnitzarbeiten. Ein Backsteingewölbe sorgt für gute Akustik bei Konzerten.

Die bereits aus allen Nähten platzende Columbia University visiert derzeit eine Erweiterung auf einem Streifen Land parallel zum Hudson River nahe der neuen West Harlem Piers an. Die Architektenbüros von Renzo Piano und SOM (Skidmore, Owings & Merrill) wurden beauftragt, neue Uni-Gebäude zu planen. Mit einer solchen Ausdehnung würde sich der Charakter des Viertels Manhattanville unweigerlich ändern, was nicht durchwegs auf Zustimmung stößt.

Cathedral of St. John the Divine (III O1, Amsterdam Ave. / West 112th St.): Mit dem Bau der Cathedral of St. John the Divine sollte die Monumentalität und der Geist des europäischen Mittelalters authentisch wiederbelebt werden. 1892 wurde nach einem Architekturwettbewerb, den das Büro Heins & LaFarge gewann, der Grundstein gelegt – und seither wird kontinuierlich gebaut. Ursprünglich im romanischen Stil geplant und begonnen, entschied man sich 1911 für den gotischen Stil als geeigneteren für die geplante Megakirche.

Zwischen 1941 und 1978 mussten die Bauarbeiten aus Geldmangel unterbrochen werden; bis heute ist man allein auf private Spenden angewiesen. Noch fehlen die Westtürme, der Vierungsturm und das südliche Querschiff, und man schätzt, dass der Bau in rund 50 Jahren fertig sein könnte – vorausgesetzt, die nötigen Gelder fließen weiter. Dann wäre St. John die größte Kathedrale der Welt und bei rund 200 Metern Länge und 42 Metern Innenhöhe hätte hier selbst die Statue of Liberty Platz. Schon jetzt fasst sie um die 10000 Besucher. Wenn am 4. Oktober, dem St. Francis Day, eine einzigartige Messe stattfindet, während der Haustiere, z. B. Hunde, Katzen oder Meerschweinchen gesegnet werden, ist das Haus gut gefüllt.

Die lange Bauzeit erklärt sich nicht nur aus dem latenten Geldmangel, sondern auch dadurch, dass mittelalterliche Konstruktionsmethoden angewandt und aus verschiedenen Ländern Fachleute herangezogen werden, die die alten Techniken noch beherrschen. Die Tatsache, dass auch früher keine Kathedrale in einem Menschenalter fertig gestellt wurde, trifft auch hier zu und macht St. John diesbezüglich vergleichbar mit Gaudís Sagrada Familia.

Bei der Besichtigung (auch Touren) sollte man sich den

St. John the Divine

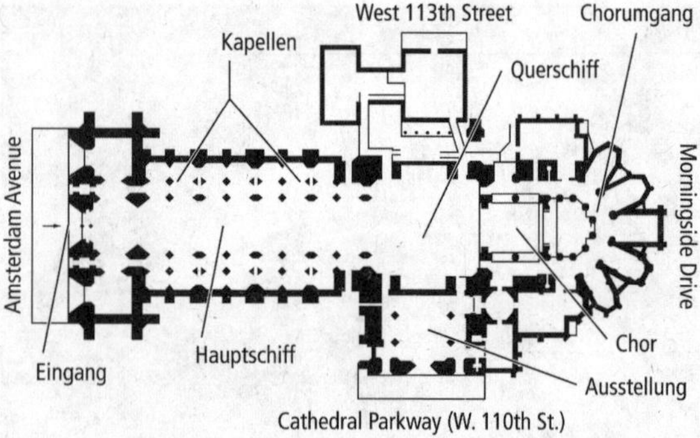

St. John the Divine

kunstvollen, ungewöhnlichen Details zuwenden, die großteils von französischen gotischen Kathedralen inspiriert worden sind: die 1933 fertiggestellte Fensterrosette über der Westfassade, die Nachbildungen mittelalterlicher Skulpturen am Westportal oder kuriose moderne Einzelheiten wie die New Yorker Skyline an einem Kapitell im Mittelschiff. Sehenswert sind auch die St. Ambrose Chapel mit Renaissance-Schmiedearbeiten, die Kopie des Bischofsstuhls aus der Westminster Abbey für Henry VII. im Chor, das gotische Taufbecken oder die acht mächtigen Granitsäulen um den Altar. Mit den Chapels of Tongues erinnert man an sieben zugewanderte Völker und fünf Jahrhunderte Architekturgeschichte. Die 150 Buntglasfenster am Bau befassen sich mit unterschiedlichsten Themen, von der Schaffung Davids durch Michelangelo bis hin zur Unterzeichnung der Declaration of Independence. Die Kirche ist von Grünanlagen umgeben, unter anderem mit einem Skulpturengarten samt Friedensbrunnen und einem Bibelgarten für Kinder (www.stjohndivine.org).

Riverside Church (III P1, 490 Riverside Dr. / 122nd St.): John D. Rockefeller stiftete diese Kirche 1927. Mit ihrem 30 Meter hohen Innenraum und der gotischen Fassade erinnert sie an die Kathedrale von Chartres. Sehenswert sind die Glasfenster und mehrere Statuen und Tafelbilder zu Ehren von Sokrates, Michelangelo, Florence Nightingale oder Booker T. Washington. Hauptattraktion ist jedoch das riesige Glockenspiel mit 74 Bronzeglocken unterschiedlicher Größe, das Rockefeller zu Ehren seiner Mutter installieren ließ. Das technische Meisterwerk wird von einem Spieler mit Händen und Füßen vor und nach Gottesdiensten (So 10.30 Uhr, 12.30, 15 Uhr) und zu besonderen Anlässen gespielt; die übrige Zeit ertönt, automatisch betrieben, stündlich eine Passage aus Wagners *Parsifal*.

Grant's Tomb / General Grant National Memorial (III P1, West 122nd / Riverside Dr.): Dieses Marmor-Mausoleum (www.nps.gov/gegr) wurde als Grabmal des Bürgerkriegsgenerals und späteren 18. Präsidenten Ulysses S. Grant (1822–1885) erst zwölf Jahre nach seinem Tod errichtet. Der Architekt des Monuments, John Duncan († 1929), orientierte sich an antiken Vorbildern wie dem Mausolos-Grabmal in Halikarnassos (Türkei) und jenem Hadrians, der heutigen Engelsburg, in Rom. Eröffnet wurde das Monument am 27. April 1897, dem Tag, an dem Grant seinen 75. Geburtstag gefeiert hätte, mit einer riesigen, siebenstündigen Parade.

In der Krypta, in der die Särge des Generals und seiner Frau aufgestellt sind, befinden sich seit 1938 auch Bronzebüsten seiner besten Generäle. Das 1958 zum »National Monument« erhobene Mausoleum untersteht dem National Park Service und bietet zugleich eine Ausstellung über Grant und seine Zeit. Umgeben wird das Denkmal kontrastreich von farbenfrohen Mosaikbänken, die von dem katalanischen Architekten Gaudí inspiriert, in den frühen 1970er Jahren von einem chilenischen Künstler entworfen wurden.

Abyssinian Baptist Church (III Q2, 132 West 138th St.): Diese älteste »schwarze« Kirche New Yorks (www.abyssinian.org) wurde 1908 im neogotischen Stil erbaut. Berühmt war ihr Pastor Adam Clayton Powell Jr. (1908–1972), ein aktiver Bürgerrechtler, nach dem die 7th Avenue in Harlem benannt ist. Heute werden die Sonntagsgottesdienste nicht nur von der schwarzen Mittel- und Oberschicht besucht. Die Gospelmessen ziehen vor allem Besucher in teils großer Anzahl an. Im ersten Stock erinnert eine Ausstellung an Powell, der sich neben Martin Luther King Jr. in den 1960er Jahren aktiv für die Gleichberechtigung aller Bürger einsetzte und erster dunkelhäutiger Kongressabgeordneter wurde.

Hamilton Grange National Memorial (III Q1, West 141st St. / Nicholas Ave.): In diesem Landhaus (www.nps.gov/hagr) lebte Alexander Hamilton (1755–1804), einer der Gründerväter der USA. Neu war vor allem seine Finanzpolitik, die die Industrialisierung Amerikas in die Wege leitete, zudem gründete Hamilton die amerikanische Nationalbank. Hamilton war eine schillernde Persönlichkeit – ehrgeizig, starrköpfig und aufbrausend – und stand immer wieder im Mittelpunkt von Kontroversen. 1800, nachdem er sich aus der Politik zurückgezogen hatte, erwarb er ein Grundstück im Norden Manhattans und ließ sich bis 1802 ein Wohnhaus von dem angesehenen Architekten John McComb (1763–1853), Erbauer der City Hall, planen und errichten.

Hamilton nannte es »Grange« – nach dem alten schottischen Gut seines Vaters –, und soll in den zwei Jahren, die er hier lebte, vor allem seinen Garten genossen haben. Wie er gelebt hatte, so starb er auch: In einem Duell 1804 gegen seinen Erzrivalen Aaron Burr. Seine Frau Elisabeth bewohnte mit ihren vier Kindern das Haus noch bis 1834. Nach einigen Besitzerwechseln erwarb dann die nebenan gelegene St. Luke's Episcopal Church den Bau und versetzte ihn um zwei Blocks. Inzwischen ist das Haus zum dritten Mal umgezogen, in den St. Nicholas Park. Im Federal Style erbaut, präsentiert sich das Innere eher schlicht, aber von ausgewählter Eleganz. Seit 1933 ist das Haus öffentlich zugänglich und wird seit 1962 vom National Park Service betreut.

Hamilton Heights Historic District (III Q1): Die meisten Häuser in diesem historischen Viertel zwischen West 141st und 145th Street entstanden nach dem Anschluss an die Hochbahn um 1880. »Harlem Heights« oder »Sugar Hill«, wie man die Region einst nannte, wurde schnell zum beliebten Wohnviertel. Angesehene Afroamerikaner wie die Jazzmusiker Count Basie und Duke Ellington oder der Boxer Sugar Ray Robinson zogen in die hübschen Reihenhäuschen in verschiedenen architektonischen Stilen.

Ein Teil der Häuser wird heute vom **City College of New York**, eine der Filialen der 1847 gegründeten City University of New York, genutzt. Der zentrale Campus (West 138th St. / Convent Ave.) mit seinen neogotischen Gebäuden (1903–06) und dem repräsentativen Shepard Archway als Zugang im Westen, liegt idyllisch auf einem Hügel.

Washington Heights (III Q1): Im äußersten Norden Manhattans befinden sich die Viertel Washington Heights (nördlich von Harlem, 151st St. bis I-95), Fort George (188th bis Dyckman St.) und das nördlich angrenzende Inwood, nur durch den Harlem River von der Bronx getrennt. Der Nordteil von Upper Manhattan war lange Zeit kaum besiedeltes Farmland. Washington Heights erlangte als Endstation des von Duke Ellington besungenen *A Train* Berühmtheit. In den 1940er Jahren war die Region fest in deutscher Hand. Zahlreiche Emigranten, besonders jüdischen Glaubens, hatten sich hier im »Vierten Reich« angesiedelt; zu ihnen gehörte beispielsweise Oskar Maria Graf mit seiner jüdischen Frau Mirjam. Viele der jüdischen Bewohner zogen, sobald sie finanziell besser gestellt waren, in die Vororte, und der deutsche Charakter wich allmählich hispanolateinamerikanischem Gepräge.

Audubon Terrace (III Q1): Zu den wenig bekannten Sehenswürdigkeiten in Upper Manhattan gehört an der 157th Street der Audubon Terrace Historic District, ein mehrteiliger Gebäudekomplex der ab 1908 im Beaux-Arts-Stil errichtet worden war. Er ist benannt nach dem Naturforscher und Künstler John James Audubon (1785–1851), dem das Grundstück ursprünglich gehörte. Audubon liegt gegenüber, auf dem Trinity Church Cemetery, begraben. Der Bauauftrag erging durch den Eisenbahnmagnaten und Philanthropen Archer M. Huntington 1907 und involvierte mehrere berühmte Architekten: Cass Gilbert, Stanford White oder Charles Pratt Huntington. Ursprünglich unterhielten hier zahlreiche Kulturinstitutionen ihren Sitz, heute sind nur noch die Hispanic Society und die American Academy of Arts and Letters geblieben.

Morris-Jumel-Mansion (West 160th St. / Edgecombe Ave.): Nicht weit entfernt findet sich die Morris-Jumel Mansion, ein renoviertes Haus im Greek-Revival bzw. Colonial Style von 1765. Es diente im Herbst 1776 während der »Battle of Harlem Heights« gegen die Briten George Washington als Hauptquartier. Erbaut wurde es von dem britischen Colonel Roger Morris als Sommerhaus auf »Mount Morris«. Die Besitzer wechselten nach Abzug der Briten mehrmals. Washington kehrte am 10. Juli 1790 noch einmal zu einem Empfang zurück, an dem drei zukünftige US-Präsidenten – John Adams, Thomas Jefferson und John Quincy Adams – sowie Alexander Hamilton und Henry Knox teilnahmen. 1810 kaufte der französische Zuwanderer Stephen Jumel das Haus, restaurierte es und stattete es edel mit Möbeln im French Empire Style aus. Jumel starb 1832, und seine Frau Eliza behielt es bis 1865. 1903 übernahm die City of New York das Haus und eröffnete es 1904 als Museum (www.morrisjumel.org). Zugleich ist das Anwesen Veranstaltungsort von »Jazz At the Mansion«.

George Washington Bridge: Die Brücke an der 175th Street war von Othmar Ammann und Cass Gilbert 1927 zur Herstellung einer Verbindung zwischen Manhattan und New Jersey geplant worden. Das vier Jahre später eröffnete riesige Bauwerk lobte kein Geringerer als Le Corbusier für seine Ästhetik. Bis heute gilt die 1451 m lange Brücke mit ihren 14 Fahrspuren auf zwei Ebenen als sehenswertes technisches Meisterwerk. Bei Eröffnung war die Brücke mit einer Spannweite von 1067 Metern zwischen den beiden mächtigen Stahlpfeilern die größte Hängebrücke der Welt. 1962 wurde die zweite Fahrebene hinzugefügt, so dass heute bis zu 300000 Fahrzeuge täglich die Brücke passieren können.

The Cloisters: Kaum jemand würde hier im Norden Manhattans ein mittelalterliches Kloster erwarten. »The Cloisters« im Fort Tryon Park ist eine Zweigstelle des Metropolitan Museum of Art, genauer, die Abteilung für europäische Mittelalterkunst, vor allem Architektur und Skulptur vom 9. bis 15. Jahrhundert. Die Schätze sind in einem Gebäude untergebracht, das in den 1930er Jahren, nachdem John D. Rockefeller dem Museum die nötigen Mittel zur Verfügung gestellt und Grund und Boden gestiftet hatte, aus verschiedenen mittelalterlichen Bauteilen errichtet wurde. Originale Architekturteile sind geschickt mit Rekonstruktionen kombiniert, Inhalt und Form verschmelzen, so dass der Eindruck eines echten mittelalterlichen Klosters entsteht. Die Innenhöfe sind grüne Oasen der Ruhe und Meditation, in denen man Zeit und Raum vergisst und sich nach Italien oder Spanien versetzt glaubt. Zu entdecken sind eine gotische Kapelle und gotische Hallen, Relikte aus Boppard, Wandbehänge, Holzschnitzereien, Wandmalereien, Reliefs, Silber- und Goldkunsthandwerk. Als Abschluss bietet sich der Blick von der West Terrace an der Nordostecke auf den Hudson River an (siehe auch »Museen«).

New Yorks »andere« Boroughs

1898 war ein einschneidendes Jahr für New York: Damals wurden die bis dato eigenständigen Gemeinden bzw. Städte Bronx, Queens, Brooklyn und Richmond – letzteres wurde erst 1975 in »Staten Island« umbenannt – in die vormals nur aus der Insel Manhattan bestehende »New York City« eingemeindet. Über Nacht war New York auf rund 3,5 Millionen Einwohner und damit zur größten Stadt angewachsen. Während Brooklyn bereits vorher als viertgrößte Stadt der USA gegolten hatte, waren die Bronx, Queens und besonders Staten Island bis zum Zusammenschluss eher ländlich geprägt gewesen.

Der größte Teil der Metropole New York liegt auf Inseln und war somit von jeher flächenmäßig begrenzt. Einzige Ausnahme ist die Bronx, die sich auf dem Festland befindet. Südlich an die Bronx schließt sich die Insel Manhattan an, die einem ausgestreckten Finger gleich von Hudson, Harlem und East River umflossen wird. Östlich, jenseits des East River, liegt Long Island – »The Island« – eine rund 190 Kilometer lange Atlantikinsel, die durch den Long Island Sound vom Festland abgetrennt wird. Ihren westlichen Teil machen die beiden New Yorker Stadtbezirke Brooklyn und Queens aus. An der Mündung von Hudson und East River in den Atlantik liegt schließlich mit Staten Island der fünfte Stadtbezirk New Yorks.

Die fünf Stadtbezirke New Yorks werden » Boroughs« (Bezirk/Landkreis) genannt. 786 km^2 umfasst das gesamte Stadtgebiet, der flächenmäßig größte Borough ist Queens mit 283 km^2, gefolgt von Brooklyn (183 km^2), Staten Island (151 km^2) und der Bronx mit 109 km^2; Manhattan nimmt lediglich 59 km^2 ein. Von den etwa 8,3 Millionen New Yorkern (Stand geschätzt 2008) leben über 2,5 Millionen in Brooklyn, fast 2,3 in Queens, über 1,6 in Manhattan, fast 1,4 in der Bronx und nur knapp eine halbe Million auf Staten Island. Die beiden New Yorker Flughäfen, LaGuardia Airport und John F. Kennedy International Airport, liegen beide in Queens, letzterer etwa 20 Kilometer von Manhattan entfernt.

Brooklyn

»Brooklyn's back. It's hip. It's hot!« – mit diesem Slogan trat Brooklyn in den letzten Jahren aus dem Schatten Manhattans heraus und hat sich mittlerweile als neuer, angesagter New Yorker Stadtbezirk etabliert. Seit 1964, als Hubert Shelby mit seinem Buch *Last Exit to Brooklyn* dem Stadtviertel zweifelhaften Ruf nachsagte, hat sich enorm viel getan. Damals kritisch als »Schlund von New York« geschildert, machte sich Brooklyn im Laufe der Zeit »selbständig«, allerdings war der Fortschritt langsam, denn viele Viertel waren und sind zum Teil noch nach Jahrzehnten der Vernachlässigung trostlos und verfallen. In den späten 1990er Jahren wurde Brooklyn von einer Aufbruchsstimmung erfasst, die den »Hinterhof New Yorks« plötzlich zur trendigen Adresse werden ließ und den »Brooklynites« zu neuem Selbstbewusstsein verhalf.

Brooklyn war stets ein Sammelbecken verschiedener Kulturen, Ethnien, Religionen und Einkommensgruppen. Daran hat sich bis heute nichts geändert. Brooklyn wird auch »Borough of Neighborhoods« genannt, haben doch viele der über 80 Stadtviertel ihren eigenen Charakter bewahrt, mehr als die meisten ethnischen Viertel in Manhattan. Da es zugleich in jedem Viertel meist gleich mehrere Kirchengemeinden gibt, trifft auch ein weiterer Spitzname zu: »Borough of Churches«.

Die Wurzeln des Boroughs reichen weit zurück: Schon im Jahr 1646 hatten gegenüber »Nieuw Amsterdam«, auf der Atlantikinsel Long Island, niederländische Siedler die

Ortschaft »Breukelen«, das heutige Brooklyn, gegründet. Aus dem Dorf entwickelte sich im Laufe der Jahrhunderte ein Industriestandort, der nach dem Zweiten Weltkrieg einen starken Immigrantenzulauf erlebte, gleichzeitig aber wirtschaftlich und sozial verfiel. Den Zusammenschluss mit New York betrachten viele Brooklynites noch heute als »Big Mistake«, war doch damit der Niedergang vorprogrammiert, und ging doch damit viel vom vormals eigenständigen Charakter der Stadt verloren. Brooklyn war bereits damals nach Manhattan, Philadelphia und Chicago die viertgrößte Metropole der USA und noch heute würde es als eigenständige Stadt mit über 2,5 Millionen Einwohnern – etwa ein Drittel aller New Yorker – die Liste der größten Metropolen Nordamerikas anführen.

Nicht überwunden haben die Brooklynites bis heute den Verlust ihrer einst heiß geliebten Baseballmannschaft, der »Dodgers«. Bis in die 1950er Jahre lieferten sich die Brooklyn Dodgers, die 1883 gegründet worden waren, mit den Lokalrivalen Giants und Yankees packende Duelle – unvergessen wird jener Herbst 1955 bleiben, als die Dodgers erstmals den Titel gewannen. Doch dann kam der Schock: 1957 packten die Dodgers ihre Koffer und zogen nach Los Angeles um. Seither trauert man in Brooklyn vergangenen Zeiten nach und lässt sich auch nur wenig durch die in Coney Island beheimatete Nachwuchsmannschaft der Mets, die Cyclones, trösten.

Längst sind nicht allein die hübsch restaurierten Brownstone-Häuschen in Brooklyn Heights bestaunte und begehrte Adressen, auch andere Viertel erfreuen sich mittlerweile regen Zuspruchs: Williamsburg und Greenpoint entwickeln sich zu neuen Bohemevierteln, zu hippen und lebhaften Multikultizentren, und die Wohnviertel Cobble Hill, Boerum Hill und Carroll Gardens in South Brooklyn sind »in«. Dort, zwischen dem einstigen Hafenviertel Red Hook und DUMBO, dem Areal unter der Brooklyn Bridge, wird die Waterfront derzeit zu einem Grünstreifen mit Parks, Plätzen und Biotopen umgestaltet.

Außerdem haben die Steiner Studios in der einstigen Schiffswerft Brooklyn Navy Yard am East River dazu beigetragen, dass dieser New Yorker Stadtbezirk auf dem besten Weg ist, ein »zweites Hollywood« zu werden. Ob aus den Plänen des Immobilienmoguls und Bauunternehmers Bruce Ratner, mitten in Brooklyn – nahe der Schnittstelle der drei Verkehrsachsen Flatbush, Fulton und Atlantic Avenue – eine neue Skyline zu entwickeln, etwas wird, darf angesichts des Widerstands der Bevölkerung und der Wirtschaftskrise am Ende des ersten Jahrzehnts des 21. Jahrhunderts bezweifelt werden.

Brooklyn Heights (I A4/5): Nachdem Brooklyn vor über hundert Jahren von New York geschluckt worden war, richtete sich der Blick fortan sehnsuchtsvoll nach Westen. Erst als 1965 Brooklyn Heights, das Stadtviertel direkt an East River und Brooklyn Bridge zu New Yorks erstem »Historic District« erklärt wurde, begann man sich wieder seiner Schätze und seiner Geschichte zu erinnern.

Heute stellt der Blick von der dem Viertel vorgelagerten Brooklyn Promenade auf die Skyline von Manhattan ein Highlight eines New-York-Besuchs dar. Ermöglicht wird dieser spektakuläre Ausblick durch die Lage des Viertels auf einer Erhebung direkt am East River, wo früher Breukelen gegründet wurde. Als 1659 eine Ruderbootverbindung zwischen Manhattan und Brooklyn eingeführt wurde und Anfang des 19. Jahrhunderts ein regulärer Dampfschiff-Fährbetrieb einsetzte, wurde der Ort zum beliebten Vorort. 1883 kamen erst die Brooklyn Bridge und in den 1950er Jahren dann der Brooklyn-Queens Expressway (BQE). Letzterer trennte zwar die Piers vom Wohnviertel ab, doch wer auf der erhöht gelegenen Promenade, genannt »Esplanade«, steht, nimmt den Verkehrslärm kaum wahr. Der Brooklyn Heights Historic District erstreckt sich zwischen der Promenade und der Borough Hall so-

Brooklyn Heights, Historic Brownstones

wie Atlantic Avenue und Brooklyn Bridge. Hier lebten etliche berühmte Schriftsteller, Henry Miller, Thomas Wolfe, Arthur Miller, Norman Mailer, Truman Capote oder Carson McCullers.

Typisch sind die »Brownstones«, schmale Reihenhäuser mit meist kleinen Hinterhöfen; sie sind für New York ebenso typisch wie die Wolkenkratzer. Ihr Name geht auf das anfangs eher rosafarbene, sich im Laufe der Zeit aber braun färbende Baumaterial, einen Sandstein, zurück. Brooklyn Heights hat rund 700 solcher Häuser, die von 1820 bis zum Bürgerkrieg datieren. Mit dem Niedergang Brooklyns in den 1950er, 1960er Jahren verfielen sie allmählich. Da jedoch das Geld für Renovierungen und Umbauten fehlte, blieben ganze Straßenzüge unverändert erhalten. Als Immobilienspekulanten planten, die Häuser abzureißen, trat die 1910 gegründete Brooklyn Heights Association erfolgreich in Aktion und bewirkte, dass das gesamte Viertel 1966 als erster Historic District durch die Landmarks Preservation Commission unter Denkmalschutz gestellt wurde.

DUMBO (I B4): Vor einigen Jahren entdeckten die New Yorker das alte Hafenviertel im Zwickel zwischen der Brooklyn und der Manhattan Bridge, kurz »DUMBO« für »Down Under the Manhattan Bridge Overpass«, genannt, neu. Die alten Lagerhäuser um Water und Front Street aus dem frühen 20. Jahrhundert wurden in Lofts umgewandelt, es bildete sich eine eigene kulinarische und künstlerische Szene heraus. Beliebt ist der Empire-Fulton Ferry State Park um die Brooklyn Bridge am East River, der guten Ausblick ermöglicht. Daneben entsteht Richtung Süden der neue Brooklyn Bridge Park.

Brooklyn Bridge Park (I B4, südlich Brooklyn Bridge): Im Zuge einer Neugestaltung der Brooklyn Waterfront werden die alten Piers 1 bis 6 südlich der Brooklyn Bridge derzeit umgestaltet. Im März 2010 wurde bereits Pier 1 als Parkanlage mit sich bietendem Postkartenpanorama von

Manhattan am Hudson River eröffnet; Pier 6 am Fuße der Atlantic Avenue folgte wenig später. Voraussichtlich 2013 soll das ganze Projekt abgeschlossen sein und dann gut zwei Kilometer von der Manhattan Bridge bis zur Atlantic Avenue mit Grünanlagen und Fahrradwegen, Bühnen, Spielflächen, Stränden, aber auch renaturiertem Marschland und Fishing Piers attraktiv ausgestaltet sein. (www.brooklynbridgepark.org)

Downtown Brooklyn (I A5): Von der Brooklyn Bridge bzw. von Brooklyn Heights sind es nur wenige Schritte zur **Cadman Plaza**, einem langgestreckten Park im Herzen von Downtown Brooklyn, an dessen Südende sich das Court House, der Supreme Court und der Verwaltungssitz, die **Borough Hall** (209 Joralemon St., Subway-Station), befinden. Zwischen 1835 und 1849 war sie als Rathaus errichtet worden, 1868 kam ein Courthouse dazu, das jedoch in den 1940er Jahren durch die heutigen Bauten im Umfeld ersetzt wurde. Dank moderner Bauten wie dem **Williamsburgh Savings Bank Tower** (1 Hanson Place), mit 156 Metern der höchste Bau Brooklyns, oder dem **MetroTech Center**, hat Brooklyn eine eigene Skyline erhalten. Augenfällig ist ein Gebäude mit dem Schriftzug »Watchtower« – der Hauptsitz der Zeugen Jehowas.

Seit 2004 durchläuft Downtown Brooklyn eine grundlegende Sanierung – Straßenzüge werden beispielsweise fußgängerfreundlich gestaltet – für die Milliarden privater und städtischer Gelder zur Verfügung gestellt wurden. Immerhin ist die Region um die Fulton Street nach Lower Manhattan und Midtown das drittgrößte Wirtschaftszentrum der Stadt. Für Besucher interessant ist das **New York Transit Museum** (Boerum Place / Schermerhorn St.) in einer alten Subway-Station (siehe auch »Museen«).

Fort Greene (Übersichtskarte): In dem Abschnitt, wo sich die Fulton Street mit der Flatbush Avenue kreuzt, breitet sich das Viertel Fort Greene aus. Benannt ist es nach einem nicht mehr erhaltenen Militärposten aus dem

Unabhängigkeitskrieg. Hier finden sich nicht nur die Designerboutiquen überwiegend afroamerikanischer Modeschöpfer, afrikanische Restaurants und Szenetreffs, sondern auch »BAM«, die weit über die Stadtgrenzen hinaus bekannte **Brooklyn Academy of Music** (30 Lafayette Ave.), Sitz des 1858 gegründeten Brooklyn Philharmonic Orchestra.

Nachdem 1903 eine erste BAM-Bühne in der Montage Street niedergebrannt war, wurde zwischen 1906 und 1908 an der Lafayette Avenue / Fulton Street neu gebaut. BAM ist nicht nur Sitz der Philharmonie, sondern wurde vor allem bekannt für ihre Experimentierfreude und für Avantgarde-Veranstaltungen junger Performance-Künstler, Tänzer, Musiker und Schauspieler. Unter BAM-Chef Harvey Lichtenstein, der zwischen 1967 und 1999 die Institution leitete, gelang es, die Theater-Avantgarde anzulocken, er kreierte Programmkino, Musikreihen – allen voran das »Next Wave Festival« – und Literaturveranstaltungen.

Der klassizistische Kernbau von 1908 wurde mit einer Aufführung von Goethes *Faust* und einem Auftritt Enrico Carusos eingeweiht und gilt seither neben dem Lincoln Center als zweitwichtigste New Yorker Kulturinstitution. Das umliegende Areal um die Kulturinstitution wird derzeit zum »BAM Cultural District« umgestaltet. Abgesehen von neuen Bühnen, Theatern, Experimentier- und Ausbildungsstätten sollen auch Wohnungen entstehen, dazu öffentliche Plätze und Parks. Bereits 1999 wurde das nahegelegene Majestic Theater renoviert und als »BAM Harvey Theater« neuer Teil des Komplexes – das Howard Gilman Opera House, Lepercq Space (BAMcafé) und die BAM Rose Cinemas hatten bereits Einzug gehalten.

Atlantic Yards (Übersichtskarte): Östlich der BAM soll Brooklyn ein neues Gesicht erhalten: Hier ist seit langem über den alten Gleisen der Atlantic Yards ein neues Viertel geplant. Auf einer Plattform über den Bahnanlagen der Long Island Railroad an der Atlantic Avenue sollen neue

Hochhäuser für Gewerbe, Büros und Wohnungen sowie eine neue Basketballhalle, das Barcleys Center, entstehen. Nun hat jedoch die jüngste Wirtschaftskrise die kühnen Pläne des Initiators Bruce Ratner, der Frank Gehry ursprünglich als Architekt vorgesehen hatte, ins Stocken gebracht, der Baustart wurde bereits mehrmals verschoben. Geldprobleme, Prozesse um Grundstücksenteignungen und der Widerstand der Bevölkerung verzögern das Neubauprojekt – mit Ausnahme der Sporthalle, die 2012 eröffnen soll – weiter.

Williamsburg und Greenpoint (Übersichtskarte): Zu den Trendvierteln Brooklyns zählen Williamsburg und das sich nördlich anschließende Greenpoint. Als 1903 die Williamsburg Bridge eröffnet wurde, zogen jene New Yorker, die es sich leisten konnten, hierher. Besonders jüdische Zuwanderer versuchten den beengten Wohnverhältnissen in der Lower East Side zu entkommen. So entstand rasch ein quirliges Stadtviertel, das besonders bei den Chassidim, den orthodoxen Juden, beliebt war.

Heute ist »Brooklyn's East Village« trotz der rund 30 000 hier – bevorzugt in South Williamsburg – lebenden orthodoxen Juden ein buntes, multiethnisches Hip-Viertel mit regem Nachtleben und den angeblich angesagtesten Clubs der Stadt. Die Wohnungen in den alten Lagerhäusern sind noch immer erschwinglich und Italiener, Polen, Lateinamerikaner leben mit den »jungen Wilden« und mit Juden Tür an Tür.

Das Zentrum von Williamsburg bildet die Bedford Avenue. Ein Relikt alter Zeiten liegt nicht weit entfernt an der 11th Street: die **Brooklyn Brewery**. Seit 1988 hält diese Kleinbrauerei wieder die Fahne für das einstige Bierzentrum Brooklyn hoch, in dem um 1900 noch etwa 50 von insgesamt 70 Brauereien der Stadt existiert haben sollen.

Bedford-Stuyvesant (Übersichtskarte): Direkt südlich an Williamsburg grenzt das Wohnviertel Bedford-Stuyvesant, das fest in der Hand der größten afroamerikanischen

Gemeinde Brooklyns ist. Der älteste Teil des in den 1930er Jahren entstandenen Viertels wurde als **»Stuyvesant Heights Historic District«** unter Denkmalschutz gestellt. Der Name deutet es bereits an: Neu-Amsterdams Verwalter, Peter Stuyvesant, hatte 1640 das Dorf gegründet. Zwischen 1870 und 1920 wuchs daraus eine Kleinstadt mit den für New York typischen Reihenhäusern. In den 1970er Jahren verlassen und teilweise heruntergekommen, erlebt das Viertel erst in den letzten Jahren wieder eine Blüte. Viele junge afroamerikanische Familien ziehen hierher, renovieren die alten Häuser und sorgen dafür, dass Stuyvesant Heights sich zum neuen Treff und Zentrum entwickelt.

Die Attraktion des Viertels ist das **Brooklyn Children's Museum** (145 Brooklyn Ave. / Brower Park), das erste und älteste Kindermuseum der Welt. Der gründerzeitliche Ursprungsbau von 1899 wurde 1977 durch einen Bau von Hardy Holzmann Pfeiffer Associates vergrößert, zwölf Meter unter dem Bodenniveau und vom Brower Park überdeckt. Lediglich ein Eisenbahnkiosk von der Queensboro Bridge von 1907 als Eingangspavillon ist oberirdisch sichtbar. 2008 expandierte das Museum nach Plänen von Rafael Viñoly Architects erneut, ein Flachbau mit bunten Keramikfliesen – das erste LEED-zertifizierte Museum New Yorks – entstand.

Prospect Park und Umgebung (Übersichtskarte): Wie der Central Park wurde auch Brooklyns »Hauspark«, der 2,5 Quadratkilometer große Prospect Park, von Frederick Law Olmsted und Calvert Vaux 1910 geplant. Der Hauptzugang zum Park befindet sich an der Grand Army Plaza (Plaza St. / Flatbush Ave., Subway 2/3, www.prospectpark.org) mit dem »Soldiers' and Sailors' Arch« von 1870. Auf dem Platz finden regelmäßig Wochenmarkt und Konzerte statt.

Im Park gibt es Sport- und Spielflächen für Veranstaltungen und einen Hunde-Swimmingpool. Zu den Hauptbestandteilen gehört Long Meadow, mit 36 Hektar die größte Wiese in einem Stadtpark, außerdem **Litchfield Villa**, das 1854 erbaute Sommerhaus von Edwin Clark Litchfield, dem einst große Teile des Parklands gehörten, der Brooklyn Botanic Garden und der Prospect Park Zoo. Umgeben wird die grüne Lunge Brooklyns von derzeit beliebten Wohnvierteln: **Park Slope, Prospect Heights** und **Crown Heights**. Letzteres ist ein weiteres (orthodox-)jüdisches Zentrum.

Brooklyn Museum (Übersichtskarte, 200 Eastern Parkway, Subway 2/3): Am östlichen Parkrand liegt neben der BAM eine weitere Kunsteinrichtung, die Brooklyn weltberühmt gemacht hat: das Brooklyn Museum (siehe auch »Museen«). Es ist nicht nur das zweitgrößte Kunstmuseum New Yorks, es umfasst zudem ein ungewöhnlich breites Spektrum von ägyptischer bis zeitgenössischer Kunst in attraktiver Präsentation. Ausgestellt sind Kunst, ethnologische, naturkundliche und wissenschaftliche Objekte.

1897 war das erste »Brooklyn Institute of Arts and Sciences«, als Teil eines Kulturbezirks mit Botanischem Garten, Zoo und Mt. Prospekt Park sowie Bibliothek, nach Plänen des bekannten Architekturbüros McKim, Mead & White eröffnet worden. Flankiert wird die mächtige, tempelartige Eingangsfront des Gebäudes von den zwei allegorischen Figuren Brooklyn und Manhattan, die 1916 Daniel Chester French geschaffen hat und die seit 1963 hier stehen. Der an das römische Pantheon erinnernde Zentralbereich wird zudem von zwei mächtigen Seitentrakten gerahmt.

In den Jahren bis 1926 war das Areal fast konstant eine Baustelle, u. a. wurden ein Zentralpavillon und Seitenflügel angebaut. Eine weitere grundlegende Umgestaltung nach neuem »Master Plan« begann 1986. Fünf Jahre später eröffnete als erstes das neue **Iris and B. Gerald Cantor Auditorium** mit 460 Plätzen, nach und nach wurden die

Galerien umgestaltet. Für Schlagzeilen sorgte im April 2004 ein neuer, vieldiskutierter Glaspavillon von Polshek Partnership Architects und ein neu gestalteter Vorplatz mit Brunnen und Fontänen. Zugleich wurde das **»Luce Center for American Art«** eröffnet, 2007 folgte schließlich das **Elizabeth A. Sackler Center for Feminist Art.**

Red Hook und Umgebung (Übersichtskarte): Brooklyns altes Hafenviertel, dort wo sich der Hudson River zur Upper New York Bay weitet, erlebt derzeit eine Renaissance. Auch dieses Viertel wurzelt in einer alten niederländischen Siedlung: »Roode Hoek« war 1636 als Fischerdorf gegründet worden, dann wurde es Teil des New Yorker Hafens. Seit der Hauptteil des Hafens in den 1970/80er Jahren nach New Jersey verlagert wurde, verfielen die Bauten und noch in den 1990er Jahren galt Red Hook als »Crack Capital of America« und als einer der verrufensten Stadtteile.

Schließlich entdeckten Künstler und Aussteiger die alten Hafenanlagen. Als zudem 2006 ein neuer Kreuzfahrt-Hafen, der **Brooklyn Cruise Terminal** (www.nycruiseterminal.com), eröffnet wurde, ging es bergauf. Er ist für eine Million Kreuzfahrttouristen konzipiert, darunter die Passagiere der Queen Mary 2. Förderlich wirkte sich 2008 die Eröffnung einer IKEA-Filiale aus, die per Water Taxi mit Manhattan (South Street Seaport) verbunden ist.

Inzwischen sind Red Hook und das benachbarte **BoCoCa** – Abkürzung für die umgebenden Wohnviertel **Bo**erum Hill, **Co**bble Hill und **Ca**rroll Gardens – nicht nur bei Aussteigern und Künstlern beliebt, denen SoHo zu teuer geworden ist und Williamsburg nicht »hip« genug ist; inzwischen ziehen auch mehr und mehr besserverdienende Singles und Familien zu. Die Smith Street (Subway F/G, Carroll St.) ist eine der Hauptlebensadern mit zahlreichen Shops und Cafés, Restaurants und Kneipen; eine weitere Hauptachse ist die parallel verlaufende Court Street.

Sunset Park / Green-Wood Cemetery (Übersichtskarte): Südlich von Red Hook, an der Upper New York Bay gelegen, breitet sich Sunset Park aus. Das Viertel entwickelte sich zum Wohnareal für Zuwandererfamilien, deren männliche Mitglieder in den nahen Hafendocks arbeiteten. Heute gilt das Viertel, das nach dem zentralen Park benannt ist, einerseits als »Brooklyn's Little Latin America«, da die Hälfte der Bewohner ihre Wurzeln in Lateinamerika haben. Andererseits breitet sich um die 8th Avenue (42nd–68th St., Subway N, 8th Ave.) eines der größten Chinatowns der Stadt aus.

Im Osten bedeckt der **Green-Wood Cemetery** (Subway R, 25th St.) eine riesige Fläche. Sein alles überragendes Symbol ist eine drei Meter hohe, bronzene Minerva-Statue, die quasi Auge in Auge mit der Statue of Liberty steht und den Battle Hill auf dem Friedhof dominiert. Sie hebt die linke Hand zum Gruß Richtung Hafen. Der 1920 geweihte »Altar to Liberty on Battle Hill« erinnert an den Revolutionskrieg auf Long Island: Hier lieferten sich britische Truppen und George Washingtons Armee erbitterte Kämpfe. Auf dem Friedhof liegen viele berühmte New Yorker begraben, z. B. Louis Comford Tiffany, Leonard Bernstein, George Catlin oder Horace Greeley, aber auch international bekannte Stars wie Lola Montez (www.green-wood.com).

Flatbush (Übersichtskarte): Südlich des Prospect Park, im Zentrum Brooklyns, liegt mit Flatbush ein Viertel, in dem sich zwischen 1898 und 1910 vor allem besser verdienende (großteils jüdische) New Yorker ansiedelten. Aus diesem Grund reihen sich hier entlang parkartiger Allen für New York untypische große Einfamilienhäuser in den unterschiedlichsten viktorianischen Architekturstilen, mit umlaufenden Veranden und Gärten, genannt »Victorian Flatbush«.

Zu den sehenswerten Bereichen gehört das Areal zwischen East 17th und 19th Street, Foster Avenue und Avenue H (Subway Q, Newkirk Ave. oder Avenue H). Dieses Areal wurde erst 2008 zum »Fiske Terrace / Midwood Park Historic District« erklärt und umfasst zwölf Blocks. Midwood Park war Anfang des 20. Jahrhunderts von John Corbin auf vormaligem Farmland systematisch geplant worden. Die Käufer konnten zwischen verschiedenen Hausmodellen wählen, der Rest wurde aus standardisiertem Material und in einheitlicher Technik kosteneffizient gefertigt. Den Häusern vorgelagert sind Rasenflächen, die Straßen waren baumbestanden. Die Regel waren umlaufende Veranden, ebenso aufwendige Details wie Holzschnitzereien oder Stuck im Inneren. All das galt damals als revolutionär im Vergleich zum Stadtleben.

Bensonhurst und Bay Ridge (Übersichtskarte): Noch weiter im Süden, vorbei an Borough Park, einem weiteren, stark jüdisch geprägten Viertel, liegt mit Bensonhurst eines der größten Italienerviertel der Stadt. Das spürt man besonders entlang der Hauptachse, der 18th Avenue (Subway D/M), mit italienischen Lebensmittelläden, Pizzerien und Restaurants.

Das östlich davon gelegene Bay Ridge kennt jeder Sportfan zumindest von Fernsehbildern: Hier liegt nämlich die **Verrazano Narrows Bridge**, wo alljährlich der berühmte New York Marathon startet. »The Narrows« wurden einst von zwei Militärposten aus überwacht, die schon im 18. Jahrhundert an der strategisch wichtigen Stelle, der Hafeneinfahrt New Yorks, erbaut worden waren. Wie Bensonhurst ist auch Bay Ridge heute fest in italienischer Hand, wie ein Bummel durch die 86th St. zeigt (Subway R).

Sheepshead Bay (Übersichtskarte): In das »Fischerdorf« Sheepshead Bay (Subway, B/Q) pilgern viele Brooklynites am 16. Mai, um das große »Bay Fest and Blessing of the Fleet« mitzuerleben. Aber auch sonst lohnt ein Abstecher in dieses so anders geartete Viertel, das eher an eine kleine Hafenstadt in Neuengland erinnert als an die

Metropole New York. Im kleinen Hafen liegen die Boote der New Yorker Freizeitkapitäne und rund um die gleichnamige Bucht, an der Emmons Avenue, reihen sich Fischrestaurants aneinander. Von den Piers stechen Ausflugs- und Fischerboote in See.

Brighton Beach (Übersichtskarte): In Brighton Beach, besser bekannt als »Little Odessa By The Sea« (www.russianny.com), betritt der Besucher eine andere Welt: in kyrillischer Schrift verfasste Schilder und Zeitungen, osteuropäische Musik und ukrainische und russische Spezialitäten. Als in den 1970er Jahren rund 10000 russische, vor allem ukrainische Einwanderer sich zu den alteingesessenen jüdischen Bewohnern gesellten, entstand am Strand von Brooklyn eine ukrainische Enklave mit eigenem Flair. Entlang der Hauptachse des Viertels, der Brighton Beach Avenue (Subway B/Q), über die Subway auf einer Hochbahntrasse fährt, reihen sich Shops aller Art bunt nebeneinander: russische und ukrainische Lebensmittel- und Obst-Gemüse-Läden, Bäckereien und Imbissbuden, in denen vielfach kein Englisch gesprochen wird.

Coney Island (Übersichtskarte): Auf den Karten der ersten Siedler aus Holland tauchte die Halbinsel am Südzipfel Brooklyns noch unter dem Namen »Koenen Eyland«, »rundes Stück Land«, auf. Der moderne Name soll sich auf die einst zahlreich hier lebenden Kaninchen, »lepus cunicula« beziehen, verkürzt wurde daraus »cunny«, dann »cony« und schließlich »coney«. Coney Island blühte erst auf, als im Jahr 1920 die Subway als Massentransportmittel dorthin führte und New York mit dem Strand verband.

Damit war der Grundstein gelegt, dass sich dieser zum beliebtesten Ausflugsziel der New Yorker und zum berühmt-berüchtigten »Sodom by the Sea« entwickelte. Es entstand ein großer Freizeitpark mit Vergnügungen aller Art, wie dem Luna Park, Dreamland oder Steeplechase Park. Im Dreamland wurden 1:1-Modelle des Canal

Coney Island Stillwell Avenue Subway Station

Grande und von Pompeji aufgestellt – eine Art Vorläufer von Disney World –, daneben gab es Astronautenshows, eine Ministadt mit 300 kleinwüchsigen Einwohnern, den »Tunnel of Love« und riesige Fantasiebauten wie den Beacon Tower. Am Wochenende gingen die Lichter nachts nicht aus, fast die ganze Stadt pilgerte per Subway hierher.

In den letzten Jahrzehnten kam Coney Island als Vergnügungsort und Badestrand etwas aus der Mode und der legendäre Fleck war vom Untergang bedroht. Pläne, aus dem einstigen »Bürgerpark« einen Hightech-Vergnügungspark zu machen, kamen auf den Tisch und lösten Empörung aus. Auf Druck der Bürger ist die Stadt dabei, von dem potenziellen Investor Thor Equities, einer Immobilienfirma von Joseph Sitt, Grundstücke zurückzukaufen, um so den alten Charme Coney Islands zu erhalten. Bislang hat ungeachtet aller düsteren Prognosen lediglich

Astroland aufgegeben. Überlebt hat als Teil davon jedoch der legendäre Cyclone Rollercoaster und Deno' Wonder Wheel Amusement Park, ein kleiner Vergnügungspark um ein Riesenrad oder der Disco Scooter. Ende Mai 2010 eröffnete sogar neu der Luna Park mit 17 Fahrgeschäften. Der 81 Meter hohe Parachute Jump, der Fallschirmturm der Weltausstellung 1940, markiert noch heute als Wahrzeichen das Areal und symbolisiert ein Stück Geschichte, ähnlich wie es die Architektur- und Industriefotografien von Margaret Bourke-White (1904–1971) tun.

Die von der Stadtverwaltung und dem Borough Brooklyn gegründete »Coney Island Development Corporation« (CIDC) hat Größeres vor, zum Beispiel eine neue Platzanlage um den alten Fallschirmturm. Für Sauberkeit und Ordnung entlang dem Riegelmann Boardwalk, der hölzernen Strandpromenade entlang dem Strand, hat man sich bereits stark gemacht. Hier »ergehen« sich Einheimische und Besucher gleichermaßen, hier wird offensichtlich, dass New York traditionell ein »Badeort« ist.

Direkt am Boardwalk, nahe der Subway Station, liegt der **MCU Park** (1904 Surf Ave.), ein schmuckes Baseballstadion für die Brooklyn Cyclones. Das Baseball-Nachwuchsteam der New York Mets lockt bis zu 7500 Baseball-verrückte Brooklynites zwischen Juli und September in Scharen in den Ballpark.

Der »Imbiss-Palast« **Nathan's**, wo 1900 der Hot Dog – das amerikanische Nationalgericht – »erfunden« worden sein soll, gilt ebenfalls als Relikt aus dem frühen 20. Jahrhundert und ist noch heute vielfrequentiert – nicht nur während des legendären Hot-Dog-Wettessens am 4. Juli. Der Imbiss liegt in nächster Nähe zu dem im Mai 2005 eröffneten Subway-Bahnhof, der Endstation der Subway-Linien D, F, N und Q, an der Stillwell Avenue. Der luftighelle Glasbau des **Coney Island (Stillwell Avenue) Terminals**, der den alten Bau von 1919 ersetzt, zeichnet sich durch höchste technische Standards aus. Im Inneren schmückt ihn ein sehenswertes Glaswandbild von Robert Wilson. Das Gebäude ist mit Solarzellen ausgestattet, umfasst Laden- und Büroflächen und ist angeblich flächenmäßig die größte U-Bahn-Station der Welt – und das passende Symbol für Coney Islands fortschreitende Revitalisierung.

Queens

Heute betreten die meisten Besucher in Queens erstmals New Yorker Boden, ohne es zu registrieren. In Queens liegen nämlich die beiden Flughäfen der Stadt: der **John F. Kennedy International** und der **LaGuardia Airport**. Sportfans wissen vielleicht außerdem noch, dass die »US Open« – das nach Wimbledon berühmteste Tennisturnier der Welt –, hier ausgetragen wird, und vielleicht auch, dass die zweite New Yorker Baseballmannschaft neben den Yankees, die Mets, hier zu Hause ist.

Wie Brooklyn liegt Queens auf der Atlantikinsel Long Island und wurde ebenfalls erst durch den Brücken- und Subwaybau infrastrukturell erschlossen. 1909 eröffnete die Queensboro Bridge und nach und nach begannen sich besser situierte New Yorker hier anzusiedeln, darunter viele Afroamerikaner, die aus dem eng werdenden Harlem wegzogen. Auch Größen des Jazz wie Louis Armstrong, Count Basie oder Ella Fitzgerald gehörten dazu.

Doch Queens ist mehr als nur das »Schlafzimmer« Manhattans. Der flächenmäßig größte der fünf Boroughs ist zugleich der ethnisch vielseitigste Stadtteil und mit seinen rund zwei Millionen Einwohnern aus allen Herren Ländern ein Musterbeispiel für multikulturelle Koexistenz. Das lässt sich leicht während einer Fahrt mit dem »**International Express**«, der Subway-Linie 7, feststellen. In diesem Stadtbezirk New Yorks werden etwa 120 verschiedene Sprachen gesprochen und sind die unterschiedlichsten Ethnien zu Hause. Exemplarisch ist auch das

Viertel Elmhurst-Corona, wo seit Generationen Menschen unterschiedlichster Herkunft friedlich nebeneinander leben. Insgesamt gibt es in Queens etwa hundert verschiedene Viertel bzw. Straßenzüge mit mehr oder weniger stark ausgeprägtem ethnischen oder kulturellen Charakter.

Long Island City (Übersichtskarte): Nur eine Subway-Station von Manhattan entfernt befindet sich direkt am East River Long Island City. Hier wurde in einem alten Schulhaus von 1894 im Jahr 2000 das **P. S. 1** als Institute for Contemporary Art eröffnet, eine Institution, die als »Think Tank« und »Experimentierfeld« der aktuellen Kunstszene und für die verschiedensten modernen Genres gilt und seit 2000 dem MoMA angeschlossen ist (siehe auch »Museen«).

Das **Isamu Noguchi Garden Museum** (43rd Ave., www.noguchi.org) erinnert an den japanischen Bildhauer Isamu Noguchi (1904–1988), der in diesem alten Fabrikgelände 1975 sein Atelier einrichtete. Noch zu seinen Lebzeiten, 1985, wurde es in ein Museum umgewandelt, in dem über 250 der ungewöhnlich leicht wirkenden Skulpturen Noguchis aus Stein, Metall, Holz und Ton ausgestellt sind. Nach einer umfassenden Renovierung eröffnete das Museum 2004 neu. Zugehörig ist ein vom Künstler selbst gestalteter japanischer Garten.

Gegenüber dem Museum breitet sich der **Rainey Park** mit Blick auf Manhattan aus und einen Block weiter nördlich der **Socrates Sculpture Park**. Auf dem Grund einer ehemaligen Mülldeponie können seit 1986 Künstler überdimensionale Werke schaffen und ausstellen. Noch weiter im Norden schließt sich die Queens Promenade an, von der sich ebenfalls ein toller Blick auf Roosevelt Island und die Skyline von Upper Manhattan bietet.

Astoria (Übersichtskarte): Im dem alten Griechenviertel um Steinway Street und 30th Avenue (Subway N), wo einst New Yorker an Wochenenden die über 500 existierenden

Biergärten bevölkerten, ließ sich 1870 der berühmte Klavierbauer Steinway nieder. In diesem Teil von Queens liegen aber auch die 1920 von Paramount eröffneten Kaufman Astoria Filmstudios und das American Museum of Moving Image (35th Ave. / 36th St., siehe auch »Museen«) – zwei Institutionen, die New Yorks Bedeutung als Filmstadt vor Augen führen.

Auf die deutsch-tschechische Vergangenheit Astorias verweisen die erwähnten über 500 Biergärten. Geblieben ist nur noch die historische **Bohemian Hall** (29–19 24th Ave.), ein 1910 von tschechischen Immigranten eröffneter Biergarten, der sich noch heute großer Beliebtheit erfreut. Geführt wird dieses Relikt alter Zeiten seit über 90 Jahren von der »Bohemian Citizens Benevolent Society«.

Jackson Heights (Übersichtskarte): Das historische Jackson Heights (Subway 7) liegt im Nordwesten von Queens. 1916 als Wohnviertel nahe der Subway-Linie 7 entstanden, gilt es als eine der ersten geplanten Wohnkomplexe in den USA (Touren: www.jhbg.org). Die sogenannten Garden Apartment Buildings waren für die New Yorker Mittelklasse erbaut worden. Viele sind erhalten und große Teile des Viertels stehen unter Denkmalschutz (69th–93rd St. und Northern Boulevard-Roosevelt Ave.).

Louis Armstrong House Museum (34–56 107th St., Corona): Hauptsehenswurdigkeit im Stadtteil Corona ist das Wohnhaus von Louis Armstrong, ein National Historic Landmark und New York City Landmark (siehe auch »Museen«). Zunächst hielt »Satchmo« es für einen Scherz, was seine Frau, Lucille, Tänzerin im Cotton Club, ihm 1943 als ihre gemeinsame Wohnung präsentierte: Gold und Silber, Spiegel und Blumen – »wie ein Bordell an einem Weihnachtsmorgen«, soll er es empfunden haben. Doch letztendlich gefiel ihm das ansonsten bescheidene Haus, erbaut 1910, mit zugehörigem Garten im japanischen Stil dann doch – er starb hier 1971 kurz nach seinem 71. Geburtstag.

Flushing Meadows – Corona Park (Übersichtskarte): Wie der Name »Flushing Meadows« (geflutete Wiesen) andeutet, handelte es sich um vormaliges Sumpfland, auf dem 1939 und 1964 Weltausstellungen stattfanden. Als Überbleibsel von 1964 markiert die »Unisphere«, ein hohler Stahlball als Modell des Big Apple, das parkartige Areal (Subway 7). Zwei Seen liegen im Park – Willow und Meadow Lake –, die durch einen Bach namens »Flushing« miteinander verbunden sind, der in den Long Island Sound mündet.

Außer dem CitiField, der neuen Heimat der Baseball-Mannschaft Mets, steht hier das **USTA Billie Jean King National Tennis Center**, wo seit 1968 jedes Jahr die US Open stattfinden. Ebenfalls anlässlich der letzten Weltausstellung entstand der Betonplattenbau, in dem sich seit 1964 die **New York Hall of Science** (46th Ave. / 111th St.), ein interaktives Museum für Kinder und Erwachsene, mit sehenswerter Cyberspace-Abteilung, befindet.

Besuchenswert ist neben der Unisphere im New York City Building überdies das **Queens Museum of Art** (siehe auch »Museen«), speziell wegen des hier ausgestellten größten Architekturmodells der Welt. Dieses »Panorama of the City of New York« ist 1964 zur Weltausstellung entstanden und besteht aus rund 895000 Einzelteilen, die einen fantastischen Überblick über die fünf Boroughs geben. 1994 rundum renoviert, wurde 2005, anlässlich der Bewerbung New Yorks für die Olympischen Spiele 2012, das überaus akribische Modell multimedial »modernisiert«. Bis 2012 ist eine Erweiterung des Museums und die Umgestaltung der Fassade geplant, für die das Büro Grimshaw Architects zuständig ist.

CitiField – Baseball-Stadion der New York Mets (Übersichtskarte): Das knapp 42000 Zuschauer fassende Baseball-Stadion »CitiField« (Subway 7) wurde im April 2009 direkt neben dem alten Shea Stadium eröffnet. Dieses 1964 errichtete Football- und Baseballstadion musste mittlerweile einem riesigen Parkplatz weichen. Wie beim Yankee Stadium griff man hier auf den für Stadionbauten derzeit beliebten »retro look« (postmodern) zurück und lehnte sich beim CitiField formal an ein historisches New Yorker Baseballstadion an: das legendäre Ebbets Field in Brooklyn. Die Ziegelfassade wie auch das dunkle Stahlgerüst erinnern mit ihren hohen Bögen am Eingangsbereich daran. Im Ebbets Field traten zwischen 1913 und 1957 die Dodgers an, die heute in Los Angeles zu Hause sind. Mit dieser Anspielung wollen sich die Mets auch optisch als Nachfolger der in Brooklyn und Queens unvergessenen Mannschaft präsentieren.

Die große Eingangshalle, die Jackie Robinson Rotunda, erinnert ebenfalls an vergangene Zeiten, genauer, an einen der legendären Dodgers-Spieler: Jackie Robinson (1919–1972). Er war 1947 als erster Afroamerikaner im Berufsbaseball im Trikot der Dodgers eingelaufen und hatte maßgeblichen Anteil an deren Erfolg und an der unvergessenen Meisterschaft 1955. In der Rotunda, feierlich von Jackies Ehefrau Rachel eingeweiht, werden Mets-Fans nun bei jedem Heimspiel an den Star erinnert.

Das CitiField wurde nicht nur von dem gleichen Architekturbüro wie das Yankee Stadium erbaut – HOK aus Kansas City –, sondern ist wie dieses großteils vom Verein selbst finanziert: Die Mets steuerten 600 Millionen Dollar bei, die Stadt 90 Millionen und das Bundesland New York 75 Millionen. Neben dem »Fanwalk« vor dem Hauptzugang – der mit namentlich gekennzeichneten Ziegeln der Sponsoren gepflastert ist – und einer »Fan Fest Family Entertainment Area«, die der ganzen Familie vor und nach dem Spiel Unterhaltung bieten soll, gibt es Restaurants, Souvenirläden und Imbissbuden.

Bronx

Als einziger Stadtbezirk New Yorks liegt die Bronx auf dem Festland. 1639 hatte Jonas Bronck, ein skandinavischer Seefahrer, der unter niederländischer Flagge segelte, die Region für die Dutch West India Company in Besitz genommen und gleichzeitig Land erhalten, das als »Bronck's Land« bekannt war. Da das Gebiet auf dem Weg von New York ins Hinterland passiert werden musste, entstanden hier zahlreiche Siedlungen. Im Unterschied zu den anderen Boroughs wurden die Dörfer entlang dem Harlem River und um die Brücken zu Manhattan schon im Laufe des 19. Jahrhunderts annektiert, 1898 kam die Bronx dann mit dem Zusammenschluss zu »New York«.

Wie in den anderen Stadtbezirken sorgte der Ausbau des Nahverkehrs, besonders nach dem Ersten Weltkrieg, für die Entstehung eines boomenden Wohnviertels, in dem sich verschiedenste Ethnien – Iren, Deutsche, Juden, Polen und Italiener – ansiedelten. Besonders nach dem Bau der Hochbahn (heute Subway-Linie 4) boomte in den 1920er Jahren der Stadtteil, das Yankee Stadium wurde gebaut und die Hauptachse, der Grand Concourse, sollte zur New Yorker Champs-Élysées werden.

Nach dem Zweiten Weltkrieg belegten vor allem Angehörige ethnischer Minoritäten die uniformen Wohnblöcke der Bronx – Menschen, die sich ein Leben in Manhattan nicht leisten konnten. Allmählicher Verfall der Bausubstanz und wachsende Kriminalität sorgten in den 1970er Jahren besonders im Südteil für verheerende Zustände. Damals standen Kriminalität und Unruhen auf der Tagesordnung, brannten ganze Straßenzüge ab. Die Bronx wurde zum Synonym für eine verwahrloste und untergehende Stadt. Gleichzeitig erwachte aber auch ein ungeahntes kreatives Potenzial: In diesem Umfeld entstanden Hip Hop und Breakdance als künstlerischer Ausdruck der Misere, von der besonders die afroamerikanische Bevölkerung betroffen war.

Längst haben sich die sozialen Brennpunkte entschärft, und heute blühen überall in der Bronx Wohnviertel wieder auf, werden alte Bauten renoviert, damit auch einkommensschwächere Gruppen bessere Lebensbedingungen vorfinden. Es gibt zwar noch viel zu tun, doch die Bronx ist auf dem besten Wege, Brooklyn als neue, noch erschwingliche In-Destination abzulösen. Dank einiger Attraktionen – speziell des neuen Yankee Stadiums – profitiert die Bronx inzwischen auch vom Tourismus in der Stadt.

Yankee Stadium – Baseballstadion (Übersichtskarte): Nicht nur Sportinteressierte pilgern seit 2009 zum neuen Yankee Stadium, Nachfolger des legendären »House that Ruth Built« (Subway-Linien 4, B/D). Seit Eröffnung 1923 war im alten Stadion durch die »Bronx Bombers« und deren Stars wie Babe Ruth, Lou Gehrig, Joe DiMaggio oder Yogi Berra Baseballgeschichte geschrieben worden. Im Sommer 2008 verabschiedete man sich mit großen Feierlichkeiten von der alten Spielstätte, die abgerissen und durch eine Parkanlage, die in ihrer Form an den Grundriss des alten Stadions erinnert, ersetzt wurde.

Das neue Yankee Stadium (www.yankees.com) eröffnete zu Saisonbeginn 2009 und präsentiert sich wie das CitiField des Lokalrivalen Mets in Queens (siehe S. 204) als Mischung aus Moderne und Geschichte, aus Stadion und Museum. Es entstand direkt neben dem alten Ballpark auf Teilen des Macombs Dam Parks. Wie beim CitiField ist auch hier die Fassade eine Reminiszenz an einen historischen Bau: das alte Yankee Stadium. Hinter dem Centerfield feiert der »Monument Park« mit Denkmälern, Fotos und Plaketten die Erfolgsgeschichte und die 26 (!) Meistertitel des seit 1903 in New York spielenden Traditionsvereins.

Etwa 53 000 Fans, einige Tausend davon auf Stehplätzen, fasst das Stadion, das das Architektenbüro HOK

Yankee Stadium

Sport (Kansas City) geplant hat. HOK, 1983 gegründet, ist für seine Stadionbauten im »retro look« bekannt. Neben Baseballstadien wie dem wegweisenden Oriole Park in Baltimore, Coors Field in Denver, AT&T Park in San Francisco oder dem Nationals Park in Washington DC, hat HOK auch American-Football-Stadien (u. a. University of Phoenix Stadium in Glendale/AZ oder Heinz Field in Pittsburgh), Sporthallen (u. a. in Atlanta, Denver, Houston, New Jersey, Orlando oder Toronto) und das neue Wembley-Stadion geplant.

Den Löwenanteil der Kosten von etwa 1,3 Milliarden Dollar trug auch hier der Verein selbst, »nur« 220 Millionen steuerte die Stadt bei. Stärker als in anderen Stadien sollte im neuen Yankee Stadium die Geschichte lebendig bleiben: Das gelang in der »Great Hall«, die Fassade und Sitztribünen verbindet, durch Fahnen, die an legendäre

Spieler der Yankees erinnern, im Yankees Museum, wo nicht nur große Augenblicke der Vereinsgeschichte, sondern auch berühmte Spieler wie der »Sultan of Swat«, der deutschstämmige George Herman »Babe« Ruth, im Mittelpunkt stehen, im »Memorabilia Store« oder im bereits erwähnten »Monument Park«.

Beste Gelegenheit, das Stadium zu besuchen, ist während eines Spiels der New York Yankees, der berühmtesten Baseballmannschaft der Welt. Allerdings ist es nicht leicht, an Karten zu kommen, daher bietet sich eine Besichtigungstour als Alternative an. In Verbindung mit dem Neubau erlebt das umgebende Viertel South Bronx eine Art Revival: Schon jetzt spricht man vom neuen »SoBro« und zudem sollen ein neuer Waterfront-Park, eine Esplanade am Harlem River sowie die Renovierung des Bronx Terminal Markets für neue Attraktivität sorgen.

Bronx Museum of the Arts (Übersichtskarte, 1040 Grand Concourse / 165th St.): Nicht weit vom Yankee Stadium entfernt liegt am Grand Concourse das Bronx Museum of the Arts (www.bronxmuseum.org). 1971 gegründet, befindet es sich seit 1982 in einer ehemaligen Synagoge, die 2006 um einen modernen Neubau von Arquitectonica, einem Architekturbüro aus Miami, erweitert wurde. Die permanente Sammlung zeigt eine ungewöhnliche Zusammenstellung zeitgenossischer Kunst von Kunstlern aus Afrika, Asien und Lateinamerika und aus der Bronx. Darüber hinaus werden vor allem interessante Wechselausstellungen präsentiert.

Grand Concourse: Diese Allee bildet die den südlichen Teil der Bronx dominierende Hauptachse. 1909 war die breite Straße als Teil des »City Beautiful Movement« – eines Projekts zur Verschönerung der Stadt – eröffnet worden. Als Vorbild dienten dem Planer Louis Aloys Risse (1850–1925) die Champs-Élysées in Paris. Während der 1920er Jahre blühte der Grand Concourse als Prachtmeile auf, geriet dann aber nach der Weltwirtschaftskrise in Vergessenheit. Inzwischen unter Denkmalschutz gestellt, wird die Allee derzeit attraktiver gestaltet und mit neuen Grünanlagen versehen. Sie soll an die goldenen 1920er Jahre erinnern, als hier das Leben pulsierte.

Bronx Park (Übersichtskarte): Im Nordwesten der Bronx liegt mit dem Bronx Zoo (www.bronxzoo.com) der weltgrößte Tiergarten innerhalb eines Stadtgebiets. 1899 gegründet, befindet er sich wie der New York Botanical Garden, der ebenfalls zu den ältesten (1891) und größten der USA zählt, im Bronx Park (Subway-Linie 2, 5) und ist Teil des Wildlife Conservation Center.

Der **Bronx Zoo** umfasst den südlichen Teil des Bronx Parks. Mehr als 4300 Tiere leben hier auf über 100 Hektar, darunter zahlreiche gefährdete Arten. Speziell Congo Gorilla Forest, Jungle World, Tiger Mountain oder Himalayan Highlands sind beeindruckende Abteilungen.

Sehenswert im **Botanischen Garten** (www.nybg.org) ist besonders das Enid A. Haupt Conservatory, das größte viktorianische Glashaus der USA von 1902, mit 30 Meter hoher Kuppel. Naturfreunde finden auf dem Gelände mehrere »Themengärten« wie einen Rock Garden (Steingarten), einen Tropical Pool, den Rose Garden, einen Palmengarten, einen Farnwald und ein Wüstengebiet.

Fordham University (Rose Hill Campus): Durch den Bronx Park führt die East Fordham Road (Subway-Linie B/D), die längste Einkaufsstraße der Bronx. Nördlich breitet sich der malerische, grüne Campus der Fordham University aus. Diese private katholische (Jesuiten-)Universität wurde 1841 als »St. John's College« gegründet und umfasst heute drei Campi und zählt rund 15000 Studenten. An der Fordham Road beginnt auf Höhe der Fordham University die Arthur Avenue. Sie gilt als Hauptachse von **Little Italy in the Bronx**, an der sich italienische Läden und Restaurants und eine Markthalle aufreihen.

Van Cortlandt Park (Übersichtskarte, Jerome Ave., Broadway): Der Van Cortlandt Park erstreckt sich über

4,6 Quadratkilometer im Norden der Bronx. Wie im Central Park kann man hier Boot fahren, reiten, wandern, picknicken und die Sport- und Spielflächen nutzen. Hier befindet sich überdies der älteste öffentliche Golfplatz der USA, der Van Cortlandt Golf Club (Van Cortlandt South / Bailey Ave.), der 1995 sein hundertjähriges Bestehen feierte.

Das **Van Cortlandt House Museum** (242nd St. / Cortlandt Park, Subway-Endstation, Linie 1, www.vancortlandthouse.org) befindet sich in einem Gebäude im georgianischen Kolonialstil von 1748, mit Möblierung aus dem 18. und 19. Jahrhundert. Die US-Geschichte vor der Revolution und der Erbauer, Frederick Van Cortlandt, stehen im Zentrum der Ausstellung.

Der riesige **Woodlawn Cemetery** (Jerome / Bainbridge Ave.) existiert seit 1863 und ist letzte Ruhestätte vieler prominenter New Yorker. Beispielsweise befindet sich hier das Mausoleum von F. W. Woolworth, Grablegen des Schriftstellers Herman Melville, der Jazzmusiker Duke Ellington und Lionel Hampton, des Ex-Bürgermeisters La Guardia oder des Kaufhausbegründers Macy (Touren Sa/So 14 Uhr, www.thewoodlawncemetery.org/walking.html).

Wave Hill (Übersichtskarte, 675 West 252nd St.): Direkt am Hudson River lohnt, allein wegen der prächtigen Gärten, ein Abstecher nach Wave Hill (www.wavehill.org). 1843 war im feinen Stadtteil Riverdale ein elegantes Landgut im Greek-Revival-Stil entstanden und schon Theodore Roosevelts Familie soll zwei Sommer, 1870 und 1871, hier verbracht haben, Mark Twain genoss die Ruhe von 1901 bis 1903 und Arturo Toscanini soll ebenfalls hier gewesen sein.

1903 ging das Gebäude von William Lewis Morris in den Besitz von George W. Perkins, einem Partner von J. P. Morgan, über, der Gärten, Terrassen und Nebengebäude hinzufügte. Er selbst lebte nicht im Wave Hill House, sondern im Glyndor House, einem ebenfalls noch erhaltenen Gebäude, das einen spektakulären Blick über die Palisades, wie man die malerischen Cliffs am gegenüberliegenden Westufer des Hudson River nennt, bietet. 1960 vermachte die Perkins-Freeman Familie den Besitz der City of New York, und seither fungiert das Land nicht nur als Botanischer Garten, sondern auch als »Kulturtreff«. Mit Workshops und Kursen sowie Kunst- und Kulturveranstaltungen möchte man hier Mensch und Natur in Einklang bringen.

Staten Island

Von Staten Island lernen viele Besucher (während der höchst empfehlenswerten Fahrt auf der kostenlosen Fähre dorthin) nur den Fährhafen kennen. Der Ausblick vom Schiff auf Manhattan ist zwar allein den Abstecher wert, doch hat auch der Rest der Insel, die immerhin etwa doppelt so groß ist wie Manhattan, einiges zu bieten. Staten Island vermittelt »Small Town«-Feeling mitten in der Weltmetropole, ist ein ländliches Idyll mit Hügeln, Wiesen und Seen. Lange war Staten Island der »vergessene« Borough; erst als 1964 die Verrezano Narrows Bridge die Insel mit Brooklyn verband, entdeckten mehr und mehr New Yorker – vor allem solche aus der weißen Mittelschicht – den Reiz der Insel. Jeder, der die Großstadt satt hatte oder hat, kam und kommt hierher, um das idyllische »Landleben« zu genießen.

Historic Richmond Town (Übersichtskarte, 441 Clarke Ave.): Hauptattraktion Staten Islands ist Historic Richmond Town (www.historicrichmondtown.org), etwa zwölf Kilometer südwestlich des Fährhafens. In diesem Freilichtmuseum werden drei Jahrhunderte Geschichte und Kultur der Insel präsentiert. Es handelt sich um ein sogenanntes Living History Museum, um den Nachbau eines ganzen Dorfes, das die Anfänge der ursprünglich hier befindlichen Siedlung repräsentieren soll. Diese hieß bis zum Unabhängigkeitskrieg »Cocclestown«, danach »Richmondtown«.

Etwa 15 historische Häuser verschiedenster Funktion – Schule, Werkstätten, Läden usw. – wurden hierher versetzt und stehen zur Besichtigung offen, darunter das Voorlezer House von 1696, der Stephens General Store, ein Wagenschuppen, ein Herrenhaus von 1837, eine Reihe von Bürgerhäusern, Läden, ein Saloon oder die St. Andrew's Church (1708) – eine Erweiterung ist geplant. In einem der Bauten ist das Historical Society Museum untergebracht, das über die Geschichte der Insel informiert.

Alice Austen House (Übersichtskarte, 2 Hylan Boulevard): Beim Alice Austen House (www.aliceausten.org), etwa drei Kilometer südlich des Fährhafens, handelt es sich um eine 1710 erbaute viktorianische Cottage mit Veranda, von Rasenflächen umgeben und mit Hafenblick. In den 1920er Jahren wohnte hier die Fotografin Alice Austen, die 1929 beim Börsenkrach alles verlor und in Armut lebte, bis sie vom Magazin *Life* entdeckt wurde. Im Haus ist eine Ausstellung ihrer Fotos zu sehen.

Snug Harbor Cultural Center (Übersichtskarte, 1000 Richmond Terrace): Das Kulturzentrum (www.snug-harbor.org), etwa drei Kilometer westlich des Fährhafens, war einst Seefahrerherberge und hat sich inzwischen als Kultur- und Veranstaltungszentrum etabliert. Der Komplex besteht aus verschiedenen, teils historischen Gebäuden, in denen mehrere Institutionen und Museen zu Hause sind und Konzerte, Ausstellungen und Veranstaltungen stattfinden. Dazu gehören das Newhouse Center for Contemporary Art, das Staten Island Children's Museum, die John J. Marchi Exhibition Hall und der Staten Island Botanical Garden.

Museen in New York

Museen, die architektonisch interessant sind, wurden im jeweiligen Viertel ausführlich besprochen, nachfolgende Ausführungen beziehen sich auf den »Inhalt«.

New York hat mehr als 150 Museen, an die 70 Historic Districts – denkmalgeschützte Viertel –, fast tausend Landmark Buildings (architektonische Denkmäler) sowie unzählige Kunstgalerien zu bieten. Wer das alles sehen wollte, wäre Jahre beschäftigt. Rechnet man die zwei Opernhäuser, die vielen Theater, Orchester, Ballett- und Tanzensembles, Bibliotheken und Verlage, über hundert Universitäten und Hochschulen noch hinzu, versteht man, weshalb man New York als kulturelles Zentrum der Welt bezeichnet.

Seinen Ruf als Kunstmetropole verdankt New York sicher in erster Linie den großen Museen, wie dem Metropolitan, dem Natural History Museum oder dem MoMA, doch auch die kleineren, innovativ-kreativen Museen haben oft interessante und sehenswerte Ausstellungen in überschaubarer Fülle zu bieten. An der Spitze der Beliebtheitsliste steht das Metropolitan Museum of Art, in dem sich jährlich fast fünf Millionen Besucher durch die weitläufigen Säle drängeln. Zum Vergleich: Das Empire State Building verzeichnet alljährlich 3,5 Millionen. Nur der Central Park (rund 15 Millionen) und der Times Square, der angeblich jährlich um die 35 Millionen Menschen anlockt, übertrumpfen das Museum noch.

Alice Austen House (www.aliceausten.org): siehe »Greater New York, Staten Island«

American Folk Art Museum (IV J2, 45 West 53rd St., Midtown; www.folkartmuseum.org): Das American Folk Art Museum gehört zu den führenden Museen für nordamerikanische Volkskunst, aber auch für die sogenannte naive Kunst. 1961 war das Museum von mehreren Privatpersonen, vor allem Kunstsammlern, als »Museum of Early American Folk Arts« gegründet und 1966 umbenannt worden. In keinem anderen Museum findet sich ein derart breites Spektrum an Volkskunst und Kunsthandwerk, wobei erklärtes Ziel der Sammlung ist, die »Folk Art« nicht aus ihrem jeweiligen ethnischen und kulturellen Kontext zu reißen, sondern das typische Erbe und die spezifische Kultur der jeweiligen Volksgruppe oder Künstler miteinzubeziehen.

1963 öffnete das Museum seine Pforten für die Öffentlichkeit in einem Townhouse in der 49 West 53rd Street, 1979 zog es in zwei benachbarte Häuser (45–47 West 53rd St.) um. 1984 fand es schließlich ein neues Zuhause in einem historischen Kutschenhaus der Rockefeller-Familie (125 West 55th St.). Doch als dieses zwei Jahre später abgerissen wurde, stand die Sammlung wieder ohne feste Bleibe da. Bis 1989 fanden nur Wechselausstellungen an verschiedenen Orten statt, dann eröffnete die Ausstellung neu unter der Adresse »Two Lincoln Square«, gegenüber dem Lincoln Center als »Eva and Morris Feld Gallery«. Ende 2001 konnte endlich ein neues Gebäude bezogen werden, ein schmaler, kubistisch bzw. skulptural anmutender Bau von nur zwölf Metern Breite, mit einer Fassade aus Platten grauer Bronzelegierung, die das Licht reflektieren. Das nach Plänen von Tod Williams Billie Tsien Architects errichtete Gebäude erhielt mittlerweile schon mehrere Architekturpreise.

Unter dem Motto »American Anthem« (amerikanische Hymne) wird Volkskunst und ihre Bedeutung und Wertschätzung im Laufe der Zeit als komplexer Begriff behandelt. Auf acht Ebenen sind über 5000 Kunstwerke ausgestellt, die ein Spektrum von über drei Jahrhunderten abdecken; dazu finden regelmäßig interessante Wechselausstellungen statt. Höhepunkte der Sammlung sind die »Flag Gate«, eine Flagge aus Holz und Metall von 1876, die »St. Tammany Weathervane« (um 1880), angeblich die größte Wetterfahne in den USA, eine Sammlung von Geflügelattrappen (decoys) oder eine riesige Sammlung von Amish Quilts, von dieser deutschstämmigen konservativen religiösen Splittergruppe handgearbeitete Steppdecken. Gezeigt werden zudem Malerei und Zeichnungen, Skulptur, Fotografie und Objekte, Möbel, Drucke und Textilien vom 18. bis 20. Jahrhundert. Außerdem gibt es eine Dauerausstellung zu Henry Darger (1892–1973), einem autodidaktischen Künstler aus Chicago, zu dessen Ehren das »Henry Darger Study Center« eingerichtet wurde.

American Museum of Natural History (III L2, Central Park West / 79th St., Upper West Side; www.amnh.org): Das American Museum of Natural History (AMNH) gilt als eines der größten Naturkundemuseen der Welt. Auf fünf Ebenen mit rund 40 Ausstellungssälen wird die Geschichte der Erde und des Menschen von der Urzeit bis ins Weltraumzeitalter dargestellt. Das Museum öffnete 1877. Erst jüngst wurde eine aufwendige Renovierung abgeschlossen, die dem Bau vor allem eine neue Südfassade zwischen Columbus Avenue und Central Park West sowie ein neues Eingangsfoyer einbrachte. Verschiedene Filme und Bücher spielten bereits in diesem Museum, so einige Werke von Douglas Preston und Lincoln Child – wie *Relic – Museum der Angst* oder *Attic – Gefahr aus der Tiefe* – und die Hollywood-Komödie *Nachts im Museum* (2006) mit Ben Stiller und Robin Williams, deren zweiter Teil 2009 folgte.

Zu den Höhepunkten zählen die Dioramen, die in Originalgröße unterschiedlichste Lebensbereiche in Afrika, Asien und Nordamerika mit nachgestellten Szenen zeigen. Zahlreiche Einzelmodelle stehen in den Hallen. Besonders beeindruckend sind die Rekonstruktionen von Dinosauriern oder Walen, aber auch Originale wie ein Stück eines Meteoriten, der »Star of India«, der größte

Saphir der Welt, und ein kolossales Haida-Kanu. Letzteres befindet sich direkt am Zugang zur hochinteressanten »Hall of Northwest Coast Indians«, die schon 1888 eingerichtet worden war. Dieses fast 20 Meter lange Boot der Nordwestküstenindianer besteht aus einem einzigen Zedernstamm und datiert ins Jahr 1878. In der 2007 neu renovierten Bernard and Anne Spitzer Hall of Human Orifins, vorher als »Hall of Human Biology and Evolution« bekannt, ist die umfangreiche anthropologische Sammlung zur Geschichte der Menschen in Asien, des Pazifikraums, in Afrika und zu den Ureinwohnern Amerikas ausgestellt.

Angeschlossen ist das Hayden Planetarium in einer beleuchteten Glaskugel, als Teil des Rose Center of Earth & Space. Rund um die Planetariumskugel wird der Besucher im Rose Center über den »Heilbrun Cosmic Pathway« durch die verschiedenen Phasen der Entstehung und Entwicklung des Universums geführt, im »Big Bang Theater« gibt es eine Kurzdemonstration des »Großen Knalls«.

Mehrere Museumsläden und Imbissgelegenheiten, dazu ein IMAX Theater ergänzen das Angebot, freitags finden kostenlose Jazzkonzerte statt.

Bronx Museum of the Arts (www.bronxmuseum.org): siehe »Greater New York, Bronx«

Brooklyn Children's Museum (http://brooklynkids.org): siehe »Greater New York, Brooklyn«

Brooklyn Museum (Übersichtskarte, 200 Eastern Parkway, Prospect Park, Brooklyn; www.brooklynmuseum.org): Das Brooklyn Museum gilt nach dem Metropolitan Museum als zweitgrößtes Kunstmuseum New Yorks. Es umfasst ein breites Spektrum von ägyptischer bis zeitgenössischer Kunst in attraktiver und didaktisch ansprechender Aufmachung. Im Erdgeschoss finden Wechselausstellungen statt, permanente Abteilungen informieren über Indianer und Afrika. Der erste Stock widmet sich der asiatischen Kunst, während im nächsten Stockwerk die Antike von Ägypten über Griechenland bis Rom im Mittelpunkt steht. Die folgenden Etagen befassen sich mit der amerikanischen Kunst: Im dritten Stock sind 25 Räume aus der Zeit von 1715 bis 1880 mit zeitgenössischer Ausstattung nachgebaut worden, während im vierten Stock die große Sammlung amerikanischer Gemälde und Skulpturen untergebracht ist. Besonders interessant ist das Luce Center for American Art. Dieses ist Forschungszentrum und öffentlich zugängliches Magazin in einem und bietet Gelegenheit, sonst nicht ausgestellte Schätze des Museums zu sehen.

Center for Architecture (I E3, 536 LaGuardia Place, Greenwich Village; www.aiany.org): 2003 eröffnete das 1857 gegründete New York Chapter des AIA, des »American Institute of Architects«, in Greenwich Village nicht nur ein Büro, sondern auch eine Ausstellungshalle. Hier werden Wechselausstellungen gezeigt und finden öffentliche Vorträge, Lesungen, Symposien und Workshops zu Architektur, Denkmalschutz, Städteplanung und ähnlichen Themen statt.

Chelsea Art Museum (II G1, 556 West 22nd St., Chelsea; www.chelseaartmuseum.org): Das Chelsea Art Museum hat sich der zeitgenössischen Kunst verschrieben. Darüber hinaus befindet sich hier die Miotte Foundation, in deren Mittelpunkt die Werke des französischen Künstlers Jean Miotte (* 1926), eines Vertreters der abstrakten Malerei, der »L'Art Informel«, stehen und der seit 1978 ein Atelier in SoHo unterhält. Neben den etwa 500 Kunstwerken aus der eigenen Sammlung, zeigt das Museum Wechselausstellungen zu internationalen Themen aller Art.

Children's Museum of Manhattan (III M1, 212 West 83rd St., Upper West Side; www.cmom.org): 1973 auf Initiative von Bette Korman gegründet, befindet sich das Children's Museum of Manhattan seit 1989 in einem historischen Bau in der Upper West Side. Das Hands-on-Museum für Kinder bzw. Familien hat außer einer Spielegalerie vielerlei Veranstaltungen zu bieten. Es gibt Ausstellungen für alle Altersstufen, vom Baby bis zum angehenden Teenager. Beliebt ist die »Play Works«-Ausstellung für Vorschüler oder »Gods, Myths & Mortals: Discover Ancient Greece« für über Sechsjährige, und »Healthy Living« soll zu gesunder Ernährung und Bewegung anregen. Daneben finden immer wieder interessante Wechselausstellungen statt.

The Cloisters (III Q1, Fort Tryon Park, Upper Manhattan; www.metmuseum.org/cloisters): The Cloisters hoch im Norden Manhattans, im Fort Tryon Park, ist die Abteilung des Metropolitan Museums für europäische Mittelalterkunst vom 9. bis 15. Jahrhundert, v. a. für Architektur. Die Sammlung befindet sich in einem Gebäude, das in den 1930er Jahren, großteils finanziert von John D. Rockefeller, aus verschiedenen mittelalterlichen Bauteilen errichtet wurde. Dabei kombinierte man originale Architekturteile geschickt mit Rekonstruktionen und erweckte so perfekt die Illusion eines echten mittelalterlichen Klosters. Die Innenhöfe sind idyllische grüne Oasen der Ruhe und Meditation, von der Terrasse öffnet sich ein traumhafter Ausblick auf den Hudson River.

In den verschiedenen Räumen, Hallen und Kapellen befinden sich etwa 5000 Exponate verschiedener Genres aus romanischer und gotischer Zeit. Zu sehen sind beispielsweise Kirchenglasfenster aus Boppard, Fresken, Triptychen, Figuren und architektonische Details verschiedener sakraler Bauten aus Europa, vor allem aus Spanien und Frankreich, Handschriften und Metallarbeiten. Zu den Schätzen gehören Gobelins aus Brüssel, darunter eine Serie *Jagd nach dem Einhorn* (um 1500). In der Schatzkammer sind gotische Stundenbücher, Kartenspiele und mittelalterliche Gerätschaften ausgestellt.

Cooper-Hewitt National Design Museum (III M3, 2 East 91st St. / 5th Ave., Upper East Side, Museum Mile; www.cooperhewitt.org): Das Museum im ehemaligen

Wohnhaus von Andrew Carnegie von 1902/03 bietet eine sehenswerte Dauerausstellung zu grafischem und industriellem Design, zu Architektur und Designgeschichte, dazu interessante Wechselausstellungen, Veranstaltungen und Konzerte, eine Bibliothek, einen »Design Shop« und einen Garten (Zugang: 90th St.). Die Sammlung war 1897 als »Cooper Union Museum for the Arts of Decoration« von der Familie Hewitt gegründet worden. Drei Schwestern hatten die Kunstwerke – Drucke, Zeichnungen, Gebrauchsobjekte und Möbel, Textilien und Tapeten – zusammengetragen, die zunächst in der Cooper Union in Lower Manhattan ausgestellt wurden. 1967 gelangte die Sammlung in die Obhut der Smithsonian Institution, die sie 1976 an ihren jetzigen Platz verlagerte.

Eldridge Street Synagoge Museum (www.eldridgestreet.org): siehe »Lower East Side«

Ellis Island Immigration Museum (I A2, Ellis Island – Fähren ab Battery Park –, Castle Clinton; www.ellisisland.org): Ellis Island fungierte ab 1892 als Immigrationsstation und war bis 1954 als solche in Betrieb. Seit 1965 Teil des National Park Service, pilgern heute an die 3,5 Millionen Besucher auf die Insel. Im Zentrum steht das Hauptgebäude mit der Historic Great Hall, in dem sich das Immigration Museum befindet. Zu besichtigen sind neben der »Empfangshalle« Schlafsäle, das Fährbüro, Anhörungsräume, Krankenstation und Speisesaal. Erinnerungsstücke, Fotos, Karten, Briefe, Tagebuchaufzeichnungen und Originalinterviews mit Ankömmlingen geben Immigrantenschicksalen Leben.

Beeindruckend ist vor allem die Abteilung »Treasures from Home« – eine Sammlung von Dingen, die die Immigranten von zu Hause mit in die Neue Welt brachten. In der Abteilung »Peopling of America« erläutern elf grafische Displays vier Jahrhunderte Einwanderergeschichte, von präkolonialer Zeit bis heute. Filme sind zu sehen, Computerprogramme helfen bei der Ahnenforschung, ein

Ellis Island Museum

interaktives Lernzentrum für Kinder sowie eine Forschungsbibliothek stehen des weiteren zur Verfügung. Hinter dem Bau befindet sich die »Immigrant Wall« und die »Wall of Honor« mit den Namen aller bekannten, hier eingetroffenen Zuwanderer.

Bis 2011 soll das Museum um das »Peopling of America Center« (www.peoplingofamerica.org) ergänzt werden, das sich umfassend mit verschiedenen Aspekten der Immigration, nicht nur während des Betriebs dieser Station, sondern auch vor und nach Ellis Island, auseinandersetzen wird.

Federal Hall National Memorial (www.nps.gov/feha): siehe »Lower Manhattan«

Forbes Building & Galleries (www.forbesgalleries.com): siehe »Lower East Side«

Fraunces Tavern Museum (I A3, 54 Pearl St., Lower Manhattan; www.frauncestavernmuseum.org): Viel ist von »Ur-New-York« nicht erhalten, doch der Fraunces Tavern

Block Historic District stellt immerhin einen original erhaltenen Straßenblock aus dem 18. Jahrhundert dar. Im Zentrum des denkmalgeschützten Ensembles steht die Fraunces Tavern, die exakte Replik eines 1719 erbauten Gasthauses aus Backstein. In den ersten Stock eingezogen ist ein Museum, das die Geschichte und Kultur jener Tage im 18. Jahrhundert lebendig werden lässt. Zudem finden Wechselausstellungen zur frühen Geschichte der USA und New Yorks statt.

Frick Collection (II K3, 1 East 70th St. / 5th Ave., Upper East Side, Museum Mile; www.frick.org): Die Frick Collection ist ein sehenswertes Gesamtkunstwerk mit hochkarätiger europäischer Kunst des 14. bis 19. Jahrhunderts. Es handelt sich um die Kunstsammlung des Stahlmagnaten Henry Clay Frick (1849–1919), ausgestellt in seinem eigenen Wohnpalais. Die Kunstwerke befinden sich teilweise noch in ihrem originalen Kontext, z. B. im Speisezimmer oder in der Bibliothek. Im Zentrum des Komplexes lädt ein schöner Innenhof mit Brunnen und Kolonnaden zur Pause ein.

Zu den Highlights der Sammlung zählt europäische Malerei ab dem 15. Jahrhundert, darunter Werke von Tizian, Turner, Constable, Holbein d. J., Rembrandt, Gainsborough, Vermeer, Ingres, Goya, Renoir oder El Greco. Zudem gehören zu der Sammlung französische Möbel, Limoges-Emaillearbeiten, Wandbehänge und Orientteppiche. Der Ostflügel ist den Werken von James McNeill Whistler (1834–1903), der Westflügel den niederländischen Malern vorbehalten. In der Bibliothek und im Speisezimmer hängen englische Gemälde, der Salon widmet sich den »alten Meistern«.

Guggenheim Museum (III M3, 1071 5th Ave. / 88th St., Upper East Side, Museum Mile; www.guggenheim.org): Das Solomon R. Guggenheim Museum ist allein wegen des spektakulären Baus von Frank Lloyd Wright sehenswert. Dazu geht er mit der ausgestellten modernen und zeitgenössischen Kunst vom späten 19. Jahrhundert bis heute eine einmalige Symbiose ein. Es handelt sich, streng genommen, um ein »Museum der Privatsammlungen«, für das Solomon R. Guggenheim (1861–1949) den Grundstein gelegt hatte. Der wohlhabende Industrielle hatte in den späten 1920er Jahren begonnen, unter Beratung der deutschen Künstlerin Baroness Hilla Rebay von Ehrenwiesen ungegenständliche Malerei zu sammeln, darunter Werke von Wassily Kandinsky (*Komposition VIII*), Robert Delaunay, Moholy-Nagy, Marc Chagall (*Die gelbe Kuh*), Fernand Léger oder Pablo Picasso.

Anfangs in Guggenheims Privatapartment im Plaza Hotel ausgestellt, erfolgte 1937 die Gründung der »Solomon R. Guggenheim Foundation«. Ab 1939 wurden die Kunstwerke dann im »Museum of Non-Objective Painting«, in einem Autohaus an der East 54th Street, präsentiert. 1948 erwarb Guggenheim die Sammlung des Kunsthändlers Karl Nierendorf (1889–1947), die vor allem aus expressionistischen und surrealistischen Werken, darunter vielen von Paul Klee, bestand. Katherine S. Dreier (1877–1952) überließ 1953 viele Kunstwerke des 20. Jahrhunderts, u. a. Bilder von Marcel Duchamp oder Man Ray, der Guggenheim Foundation.

1959 zog die Sammlung in den Frank-Lloyd-Wright-Bau am Central Park ein und ab 1963 kamen mit der Stiftung des Münchner Kunsthändlers Justin K. Thannhauser rund 60 Kunstwerke aus der Zeit der Jahrhundertwende – schwerpunktmäßig Impressionisten, Postimpressionisten und moderne Malerei, Werke von Picasso – dazu. Drei Jahre später wurde, nach dem Tod der Kunstsammlerin und Nichte Guggenheims, die Peggy-Guggenheim-Sammlung (Kubisten, Surrealisten, Abstrakte Expressionisten) der Foundation angegliedert, allerdings verblieben die Stücke großteils in ihrem Palazzo in Venedig.

1991/92 kam es neuerlich, teils durch Kauf, teils durch Schenkung, zu einer Vergrößerung der Bestände: mit der

Sammlung des Grafen Giuseppe Panza di Biumo mit wegweisender zeitgenössischer Kunst, Werken europäischer und amerikanischer Minimalisten, Environmentalisten und Konzeptualisten der 1960er und 70er Jahre. Das Geschenk der Robert Mapplethorpe Foundation zwischen 1992 und 1998 bestand aus Fotografien sowie Objekten des berühmten amerikanischen Fotografen (1946–1989) und legte den Grundstock für die Fotoabteilung des Museums. 2001 stiftete die Bohen Foundation mehrere Kunstwerke aus den Genres Film, Video und neue Medien, außerdem Fotografien von Hiroshi Sugimoto, Sam Taylor-Wood oder Sophie Calle, des weiteren großformatige Installationen von der Wende vom 20. zum 21. Jahrhundert.

Anders als vielfach üblich, wird im Guggenheim Kunst nicht nach Genres oder Zeiten eingeteilt, sondern thematisch angeordnet. Es handelt sich um insgesamt über 7000 Kunstwerke – darunter solche von großen Künstlern wie Francis Bacon, Joseph Beuys, Georges Braque, Paul Cézanne, Marc Chagall, Wassily Kandinsky, Jeff Koons, Joan Miró, Claes Oldenburg, Pablo Picasso, Gerhard Richter, oder Andy Warhol –, doch sind die gesamten Museumsbestände nie komplett zu sehen. Es wird gewechselt, zudem finden häufig spektakuläre Sonderausstellungen statt. Über der kleinen, nachträglich angebauten Rotunde liegt eine Skulpturen-Terrasse mit Ausblick auf den Central Park, es gibt ein Dean & Deluca Café und einen Museumsshop.

1997 ging die Guggenheim Foundation eine Partnerschaft mit der Deutschen Bank ein, und das Deutsche Guggenheim Berlin entstand als weitere Filiale neben den bereits existierenden in Bilbao und Venedig.

Historic Richmond Town (www.historicrichmondtown.org): siehe »Greater New York, Staten Island«

International Center of Photography (II I2, 1133 Ave. of the Americas / 43rd St., Midtown; www.icp.org): Das

»ICP« ist ein einzigartiges Fotomuseum, zu dem seit 2001, schräg gegenüber, eine Fotografieschule (Kurse verschiedener Länge und für unterschiedliches Publikum) und eine Bibliothek gehören. Ein breites Bildungsangebot, öffentliche und Schulprogramme, Lesungen, Workshops und Symposien stehen auf dem Programm. Abgesehen von der permanenten Sammlung finden jeweils mehrere Wechselausstellungen statt.

Die aus über 100 000 Fotos bestehende Kollektion wurde 1974 eröffnet und durch Neuerwerbungen und Stiftungen im Laufe der Zeit beständig erweitert. Das Spektrum reicht von Daguerreotypien bis zu Digitalaufnahmen. Der Schwerpunkt liegt dabei auf amerikanischer und europäischer Dokumentarfotografie der 1930er bis 1990er Jahre, darunter befinden sich großformatige Werke von W. Eugene Smith, Henri Cartier-Bresson und von den sogenannten Farm Security Administration Fotografen – Alfred Eisenstadt, Lisette Model, Gordon Parks, James VanDerZee und Garry Winogrand. Neuerwerbungen konzentrierten sich verstärkt auf zeitgenössische Fotografen wie Carrie Mae Weems, Justine Kurland, Katy Grannan, Vik Muniz, Tomoko Sawada oder Susan Meiselas. Ein anderes Highlight sind Fotos aus Illustrierten, v. a. aus solchen, die zwischen dem Ersten und dem Zweiten Weltkrieg erschienen sind, z. B. aus der *Berliner Illustrierte Zeitung*, der *Arbeiter Illustrierte Zeitung* oder *LIFE*.

Intrepid Sea, Air & Space Museum (II I1, Pier 86, West 46th St. / 12th Ave., Hell's Kitchen, Midtown; www.intrepidmuseum.org): Den Kern des Intrepid Sea, Air & Space Museums bildet die »USS Intrepid«, ein 280 Meter langer US-Flugzeugträger der sogenannten Essex-Klasse aus dem Zweiten Weltkrieg. Er stand zwischen 1943 und 1974 in Diensten und wurde dank einer Privatinitiative vor der Verschrottung bewahrt. Unter Denkmalschutz gestellt, wurde er 1982 als Museum eröffnet. Unlängst wurde nicht nur das Schiff selbst, sondern der ganze Komplex bzw. Pier generalüberholt und bildet nun eines der größten maritimen Museen der Welt.

An Pier 86 liegt neben der USS Intrepid das U-Boot »USS Growler«, an Land ist eine Concord der British Airways zu sehen. Auf Deck des Flugzeugträgers sind in großer Zahl Militärflugzeuge wie eine Lockheed A-12 oder eine F-14 aufgestellt, im Bauch des Flugzeugträgers erfährt der Besucher mehr über das Schiff, seine Geschichte, die herrschenden Lebensbedingungen und die Besatzung.

Isamu Noguchi Garden Museum (www.noguchi.org): siehe »Greater New York, Queens«

Jacques Marchais Center of Tibetan Art (Übersichtskarte, 338 Lighthouse Ave., Egbertville, Staten Island; www.tibetanmuseum.org): Das Hauptgebäude dieses Museums auf Staten Island ist einem tibetanischen Tempel nachempfunden. 1947 rief Mrs. Klauber alias Jacques Marchais, eine Kunsthändlerin, die Sammlung ins Leben, die 1991 sogar vom Dalai Lama besucht wurde. Neben Kunst aus Nepal werden regelmäßig Wechselausstellungen gezeigt.

Jewish Museum (III M3, 1109 5th Ave. / 92nd St., Upper East Side, Museum Mile; www.jewishmuseum.org): Das Jewish Museum zählt mit seinen 26000 Kunstwerken zu jüdischem Alltagsleben, jüdischer Kunst und Kultur nicht nur zu den maßgeblichen jüdischen Museen der USA, sondern beherbergt zugleich die weltgrößte Sammlung von Judaica außerhalb Israels. Die Wurzeln reichen ins Jahr 1904 zurück, als der Richter Mayer Sulzberger der Bibliothek des »Jewish Theological Seminary of America« die ersten Judaica – meist antiquarische Schriften und Manuskripte, aber auch kunsthandwerkliche und sakrale Gegenstände – vermachte.

Heute befindet sich die beständig gewachsene Sammlung in der ehemaligen Privatwohnung eines Bankiers, in der Warburg Mansion von 1907, die 2003 um einen Anbau nach Plänen von Kevin Roche erweitert wurde. Die Exponate decken einen Zeitraum von über 4000 Jahren ab und umfassen neben rituellen und sakralen Objekten wie Thora-Kronen, Leuchtern, Tellern oder Zeremoniensilber, auch profane Kunstwerke, archäologische Fundstücke, Fotos und Dokumente aller Art. Sie erläutern eindrucksvoll jüdische Sitten und Gebräuche, Kunst und Leben. Zum Museum gehören ein Laden und ein Café. Verschiedene Veranstaltungen finden vor allem an jüdischen Feiertagen statt.

Louis Armstrong House (34–56 107th St., Corona, Queens; www.louisarmstronghouse.org): Mitten in einem der »Multikulti«-Viertel von Queens befindet sich das kleine Wohnhaus des legendären Musikers – eine Pilgerstätte für Jazzfans. Zusammen mit seiner Frau Lucille lebte Louis Armstrong ab 1943 bis zu seinem Tod 1971 hier. Da nach den Armstrongs keine anderen Bewohner mehr eingezogen sind, haben sich Ausstattung und Möblierung weitgehend original erhalten. Ausgestellt ist zum einen die umfangreiche Privatsammlung Armstrongs – Platten und Tonbänder, Notizblöcke, Fotos und Manuskripte, Instrumente und anderes. Dazu kommen von Freunden und Bekannten gestiftete Memorabilien, Fotos und Filme, aber auch Briefe und Erinnerungsstücke.

Lower East Side Tenement Museum (1 D4, 108 Orchard / Delancey St., Lower East Side; www.tenement.org): In einem restaurierten Apartmenthaus in der Lower East Side befindet sich das sehenswerte Lower East Side Tenement Museum, das als »National Historic Site« unter Denkmalschutz steht. Es ist kein Museum im klassischen Sinn, sondern eine Ansammlung von rekonstruierten Wohnungen, anhand derer anschaulich die Geschichten verschiedener Immigrantenfamilien erzählt wird.

Diese herausgegriffenen, dokumentierten Beispielfamilien lebten bis 1935 in dem 1863 erbauten Mietshaus in der Orchard Street Nr. 97. Insgesamt sollen an die 7000 Menschen hier ein- und ausgegangen sein, ehe der Bau in den 1930er Jahren verfiel. In den 1980er Jahren entdeckten die Historikerinnen Ruth Abram und Anita Jacobson das Gebäude, auf der Suche nach einem Ort, wo man den Immigranten ein Denkmal setzen könnte. Sie forschten in Archiven und begannen vorsichtig zu restaurieren. 1992 wurde das erste Apartment eröffnet, jenes der deutschen Gumpertz-Familie von 1878. Heute sind insgesamt sechs Wohnungen zugänglich und jede davon stellt eine andere Familie und verschiedene Immigrantengruppen vor, Iren, Italiener, Deutsche und Juden.

Im Rahmen verschiedener einstündiger Touren werden Besucher durch die Immigrantenwohnungen geführt und erhalten Einblick in das harte Leben der Einwanderer in New York. Die schlechten hygienischen Zustände und die drückende Enge angesichts der herrschenden Überbevölkerung in den »Mietskasernen« – die LES soll einmal dichter besiedelt gewesen sein als Bombay! – werden deutlich. Abgesehen von solchen Hausführungen mit Rollenspielen und Nachstellungen von Alltagsszenen führen Touren durch das Viertel.

Hauptanlaufpunkt ist das Visitor Center, wo eine kleine Ausstellung und ein Film informieren, wo es Tourtickets, Broschüren und einen Shop gibt. Mittelfristig ist geplant, das Besucherzentrum in ein neu erworbenes Haus in der 103 Orchard St. zu verlegen.

Metropolitan Museum of Art (III L–M2, 5th Ave. / 82nd St., Upper East Side, Museum Mile; www.metmuseum.org): Das Metropolitan Museum of Art (MMA oder »Met«) gilt als die größte Kunstsammlung der westlichen Hemisphäre. Sie wurde 1870 ins Leben gerufen und befindet sich seit 1880 in dem mächtigen Baukomplex an heutiger Stelle. Die Kunstschätze verteilen sich dort auf drei Etagen und in mehreren Gebäudeteilen unterschiedlichen Datums. Nach umfangreichen Renovierungen sind seit Dezember 2007 alle Sammlungen wieder zugänglich, und auf insgesamt 185 000 Quadratmetern Ausstellungsfläche verteilen sich 19 Abteilungen für Dauerausstellungen und eigene Galerien für Sonderschauen. Sogar ein ganzer Tempel wurde in einem Saal komplett wieder aufgebaut.

Für europäische Besucher besonders sehenswert ist der American Wing, mit einem unvergleichlichen Querschnitt von Meisterwerken amerikanischer Künstler. Die Sammlung ist zweigeteilt: dekorative Kunst sowie Malerei und Skulptur. Das American Decorative Arts Department umfasst um die 12 000 Kunstwerke, während die American Art-Sammlung aus über 1000 Gemälden, 600 Skulpturen und an die 2600 Zeichnungen besteht, darunter das berühmte Porträt George Washingtons von Gilbert Stuart oder Emanuel Leutzes Gemälde *Washington Crossing the Delaware*. Aber auch andere berühmte amerikanische Maler sind vertreten, z. B. Winslow Homer, John Singer Sargent oder James McNeill Whistler.

Den Zentralbereich des Museums nimmt die beliebte Arms & Armor-Sammlung, etwa 15 000 Waffen und Rüstungen von der Antike über das späte Mittelalter bis ins Japan des 19. Jahrhunderts ein. Ebenfalls riesig ist die Sammlung zur Kunst Afrikas, Ozeaniens und Amerikas, doch wird sie übertroffen von der Asian Art Collection mit über 60 000 Kunstwerken. Berühmt und angesehen sind auch die Abteilungen zum antiken Nahen Osten, Ägypten und zur griechischen und römischen Antike. Neben Funden aus Nippur, Nimrud oder Hasanlu stehen fast 36 000 Exponate aus Ägypten zur Ansicht. Im Zentrum steht der Tempel von Dendur aus augusteischer Zeit, der 1965 den USA von der ägyptischen Regierung vermacht worden war, nachdem man ihn vor der Flutung des Assuan-Staudammes abgetragen hatte. Die Antikensammlung des MMA mit etwa 35 000 griechischen und römischen Kunstschätzen gehört zu den besten der Welt. Nicht nur die Skulpturen, auch die umfangreiche Vasensammlung gilt als hochkarätig.

Die Abteilung europäischer Kunst zählt mit rund 3000 Gemälden zu den Zimelien bezüglich der europäischen Malerei des 19. Jahrhunderts. Über 5000 Skulpturen und dekorative Kunst gehören ebenfalls dazu. Dem Museum vermachte Privatsammlungen wurden unabhängig von den anderen Abteilungen als eigene Komplexe integriert, so die Lehman Collection alter Meister und französischer Gemälde des 19. Jahrhunderts in einer Glaspyramide. Auch das Antonio Ratti Textile Center gehört dazu. Den Kern bildet die Fondazione Ratti, eine Kostüm- und Stoffsammlung der Spitzenklasse, mit 35000 Textilien aus mehreren Jahrtausenden.

Der Lila Acheson Wallace Wing von 1987 widmet sich ganz der moderen Kunst und präsentiert auf drei Ebenen hochkarätige Kunstwerke des 20. Jahrhunderts, vor allem der New Yorker Gruppe »The Eight«. Sie ist Teil der Abteilung »Modern Art«, wo sich Werke von Picasso, Kandinsky oder Kiefer ebenso finden wie Beispiele des Expressionismus, des Jugendstils oder des Art-déco. Nicht entgehen lassen sollte man sich den Cantor Roof Garden, mit zeitgenössischen Skulpturen, einem kleinen Café und spektakulärem Blick auf Park und Skyline. Eine weitere Ruheoase ist der überdachte Innenhof im American Wing, in dem man sich zwischen Kunstschätzen erholen kann. Denn das MMA hat noch weit mehr zu bieten: Drucke, Fotos, Musikinstrumente, Möbel und Kuriositäten wie mehr als 200000 Sammelkarten von Baseballspielern. Zum Museumskomplex gehören mehrere Restaurants, Cafés und Museumsläden, Konzerte, Führungen und Lesungen werden angeboten. Assoziiert ist The Cloister, ein nachgebautes mittelalterliches Kloster im Norden Manhattans, das die Mittelalterarchitektur-Abteilung birgt (→ »Cloister«).

Morgan Library & Museum (II H3, 225 Madison Ave., Midtown; www.themorgan.org): Die Morgan Library geht auf die riesige Privatsammlung des Bankiers J.

Pierpont Morgan (1837–1913) zurück, der sich auf das Sammeln seltener Bücher und Manuskripte, Inkunabeln, Zeichnungen, Drucke und Gemälde spezialisiert hatte. Sein Sohn machte 1924 die Sammlung öffentlich zugänglich. Seitdem wurde der ursprüngliche Bau mehrfach renoviert und erweitert.

Zu den Beständen gehören Schriften ab dem 15. Jahrhundert, darunter drei Gutenberg-Bibeln, Manuskripte aus dem Mittelalter und der Renaissance, Zeichnungen und Drucke von Blake, Degas, Dürer, Rubens und Watteau. Literarische und historische Manuskripte – u. a. Charles Dickens' *Christmas Carol*, Thomas Jeffersons Briefe an seine Tochter Martha, Briefe von Jane Austen, Albert Einstein, Abraham Lincoln, John Steinbeck oder Voltaire – sind hier ebenso ausgestellt wie Notenblätter vieler berühmter Komponisten. Besonders sehenswert ist der alte Teil des Museums, Morgan's Library & Study, zwei Räume, die durch eine Rotunde voneinander getrennt sind und die Lieblingskunstwerke des Gründers enthalten. Die Wände sind zu großen Teilen von Bücherregalen bedeckt, Wandgemälde zeigen historische Persönlichkeiten und Tierkreiszeichen.

Mount Vernon Hotel Museum & Garden (ehemals Abigail Adams Smith Museum) (II J4, 421 East 61st St., Upper East Side; www.mvhm.org): Im 18. Jahrhundert war die Upper East Side noch ländlich, die Stadt lag weit entfernt. Deshalb entstanden hier Landsitze wie der 1799 von William Stephens Smith und Abigail Adams, Tochter des Präsidenten John Adams, erbaute. Sie wohnten jedoch nicht lange hier, so dass das Gut im Laufe der Jahrzehnte verfiel. Die übriggebliebenen Stallungen wurden schließlich 1826 zum »Mount Vernon Hotel« umgebaut. 1924 veranlassten die Colonial Dames of America die Umgestaltung in ein Museum unter Einbeziehung von Teilen der Originalausstattung. Kürzlich wurde das Haus komplett saniert und gibt nun einen Einblick in einen Gasthof des frühen 19. Jahrhunderts. Kostümierte Führer gehen mit Besuchern in den historischen Räumen auf Zeitreise.

Museo del Barrio (III O3, 1230 5th Ave. / 104th St., Upper East Side; www.elmuseo.org): 1969 war die Geburtsstunde des Museo del Barrio, in einem Klassenzimmer an der 123rd Street. 1977 erfolgte der Umzug in das heutige Heckscher Building im klassizistischen Stil an der 5th Ave. / 104th Street, an der Grenze zu East Harlem. Von 2008 bis Herbst 2009 wurde nach Plänen von Architekt Jordan Gruzen (Gruzen Samton Architects) umgebaut, um zusätzliche Ausstellungsflächen zu schaffen und den Bau zum Central Park hin mittels mehr Glas zu öffnen. Es gibt jetzt einen Innenhof mit Zugang zu »El Cafe« (lateinamerikanische Küche). In luftigen Galerien hängen an den Wänden Bilder von Frida Kahlo, Diego Rivera und Karikaturen von Miguel Covarrubias; weitere Beispiele der lateinamerikanischen, puertorikanischen und karibischen Kunst und Kultur befinden sich hier, wobei vor allem den Puertorikanern als größter Gruppe unter den spanischsprachigen Immigranten in New York eine besondere Bedeutung zukommt.

Objekte von der präkolumbischen Frühzeit – Haushalts- und religiöse Objekte der Taíno-Kultur (Puerto Rico) – sind ebenso zu sehen wie moderne Kunstwerke. 900 weltliche und religiöse Ausstellungsstücke illustrieren in der Abteilung »Traditional Arts« verschiedene Aspekte des Lebens, sie stammen aus Chile, Brasilien, Peru, Haiti, Mexiko und Puerto Rico. Außergewöhnlich ist die Sammlung von holzgeschnitzten »Heiligenfiguren« für den Hausaltar, rund 360 »Santos de Palo« aus Puerto Rico, »Sculpture between Heaven and Earth« genannt. Drucke aus Lateinamerika sind mit rund 3000 Werken ebenfalls stark vertreten, darunter befinden sich sehenswerte Poster. Die Gemäldesammlung besteht aus rund 500 Arbeiten, vor allem aus dem 20. Jahrhundert, wobei die meisten Skulpturen und Installationen ab den 1960er Jahren datieren. Die Foto-Film-Video-Abteilung brilliert mit rund 400 Fotos von Jack Delano, der das Leben in Puerto Rico während der Depression illustrierte.

Neben der permanenten Sammlung werden in Wechselausstellungen historische Themen aufgegriffen.

Museum of African Art (36–01 43rd St., Long Island City, Queens; www.africanart.org): Dieses kleine Museum widmet sich der Kunst afroamerikanischer Künstler sowie der Kunst Afrikas, zeigt interessante Wechselausstellungen und veranstaltet Events. Gegründet 1984, hat es sich besonders wegen der Sonderausstellungen und Publikationen einen Namen gemacht. Dabei beschäftigt es sich nicht nur mit der Geschichte, sondern zeigt zugleich zeitgenössische afrikanische Kunst. 2011 soll das Museum an die Museum Mile (1280 5th Ave., 109th–110th St.) in einen architektonisch sehenswerten Neubau von Robert A. M. Stern umziehen. Es wäre damit nach dem Guggenheim im Jahr 1959 der erste neue Museumsbau an der 5th Avenue.

Museum of American Finance (I B3, 48 Wall St., Lower Manhattan; www.financialhistory.org): Zwar kein voller Ersatz für die seit 2001 geschlossene New York Stock Exchange, die Börse, aber immerhin eine gute Informationsquelle zu Finanzwesen, Börsen und Banken, ist das Museum of American Finance. Dieses multimediale »Finanzmuseum« zog in das passende Ambiente ein, nämlich in den historischen Bau der einstigen Bank of New York von 1927. In der riesigen historischen Schalterhalle geben verschiedene Abteilungen auf verschiedenen Ebenen Einblick in die Welt des Geldes und des Börsenhandels, dazu kommen regelmäßig Wechselausstellungen zu ausgewählten Themen wie zur Funktionsweise der Finanzmärkte, zur Geschichte von Banken und Kreditinstituten, zu Sparformen, Banküberfällen, der Federal Reserve Bank, Kreditkarten oder Krisen.

Die größte Abteilung nennt sich »The Financial Markets« und befasst sich mit der Funktionsweise der Finanzmärkte, mit der legendären Wall Street und der New York Stock Exchange sowie anderen Börsen. In der Abteilung »Banking in America« geht es um die Geschichte von Banken und Kreditinstituten, um Sparformen, Banküberfälle, um die Federal Reserve Bank, Kreditkarten und Krisen. »Entrepreneurs« – hier kommen verschiedene Firmenchefs und Wirtschaftsexperten in Videointerviews zu Wort und beurteilen die gegenwärtige Situation. Aktuellen Bezug findet man auch in der Abteilung »Tracking the Credit Crisis: A Timeline«, wo die gegenwärtige Finanzkrise unter die Lupe genommen wird. Kleinere Galerien beschäftigen sich mit der Geschichte des Geldes von den Holländern bis heute, mit Münzen und der Währung im allgemeinen, Geldscheinen und Fälschungssicherheit.

Der Alexander Hamilton Room zollt dem gleichnamigen ersten Schatzmeister der USA Tribut. Er begründete die Bank of New York als erste Bank der Stadt. Außerdem gibt es einen Shop, in dem auch NYSE-Souvenirs zu kaufen sind.

Museum of American Illustration (II K3, 128 East 63rd St., Upper East Side; http://societyillustrators.org): Das Museum of American Illustration at the Society of Illustrators, so der vollständige Name, zeigt Illustrationskunst in ihren verschiedenen Facetten. Die Sammlung der 1901 gegründeten Gesellschaft umfasst zahlreiche Originalzeichnungen, die über Jahrzehnte hinweg zusammenkamen. Über 2000 Werke sind permanent im Gebäude der Society, einem alten Kutschenhaus von 1853, ausgestellt. In dem illustren Clubhaus gingen einst berühmte Zeichner wie N. C. Wyeth, Charles Dana Gibson, Frederic Remington, James Montgomery Flagg oder auch Mark Twain und Gloria Swanson ein und aus; heute dürfen auch Besucher einen Blick hineinwerfen. Bekannt wurde die Gesellschaft mit der 1976 organisierten Ausstellung »200 Years of American Illustration« in der New-York Historical Society.

Museum of Arts & Design (II J2, 2 Columbus Circle, Midtown; www.madmuseum.org): Das Museum of Arts & Design zählt zu den neuesten Errungenschaften der Stadt und wurde noch dazu in sehenswertem architektonischen Rahmen an einem traditionellen Platz untergebracht. Die Sammlung des »MAD« umfasst amerikanisches Kunsthandwerk und zeigt die Entwicklung in Kunst, Kunsthandwerk und Design vom 20. Jahrhundert bis heute. Abgesehen von einer Dauerausstellung auf rund 5000 Quadratmetern gibt es regelmäßig sehenswerte Wechselausstellungen.

Der Grundstein für das Museum wurde 1942 durch die Gründung des »American Craftsmen's Council« durch Aileen Osborn Webb gelegt. Ihr Ziel war es, zeitgenössischen Kunsthandwerkern und Designern zu neuem Ansehen zu verhelfen und Handarbeit und Design im täglichen Leben aufzuwerten. 1956 eröffnete ein erstes Museum in der 53rd Street, 1986 zog man, nun als »American Craft Museum«, erneut um, ehe man 2008 am Columbus Circle das markante neue Heim bezog. Auf sechs Etagen – man beginnt oben und bewegt sich abwärts – sind nun Korbflechtarbeiten, Schmuck, Metallarbeiten, Quilts, Kunstwerke aus Ton, Glas, Holz und vielen anderen Materialien zu sehen. Die über 2000 Objekte vertreten die verschiedensten Genres: Architektur, Mode, Innenarchitektur und Industriedesign, aber auch darstellende Kunst sind ausgestellt.

Museum of Biblical Art (MOBIA) (II J2, 1865 Broadway / West 61st St., Upper West Side; www.mobia.org): Zu den wenig bekannten Museen der Stadt gehört das Museum of Biblical Art, das 2005 eröffnet wurde. Es ist das einzige seiner Art in den USA und hat die Wirkung der Bibel auf jüdische und christliche Kunst zum Thema. Entstanden aus einer Sammlung der American Bible Society, möchte man zur Fachinstanz auf dem Gebiet der »biblischen Kunst« aufsteigen. Dabei werden derzeit nur Sonderausstellungen – etwa vier pro Jahr – abgehalten, dazu kommen Veranstaltungen, Workshops und andere Events.

Museum of Chinese in America (I C3, 215 Centre St., Lower Manhattan; www.mocanyc.org): Bereits seit 1980 existiert das Museum of Chinese in America, doch erst seit seinem Umzug im Herbst 2009, verbunden mit einer enormen Vergrößerung der Ausstellungsfläche, ist es ins Bewusstsein gerückt. Immerhin hat Maya Lin, die auch für das Vietnam Memorial in Washington, D.C., verantwortlich zeichnet, mit ihrem Entwurf für »The New MOCA« ein wegweisend umweltfreundliches Gebäude geschaffen. Es handelt sich um die Umgestaltung eines bestehenden Baus; äußerlich fällt zuerst der Shop, innen die eher neutrale Farbskala ins Auge.

Rings um einen Courtyard (Innenhof) reihen sich die Ausstellungssäle auf, wobei sich die Hauptausstellung mit 160 Jahren chinesisch-amerikanischer Geschichte, Kunst und Kultur der in Nordamerika lebenden Chinesen befasst. Illustriert wird das Ganze durch mehr als 60000 Briefe und Dokumente, Tonaufnahmen, Kleidung und Textilien, Fotos und andere Artefakte sowie interaktive Elemente. Dazu kommen regelmäßig Wechselausstellungen, vor allem zu aktuellen Themen der chinesischen Kunst und Kultur.

»The Journey Wall« stellt Familien vor, die heute in der chinesisch-amerikanischen Diaspora leben. Dazu kommen verschiedene Privat- und Spezialsammlungen: über 100 Origami-Figuren, Theaterrelikte des Cantonese Opera Clubs oder chinesische Kleidungsstücke. Daneben wirkt das Museum als wichtige Kulturinstitution der New Yorker chinesischen Gemeinde. Neben Sommerprogrammen und Lesungen finden das »Asian American ComiCon« (Comics) und das Asiatisch-Amerikanische Internationale Filmfest hier statt.

Museum of the City of New York (III M3, 1220 5th Ave. / 103rd St., Upper East Side / East Harlem, Museum

Mile; www.mcny.org): »See New York like a real New Yorker« lautet das Motto im New Yorker Stadtmuseum, in dem man anhand von Ausstellungsstücken und Dokumenten Interessantes über fast vier Jahrhunderte Stadtgeschichte lernt. Es ergänzt geradezu ideal die Sammlung der → New-York Historical Society. Schriftstücke, Gemälde, Fotos, Kostüme, Spielzeug und Bücher, Möbel und Kunsthandwerk gehören zur Dauerausstellung, die 1923 ins Leben gerufen wurde. Sie war bis 1932 in der Gracie Mansion untergebracht, ehe man in einen Bau an der Fifth Avenue umzog.

Sehenswert sind neben Wechselausstellungen über die Stadtgeschichte die zeitgenössisch (1690–1906) ausgestatteten Räume, die »Rockefeller Rooms«. Weitere Säle enthalten die Painting & Sculpture Collection mit Werken von Asher B. Durand oder Reginald Marsh sowie Porträts von New Yorkern, außerdem gibt es eine Prints & Photographs Collection mit Fotos von Berenice Abbott oder Jacob Riis und anderen, sowie handkolorierte Lithographien.

Die Decorative Arts Collection zeigt z. B. Haushalts- und Zeremoniensilber sowie -gold. Schiffsmodelle und Handelsware, Fotos und Dokumente dokumentieren das Thema »Trade: A History of New York City Ports and Commerce«, und es gibt außerdem eine Ausstellung zur Feuerwehr und Feuerbekämpfung. Ebenfalls sehenswert: Mode vom 17. Jahrhundert bis heute in der Costume Collection und, nicht zu vergessen, die Spielzeugsammlung. Die Broadway-Abteilung stellt eine der weltgrößten Sammlungen zur Theatergeschichte mit Kostümen, Fotos, Zeichnungen und anderen Erinnerungsstücken dar. Der Broadway und seine Theater sowie große Entertainer, Schauspieler und Produzenten, Darsteller und Stücke sind hier Thema. »Timescapes« heißt ein Film, der in 25 Minuten einen guten historischen Überblick über die Stadt von den Anfängen bis heute liefert, ergänzend gibt es Vorträge und andere Veranstaltungen.

Museum of Comic and Cartoon Art (MoCCA) (I D3, 594 Broadway, SoHo; www.moccany.org): 2001 gegründet, eröffnete das Museum of Comic and Cartoon Art (MoCCA) zwei Jahre später ein eigenes kleines Museum. Es widmet sich der Geschichte, Produktion und Wirkung von Comics und Cartoons. Neben permanenten Ausstellungen wie »Toon Town« – die Rolle New Yorks in Comics und Cartoons – finden in erster Linie Wechselausstellungen statt, und es gibt verschiedene Veranstaltungen. Höhepunkt ist das jährliche MoCCA Art Festival im Juni, ein beliebter Treff von Zeichnern und Fans.

Museum of Jewish Heritage – A Living Memorial to the Holocaust (I A2, 36 Battery Place, Lower Manhattan; www.mjhnyc.org): Nicht alles wächst in New York gen Himmel, und deshalb fällt im Wagner Park, direkt am Hudson River im Süden Manhattans, der flache, sechseckig-pyramidale, fast fensterlose Bau aus dem Architekturbüro Kevin Roche, John Dinkeloo & Associates etwas aus der Reihe. 1997 ist hier das Museum of Jewish Heritage eingezogen. Der Besucher erfährt mehr über die Geschichte der Juden von etwa 1880 bis heute. Drei Themenkomplexe stehen dabei im Mittelpunkt der Dauerausstellung, die anhand von Fotos, Dokumenten, Artefakten und Dokumentarfilmen ein sehenswertes multimediales Museum zur Kultur der Juden und zur Geschichte ihrer Verfolgung bildet:

In der Abteilung »Jewish Life a Century Ago« geht es um das jüdische Leben im späten 19. Jahrhundert, »The War Against the Jews« thematisiert die Judenverfolgung, insbesondere durch die Nationalsozialisten, und das jüdische Revival erlebt man in der Abteilung »Jewish Renewal«. Abgerundet wird das Museum durch einen hervorragend sortierten Laden (v. a. Literatur und Musik), eine Cafeteria mit jüdischen Spezialitäten und den Garden of Stones, eine grüne Ruheoase vor dem Eingang.

Museum of Modern Art (MoMA) (II J2, 11 West 53rd St., Midtown; www.moma.org): Das Museum of Modern Art, kurz »MoMA«, widmet sich der Kunst von den 1880er Jahren (Impressionisten) bis zur Gegenwart – den Klassikern der Moderne ebenso wie der zeitgenössischen Kunst. Seine Wurzeln reichen in die Zeit des größten wirtschaftlichen Desasters zurück: 1929, zehn Tage nach dem Börsenkrach, eröffnete die erste Ausstellung mit Werken von Postimpressionisten. 1935 begann man mit dem Aufbau einer heute hochgeschätzten »Film Library«, und 1939 zog die Sammlung in den Neubau – der inzwischen mehrmals erweitert wurde – an der 53rd Street um.

Die Sammlung gliedert sich in mehrere große Abteilungen – Malerei und Skulptur, Druckgrafik und Buchillustration, Grafik, Architektur und Design, Fotografie, Film und Medien –, die sich wiederum auf sechs Ebenen im sogenannten David and Peggy Rockefeller Gallery Building verteilen. Dazu gibt es Säle für Wechselausstellungen und den neu gestalteten Rockefeller Sculpture Garden.

Der Rundgang beginnt mit Kunstwerken des Impressionismus, darunter Klassiker wie Van Goghs *Sternennacht*, Monets *Seerosen* oder *Der Tanz* von Matisse, Werke von Toulouse-Lautrec, Cézanne oder Gauguin. Den Expressionismus vertreten Werke von Kokoschka oder Kirchner. Natürlich fehlen kubistische Gemälde (von Severini, Boccioni, Carrà u.a.) ebensowenig wie bedeutende Arbeiten der russischen Avantgarde (Malewitsch, Lissitzky), Bilder von Mondrian, Picasso, Klimt, Matisse, Chagall oder Magritte sowie den Surrealisten (Dalí, Miró, Ernst). Zudem zeigt eine umfangreiche Sammlung Kunstwerke aus der zweiten Hälfte des 20. Jahrhunderts mit berühmten Namen wie Bacon, Pollock, de Kooning, Rothko, Jasper Johns, Rauschenberg, Lichtenstein, Warhol, Oldenburg oder Beuys.

Im ebenfalls sehenswerten Skulpturengarten steht u.a. die berühmte Ziege von Picasso. Die Foto- und die bedeu-

Museum of Modern Art

tenden Film- und Grafiksammlungen sollte man ebenfalls nicht versäumen. Am Ende lohnt ein Blick in einen der Museumsläden oder ein Besuch des vielgelobten Restaurants »The Modern«. Assoziiert mit dem MoMA ist das → P. S. I. Contemporary Art Center in Queens.

Museum of the Moving Image (Übersichtskarte, 35th Ave. / 37th St., Astoria – Queens; www.movingimage.us): Die Wurzeln des Museums reichen ins Jahr 1970 zurück. Damals wurden die historischen Kaufman Studios in ein Filmmuseum umgewandelt. Inzwischen grundlegend renoviert, werden auf verschiedenen Stockwerken anhand von interaktiven Ausstellungsstücken, Demonstrationen, Filmen, Modellen, Originalstücken, Kostümen und ganzen Bühnendekorationen die Geschichte und die einzelnen Phasen der Entstehung eines Films erläutert. Seit Frühjahr 2008 entsteht ein groß angelegter Anbau von Thomas Leeser.

Museum of Sex (MoSex) (II G3, 233 5th Ave. / 27th St., Gramercy; www.museumofsex.com): Eines der wohl ungewöhnlichsten Museen der Stadt ist das Museum of Sex (MoSex). 2002 eröffnet, hat es sich zum Ziel gesetzt, die Geschichte, Entwicklung und die kulturelle Bedeutung der menschlichen Sexualität zu beleuchten. Zu sehen sind neben einer kleinen Dauerausstellung interessante Wechselausstellungen, die sich zumeist aus der 15000 Objekte umfassenden Sammlung des MoSex speisen. Um keinen allzu profan-reißerischen Eindruck zu erwecken, ist der Eintritt relativ hoch, auch im Verhältnis zu Größe und Angebot.

National Academy Museum & School of Fine Arts (III M3, 1083 5th Ave. / 89th St., Upper East Side, Museum Mile; www.nationalacademy.org): Die National Academy Museum & School of Fine Arts an der Museumsmeile wurde 1825 von renommierten Künstlern gegründet. Sie ist die älteste derartige Organisation in den USA. 1940 zog man in das Haus des Kunstmäzens und Philanthropen Archer Huntington ein. Heute fungiert die

Institution als Ausbildungsstätte und Museum in einem. Über die Jahrzehnte ist eine Sammlung von über 8000 Gemälden, Zeichnungen und Skulpturen zusammengekommen. Schwerpunkt ist dabei die amerikanische Kunst vom 19. Jahrhundert bis zur Gegenwart. Darunter befinden sich beispielsweise Werke von Winslow Homer und Frank Lloyd Wright. Porträts aus der Federal Period sind ebenso vertreten wie Landschaften der Hudson River School, amerikanische Impressionisten, Surrealisten, Expressionisten, Pop Art und andere moderne Strömungen. Daneben finden Vorträge, Symposien, Touren und andere Programme statt, außerdem gibt es immer wieder interessante Wechselausstellungen.

National Museum of the American Indian (NMAI) – George Gustav Heye Center (I A3, 1 Bowling Green, Lower Manhattan; www.nmai.si.edu): Das George Gustav Heye Center of the National Museum of the American Indian (NMAI) in New York ist ein Ableger der Smithsonian Institution und damit eine »Filiale« des berühmten NMAI in der Hauptstadt Washington, D. C. Der Ableger befindet sich im historischen New Yorker Zollhaus, dessen zentrale Rotunde 1936 von dem Maler Reginald Marsh mit Wandgemälden, darunter Greta Garbo an Bord eines Schiffes, ausgestattet wurde.

1973 war die Zollbehörde aus dem Alexander Hamilton gewidmeten US Custom House ausgezogen, und 1994 trat das NMAI an seine Stelle. Benannt ist das Museum nach George Gustav Heye (1874–1957), dessen Privatsammlung von etwa 800 000 Stücken indianischer Kunst und Kunsthandwerk die Basis bildet. Seit der Eröffnung des National Museum of the American Indian 2004 in Washington finden im »George Gustav Heye Center« ausschließlich interessante Wechselausstellungen zur Geschichte und Kunst der Indianer statt. Außerdem gibt es Archive sowie ein vielseitiges Veranstaltungsprogramm, einen Laden und eine Bibliothek.

Neue Galerie, Museum for German and Austrian Art (III M3, 1048 5th Ave. / 86th St., Upper East Side, Museum Mile; www.neuegalerie.org): Deutsche und österreichische Kunst und Design stehen im Zentrum der »Neuen Galerie«. Im höchst eleganten Ambiente eines denkmalgeschützten Beaux-Arts-Gebäudes von 1914 werden seit 2001 auf zwei Etagen deutsche und österreichische Kunst und Kunsthandwerk von 1890 bis 1940 ausgestellt. Die Sammlung kam auf Initiative des aus Wien stammenden Kunsthändlers Serge Sabarsky und des amerikanischen Geschäftsmanns, Mäzens und Kunstsammlers Ronald S. Lauder zustande.

Das Erdgeschoss widmet sich dem Wiener Kunstschaffen um 1900, vor allem anhand von Beispielen bildender Kunst – mit Werken von Gustav Klimt, Egon Schiele, Oskar Kokoschka oder Alfred Kubin – sowie angewandter Kunst. Vertreten sind die Wiener Werkstätten mit Josef Hoffmann und Koloman Moser sowie Architekten wie Otto Wagner, Joseph Urban und Adolf Loos. Im Obergeschoss geht es um die deutsche Moderne mit Strömungen wie dem Blauen Reiter (Wassily Kandinsky, Paul Klee, August Macke, Franz Marc, Gabriele Münter), der Brücke (Erich Heckel, Ernst Ludwig Kirchner, Max Pechstein, Karl Schmidt-Rottluff), dem Bauhaus (Lyonel Feininger, Paul Klee, László Moholy-Nagy, Oskar Schlemmer) oder der Neuen Sachlichkeit (Otto Dix, George Grosz, Christian Schad). Die angewandte Kunst kommt anhand von Arbeiten des Werkbunds (Peter Behrens) und des Bauhauses (Marianne Brandt, Marcel Breuer, Ludwig Mies van der Rohe, Wilhelm Wagenfeld) zu Wort. Zur Pause lädt das Museumscafé ein, das an ein Wiener Kaffeehaus erinnert.

New Museum of Contemporary Art (I D3, 235 Bowery, Lower East Side; www.newmuseum.org): Nicht nur die Architektur ist sehenswert, sondern auch der Inhalt des New Museums, das zu den führenden Museen für zeitgenössische Kunst zählt. Außerdem steht es synonym für den Wandel der vormals vernachlässigten Lower East Side. Als die Institution zum 30jährigen Jubiläum 2007 aus der Prince Street in SoHo in die Bowery umzog, sollte bewusst ein Zeichen gesetzt werden.

Unter dem Slogan »New Art – New Ideas« werden auf insgesamt acht Etagen in mehreren Galerien Wechselausstellungen angeboten; eine permanente Sammlung gibt es nicht. 1977 von Marcia Tucker, einer vormaligen Kuratorin des Whitney Museum, ins Leben gerufen, fanden Ausstellungen zu Anfang in verschiedenen angemieteten Räumen statt. Dank einer Spende bezog man 1983 das Astor Building in SoHo (583 Broadway) und im selben Jahr sorgte die Teilnahme an der Biennale in Venedig mit der Ausstellung »Paradise Lost / Paradise Regained: American Visions of the New Decade« im American Pavillon für Aufsehen. Wegweisende Einzel- und Gruppenausstellungen folgten, und 1996 wurde das Museum renoviert und vergrößert. 2002 fiel dann die Entscheidung für einen Neubau der Tokioter Architekturfirma SANAA in der Bowery und dieser eröffnete am 1. Dezember 2007. Von der (nur an Wochenenden geöffneten) Dachterrasse bietet sich ein spektakulärer Ausblick auf das Viertel, es gibt eine Bibliothek, ein Café und einen großen Laden und dazu finden Workshops, Vorträge und Veranstaltungen statt.

New York City Fire Museum (I D2, 278 Spring St., SoHo; www.nycfiremuseum.org): Das NYC Fire Museum befindet sich in einer Feuerwache von 1904 im Beaux-Arts-Stil. Anhand von Ausstellungsstücken verschiedenster Art und Feuerwehr-Artefakten vom 18. Jahrhundert bis heute erfährt der Besucher viel über den Brandschutz in New York. Zu den Highlights des Museums gehört ein Feuerwehrgefährt von 1790, das zu den Ältesten in Nordamerika zählt.

New York City Police Museum (I B3, 100 Old Slip / South St., Lower Manhattan; www.nycpolicemuseum.org):

2002 ist das NYPD Museum in ein altes Polizeirevier, das zwischen 1884 und 1977 aufgrund seiner Lage zu den wichtigen der Stadt zählte, eingezogen. Eine der Hauptaufgaben des Museums ist die Erinnerung an die Ereignisse am 11. September 2001, daneben geben die einzelnen Abteilungen einen guten Überblick über die Geschichte der New Yorker Polizei (NYPD) seit ihrer Gründung 1845 sowie einen Einblick in Arbeitsweise und Aufgabenbereiche. Zugehörig ist ein Museumsladen mit Souvenirs des NYPD.

New York Hall of Science (Übersichtskarte, 47–01 111th St., Flushing Meadows-Corona Park, Queens; www.nyscience.org): In einem der wenigen erhaltenen Bauten der Weltausstellung von 1964 befindet sich New Yorks einziges interaktives Wissenschaftsmuseum für Kinder. Auch Erwachsenen wird es angesichts der etwa 400 Ausstellungsstücke, mit denen man »spielen« und entdecken kann, aber auch wegen der sehenswerten Cyberspace-Abteilung nicht langweilig. Neben Wechselausstellungen locken die permanenten Ausstellungen dieses Museums, das als eines der ersten in den 1980er Jahren seine Besucher an den Ausstellungsobjekten aktiv werden ließ. Neben »Cyberspace« gibt es Abteilungen wie »World of Microbes«, »Secret of Life«, »Search for Life beyond the Earth«, »Seeing the Light«, dazu einen Rocket Park (Raketen), eine Radiostation und eine »Technology Gallery«.

New-York Historical Society (III L2, 170 Central Park West / West 77th St., Upper West Side; www.nyhistory.org): Die 1804 gegründete New-York Historical Society widmet sich der Geschichte der Stadt und gibt die »Encyclopedia of New York City« heraus, das umfangreichste Werk über die Geschichte der Stadt. Neben einer großen Bibliothek betreibt der Verein ein sehenswertes historisches Museum am Rand des Central Park, in nächster Nähe zum American Museum of Natural History. Es ergänzt inhaltlich das → Museum of the City of New York.

Bereits im Gründungsjahr der Society eröffnet, gilt das Museum als ältestes der Stadt. Es beherbergt eine umfassende Sammlung historischer Gegenstände unterschiedlichster Genres sowie Kunsthandwerk, Skulpturen und Gemälde amerikanischer Künstler aus verschiedenen Jahrhunderten. Sehenswerte Sonderausstellungen ergänzen die Sammlung.

Besonders interessant ist das vierte Obergeschoss: Hier wurde das Magazin zum öffentlich zugänglichen Ausstellungsbereich umgestaltet und gibt Gelegenheit, hinter die Kulissen einer Sammlung zu blicken und einen Überblick über die Menge und Vielfalt des gesammelten Materials zu gewinnen. Ausgestellt sind in großen Regalen Alltagsgegenstände, Möbel, Silber, Tiffany-Lampen, Zeitungen, Speisekarten, Volkskunst, außerdem Fotos, Briefe, Gemälde und Architekturentwürfe. Im neu gestalteten Eingangsbereich befinden sich ein Café und ein exzellent sortierter Buchladen.

New York Transit Museum (Schermenhorn St. / Boerum Place, Brooklyn; www.mta.info/mta/museum): In einer aufgelassenen Subway-Station aus den 1930er Jahren, mitten in Brooklyn, erfährt der Besucher Wissenswertes über die Subway – über Planung, Technik, Bau und Arbeitsbedingungen. Der Bahnhof wirkt völlig realistisch, man spaziert über den Bahnsteig und begutachtet Subway-Züge aus verschiedenen Epochen.

Eine kleine Filiale dieses Museums, das sich mehr mit Zukunftsprojekten befasst, befindet sich in der Grand Central Station in Midtown Manhattan.

Onassis Cultural Center (www.onassisusa.org): siehe »Midtown«

The Paley Center for Media (IV J2, 25 West 52nd St., Midtown; www.paleycenter.org): Das vormalige »Museum of Television & Radio« – das einen weiteren Standort in Los Angeles unterhält – wurde 2007 in Erinnerung an William S. Paley, der 1975 die Sammlung gegründet hatte, zum

»Paley Center for Media«. Das Zentrum befasst sich mit fast hundert Jahren Radio- und Fernsehgeschichte. Rund 150 000 archivierte Programme (TV, Radio, Werbung) stehen in mehreren Studiotheatern zur Wahl und im Screening Room gibt es täglich wechselnde Sendungen zu sehen bzw. hören. Das Spektrum reicht von Nachrichten und Werbesendungen über Dokumentationen und Kindersendungen bis hin zu Sportberichterstattung, Comedy und Shows. Auch »lost programs«, wiederentdeckte Berichte bzw. Sendungen, werden hier aufbewahrt. Dazu kommen Wechselausstellungen, jährlich stattfindende Festivals, Workshops, Autogrammstunden u. a. Veranstaltungen.

P. S. 1 Contemporary Art Center (Übersichtskarte, 22–25 Jackson Ave. / 46th Ave., Long Island City, Queens; www.ps1.org): Das P. S. 1 Contemporary Art Center ist eine Zweigstelle des MoMA und befindet sich in einem alten Schulbau von 1894 in Long Island City (Queens). 1976 wurde auf Initiative einer Gruppe junger Künstler das Gebäude von 1894, das 1963 geschlossen worden war, mit Ausstellungssälen und Künstlerateliers ausgestattet. Das P. S. 1 entwickelte sich zum »Think Tank« und »Experimentierfeld« der aktuellen Kunstszene und als Playground für die verschiedensten modernen Genres.

2000 wurde das P. S. 1 Partner des MoMA und avancierte zu dessen zeitgenössischer und wohl innovativsten Abteilung. Es gilt noch als eines der »hippsten Museen der Welt«, nicht nur wegen seiner rund 50 Ausstellungen pro Jahr zu Themen zeitgenössischer Kunst, sondern auch wegen seiner Wochenendpartys im Innenhof und anderer Sommerevents.

Queens Museum of Art (QMA) (Übersichtskarte, New York City Building, Flushing Meadows-Corona Park, Queens; www.queensmuseum.org): Das Museum befindet sich im New York City Building, das für die Weltausstellung 1939 gebaut wurde und zwischen 1946 und 1950 als UNO-Sitz diente. In dem Museum ausgestellt sind Kunstwerke und Objekte, die im Zusammenhang mit den beiden New Yorker Weltausstellungen von 1939 und 1964 stehen, Hauptattraktion ist jedoch das größte Architekturmodell der Welt.

Seit Eröffnung des Museums 1972 gilt dieses für die zur Weltausstellung 1964 geschaffene »Panorama of the City of New York« als Besuchermagnet. Anhand von rund 895 000 Einzelteilen, in regelmäßigen Abständen aktualisiert, ergibt sich ein fantastischer, plastischer Überblick über die fünf Boroughs. Abgesehen von einer audiovisuellen Präsentation gibt es eine Ausstellung über den Schöpfer des Modells, Robert Moses. Bis 2011 soll das Museum umgebaut und erweitert werden, so dass dann eine Ausstellungsfläche von 9300 m² zur Verfügung stehen wird.

Rubin Museum of Art (RMA) (II F2, 1150 West 17th St. / 7th Ave., Chelsea; www.rmanyc.org): Das Rubin Museum of Art (RMA) ist etwas für Leute, die sich für asiatische Kunst interessieren. In einem ehemaligen Laden in Chelsea wurde 2004 diese Sammlung zur Kunst und Kultur des Himalaya eröffnet. Der Versicherungsunternehmer Donald Rubin und seine Frau Shelley hatten seit 1974 Gemälde, Skulpturen, Textilien und Drucke zu diesem Kulturkreis zusammengetragen. Das geografische Spektrum umfasst dabei die Region von Afghanistan im Nordwesten bis Myanmar (Burma) im Südosten, inklusive Tibet, Nepal, Mongolei, Bhutan; dazu kommen im weiterem Kontext Iran, Indien, China, Zentralasien und Südostasien.

Die Sammlung besteht aus über 2000 Arbeiten aller Genres (Malerei, Skulptur, Textilkunst, rituelle Objekte, Drucke) aus verschiedenen Jahrhunderten. Es handelt sich um jeweils mehrere Wechselausstellungen, die sich teils aus den eigenen Beständen rekrutieren. Ein Plus dieses Museums ist die gute didaktische Aufarbeitung des Materials und die sehr instruktiven »ExploreArt Galleries«, die in die Kunst dieser nicht allzu gut bekannten Region einführen. Bekannt wurde das Museum auch durch seine öffentlichen Programme, durch die Freitagabendkonzerte in der K2 Lounge, Filmvorführungen und Veranstaltungen verschiedenster Art.

Schomburg Center for Research in Black Culture (III Q2, 515 Malcolm X. Boulevard, Uptown/Harlem; www.nypl.org/locations/schomburg): Harlems großes Kulturzentrum geht aus einer Stiftung von 1926 von Arthur(o) Alfonso Schomburg (1874–1938) hervor und ist heute nominell Teil der New York Public Library. Schomburg war ein afroamerikanischer Bibliophiler, Philanthrop, Historiker und Literat, aber auch Bürgerrechtler, geboren als Sohn eines deutschen Vaters und einer dunkelhäutigen Mutter von den Virgin Islands. Er hatte die Verlagerung der Abteilung zu »Negro Literature, History and Prints« aus der 135th-Street-Filiale der New York Public Library nach Harlem veranlasst und fungierte zwischen 1932 und 1938 als Kurator des Centers.

Es gilt als größtes Forschungszentrum für afroamerikanische und afrikanische Kultur in den USA und war schon in den 1930er Jahren Zentrum der kulturellen Bewegung »Harlem Renaissance«. Es besteht aus mehreren Abteilungen – Kunst und Artefakte, Manuskripte und seltene Bücher, Filme und Tonaufnahmen, Fotos und Drucke – und das Archiv umfasst rund 3500 seltene Bücher und Pamphlete, 500 Manuskripte, Notenblätter, Fotos und Drucke, Tonbandaufzeichnungen, Musikaufnahmen und Videos. Dazu kommen eine Bibliothek mit mehr als 125000 Bänden und ein vielseitiges Programm an Ausstellungen, Veranstaltungen, Konzerten, Vorträgen und Lesungen.

Skyscraper Museum (I A2, 39 Battery Place, Lower Manhattan; www.skyscraper.org): Im Erdgeschoss des Ritz-Carlton Hotels, an der Südspitze Manhattans, ist in passendem modernen Rahmen – der Wolkenkratzer stammt vom Architekturbüro SOM – seit 2004 das Architekturmuseum zu Hause. 1996 als Institution gegründet, werden interessante Wechselausstellungen zu aktuellen

Architekturthemen gezeigt. Es geht um die Architekturgeschichte New Yorks, aber auch anderer Städte, um Bauten und Baumeister, Stadtplanung und Technik. Außerdem stehen Programme, wie Hands-on Workshops für Familien, Vorträge, Signierstunden oder Symposien auf dem Programm, und die Organisation gibt selbst Bücher heraus.

Zur Dauerausstellung gehören zwei hölzerne Miniatur-Modelle von Lower Manhattan und Midtown von Michael Chesko, eine Sammlung von Karten und Fotos von Lower Manhattan, vor allem des Hafenareals in den späten 1950er Jahren. Es gibt ein 1:500-Modell des derzeit welthöchsten Turmes, des Burj Dubai von SOM, zu sehen und eine Abteilung befasst sich mit dem World Trade Center Complex. Außerdem komplettiert eine Sammlung historischer Fotos von der Erbauung alter Wolkenkratzer, wie dem Singer Building, das Dargebotene.

Snug Harbor Cultural Center (www.snug-harbor.org): siehe »Greater New York, Staten Island«

South Street Seaport Museum (I B3, 12 Fulton St., Lower Manhattan; www.southstreetseaportmuseum.org): Das South Street Seaport Museum ist kein Museum im eigentlichen Sinne, es ist ein ganzer historischer Distrikt mit Schiffen und Schifffahrtsmuseum. Der Komplex markiert den Kern des New Yorker Hafenviertels im 19. Jahrhundert und erstreckt sich über insgesamt zwölf Häuserblocks. Im 18. Jahrhundert gehörte das gesamte Areal der Familie Schermerhorn, Seefahrer und Schiffsausrüster, und 1810 wurde der Gebäudeblock, der heute als »Schermerhorn Row« bekannt ist, erbaut.

1980 eröffnete das Museum, das 2001 umfassend renoviert wurde. Zu dessen Dauerausstellung gehören maritime Bilder, Seemotive, vor allem aus dem 19. Jahrhundert. Ein weiteres Highlight stellen die sogenannten Scrimshaws, Schnitzereien aus Walknochen, dar. Außerdem sind Memorabilien großer Ozeandampfer, Schiffsmodelle, Fo-

South Street Seaport

tos und Dokumente zu sehen. Ergänzend dazu steht an Pier 15 das Maritime Crafts Center, ein Workshop, in dem man Handwerkern bei der Fertigung von Galionsfiguren und Schiffsmodellen zusehen kann. Das Pilot House, eine Schiffsbrücke von einem Schlepper aus den 1920er Jahren, markiert das Zentrum des Areals auf Pier 16. Hier liegen auch einige zu besichtigende historische Schiffe vor Anker, die Hamburger Viermastbark »Peking« (1911), einst das zweitgrößte Segelschiff der Welt, das Feuerschiff »Ambrose« (1908) oder der Schoner »Pioneer«, 1885 in Pennsylvania als einer der letzten Schoner aus Stahl gebaut, um Sand zu Eisengießereien zu schaffen. Heute ist das Schiff zu Hafentouren im Einsatz. Der Schlepper »W. O. Decker« von 1930 wurde als schwimmender Leuchtturm vor New York eingesetzt.

Staten Island Institute of Arts and Sciences (SIIAS) (Übersichtskarte, 75 Stuyvesant Pl., Staten Island; www.

statenislandmuseum.org): Das auch unter dem Namen »Staten Island Museum« bekannte Institut wurde 1881 gegründet. Es informiert umfassend über Geschichte und Natur der Insel von den Indianern bis zur Neuzeit und ist deshalb beliebt bei Schulklassen. Interessant ist die Ausstellung zur Fährschifffahrt.

Statue of Liberty Museum (www.nps.gov/stli): siehe »Lower Manhattan«

Studio Museum Harlem (III Q2, 144 West 125th St., Uptown/Harlem; www.studiomuseum.org): Das Studio Museum in Harlem liegt an der Hauptachse des Viertels, der 125th Street. Es präsentiert vor allem in Wechselausstellungen zeitgenössische afroamerikanische und afrikanische Kunst und beherbergt außerdem ein großes Fotoarchiv mit historischen Aufnahmen von Harlem. Teile der Dauerausstellung der 1968 gegründeten Einrichtung, deren Ziel es ist, afroamerikanische Künstler und afrikanische Kunst und Kunsthandwerk bekannter zu machen und schwarzen Künstlern ein Forum zu geben, werden wechselweise gezeigt. Zum Bau gehören ein kleiner Skulpturengarten und seit kurzem ein Informationsstand der Stadt. Es finden regelmäßig öffentliche Programme, Workshops, Buchvorstellungen, Vorträge u. a. Veranstaltungen statt und es gibt ein »Artist-in-Residence«-Programm.

Theodore Roosevelt Birthplace National Historic Site (www.nps.gov/thrb): siehe »Lower East Side«

Tribute WTC Visitor Center (I B3, 120 Liberty St., Lower Manhattan; www.tributewtc.org): Das Tribute WTC Visitor Center ist ein kleines, aber sehenswertes Museum zu den Terroranschlägen auf das World Trade Center am 26. Februar 1993 und am 11. September 2001. Im Zentrum der Ausstellung steht die »Person to Person History«, d. h. der menschliche Aspekt. Die Initiative dafür kam von Mitgliedern der »September 11th Families Association«, einem Zusammenschluss von Betroffenen und Hinterbliebenen des Anschlags vom 11. September 2001. Lee Ielpi, dessen Sohn – ein Feuerwehrmann – damals ums Leben gekommen ist, war maßgeblich an der Einrichtung beteiligt.

Das Museum wurde bezeichnenderweise in einem Gebäude gegenüber »Ground Zero« eröffnet, in dem sich einst ein Delikatessengeschäft befand, das nach der Katastrophe als Verteilerstelle von Mahlzeiten und Hilfsgütern fungierte. Es verzeichnet seit seiner Eröffnung 2006 über 300 000 Besucher jährlich und kooperiert mit dem National September 11th Memorial and Museum at the World Trade Center, das voraussichtlich 2011 eröffnen und als nationale Gedenkstätte dienen soll.

Die Ausstellungsstücke auf rund 560 Quadratmetern im Erd- und Untergeschoss befassen sich mit Leuten, Orten und Ereignissen, doch nur am Rand mit den Katastrophen selbst. Zwar werden in einer Zeittafel die Ereignisse en détail aufgelistet, doch Betroffene und Nachwirkungen sowie Hilfsbereitschaft und mutiger Einsatz stehen im Vordergrund. In einem zentralen Raum wird anhand von Fotos und privaten Erinnerungsstücken der Opfer gedacht. Im Untergeschoss zeigt man hingegen Wechselausstellungen, die sich in erster Linie einem positiven Aspekt widmen, damit Besucher das Museum eher zuversichtlich als deprimiert verlassen.

Gleich neben der WTC Site gelegen, starten hier im Center auch empfehlenswerte Touren, die von einstigen Beteiligten – Familienangehörigen, Überlebenden oder Rettungskräften – durchgeführt werden. Diese Rundgänge geben den Guides selbst Gelegenheit, die Geschehnisse aufzuarbeiten, und daher berichten sie durchaus nicht nur über die Fakten, sondern sprechen auch über ihre persönlichen Erfahrungen.

Triennale di Milano New York (IV J2, 40 West 53rd St., www.triennalenyc.com): Gegenüber dem American Folk Art Museum eröffnete im September 2010 das Triennale Design Museum (40 W 53rd St.), eine Filiale des gleichnamigen Mailänder Museums, das sich auf vier Ebenen in Wechselausstellungen mit italienischer Kunst und Kultur beschäftigt. Ein existierender Bau wurde von den italienischen Architekten Michele de Lucchi und Pierluigi Cerri, in Zusammenarbeit mit New York Studio CUH2a, attraktiv umgestaltet.

Van Cortlandt House Museum (www.vancortlandt house.org): siehe »Greater New York, Bronx«

Whitney Museum of American Art (III L3, 945 Madison Ave., Upper East Side; www.whitney.org): Das Whitney Museum of American Art präsentiert Kunst des 20. und 21. Jahrhunderts und veranstaltet alle zwei Jahre im Frühjahr das »Whitney Biennial«, eine Ausstellung der aktuell bedeutendsten US-Künstler. Die Wurzeln des Museums gehen auf den Whitney Studio Club in Greenwich Village zurück, der 1918 von Gertrude Vanderbilt Whitney gegründet worden ist. Nachdem das MMA ihre Sammlung abgelehnt hatte, wurde 1930 ein eigenes Museum ins Leben gerufen, das sich seit 1966 in dem von Marcel Breuer entworfenen Bau befindet.

Zu einer Zeit, als amerikanische Künstler erstmals versuchten, sich von dem damals vorherrschenden Geschmack und von europäischen Einflüssen zu lösen, erhielten sie unter der Ägide von Gertrude Vanderbilt Whitney erstmals Gelegenheit, ihre Ideen öffentlich zu präsentieren. Viele Künstler, die später zu den bedeutendsten Vertretern zeitgenössischer amerikanischer Kunst des 20. Jahrhunderts zählten, zeigten ihre Werke erstmals im Rahmen der Whitney-Biennial-Ausstellung. Bekannte Beispiele sind Milton Avery, Edward Hopper, Andy Warhol oder Georgia O'Keeffe. Die in diesem Museum stattfindenden Ausstellungen waren und sind wegweisend für die moderne Kunstentwicklung.

Doch auch die Dauerbestände, die regelmäßig ausgetauscht und umgestellt werden, lassen sich sehen, gehören doch bedeutende Werke, u. a. eine große Sammlung von Edward Hopper, außerdem Werke von Alexander Calder, Louise Nevelson, Jasper Johns, Donald Judd, Bruce Nauman, Georgia O'Keeffe, Claes Oldenburg oder Andy Warhol zum Museum.

Es gibt außerdem Filmvorführungen und Veranstaltungen; zum Komplex gehört auch Sarabeth's Restaurant. In Planung ist ein Museumsableger im Meatpacking District (Gansevoort St., www.whitney.org/www/downtown_building_project/index.jsp) von Renzo Piano. Der berühmte italienische Architekt orientierte sich bei seinem Konzept am industriellen Charakter der Region mit ihren alten Backsteinbauten. Die Ausstellungsfläche wird der amerikanischen Kunst des 20./21. Jahrhunderts und Wechselausstellungen gewidmet sein, zugehören sollen eine Bibliothek, Werkstätten, ein Restaurant, ein Bookstore und eine frei zugängliche Galerie in der Lobby.

Anhang

Karte I

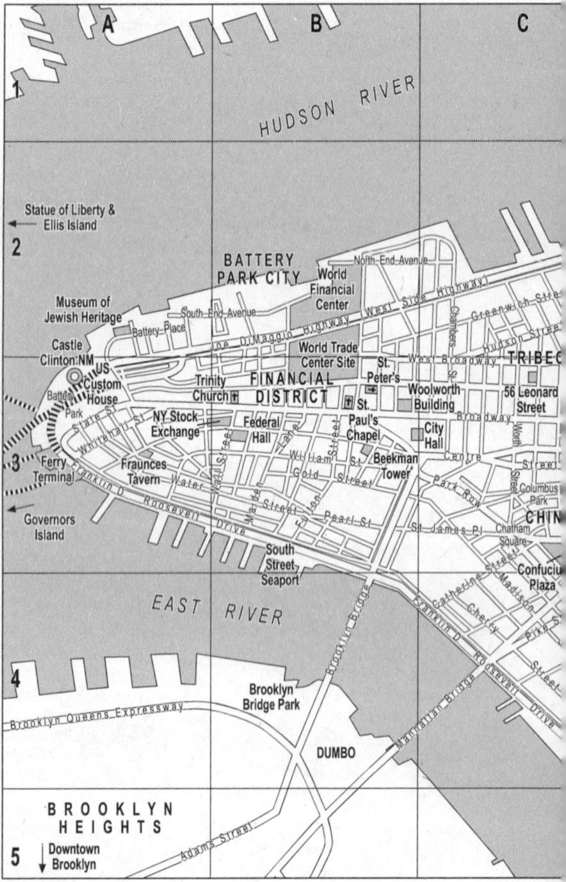
A
B
C
1
2
3
4
5
HUDSON RIVER
Statue of Liberty &
Ellis Island
BATTERY
PARK CITY
World
Financial
Center
North End Avenue
West Side Highway
Museum of
Jewish Heritage
South End Avenue
Battery Place
Joe DiMaggio Highway
Chambers St.
Greenwich Street
Hudson Street
Castle
Clinton NM
US
Custom
House
World Trade
Center Site
St.
Peter's
West Broadway
TRIBEC
Battery
Park
State St
Whitehall St
Trinity
Church
FINANCIAL
DISTRICT
St.
Paul's
Chapel
Woolworth
Building
56 Leonard
Street
NY Stock
Exchange
Federal
Hall
Broadway
City
Hall
Worth
Ferry
Terminal
Fraunces
Tavern
Wall Street
Nassau Street
William St.
Beekman
Tower
Centre
Street
Gold Street
Water
Franklin D. Roosevelt Drive
Maiden Lane
Fulton
Pearl St
Park Row
Columbus
Park
Governors
Island
St James Pl
Chatham
Square
CHIN
South
Street
Seaport
Catherine Street
Madison
Confuciu
Plaza
EAST RIVER
Brooklyn Bridge
Cherry
Pike S
Franklin D. Roosevelt Drive
Street
Manhattan Bridge
Brooklyn
Bridge Park
Brooklyn Queens Expressway
DUMBO
BROOKLYN
HEIGHTS
Adams Street
Downtown
Brooklyn

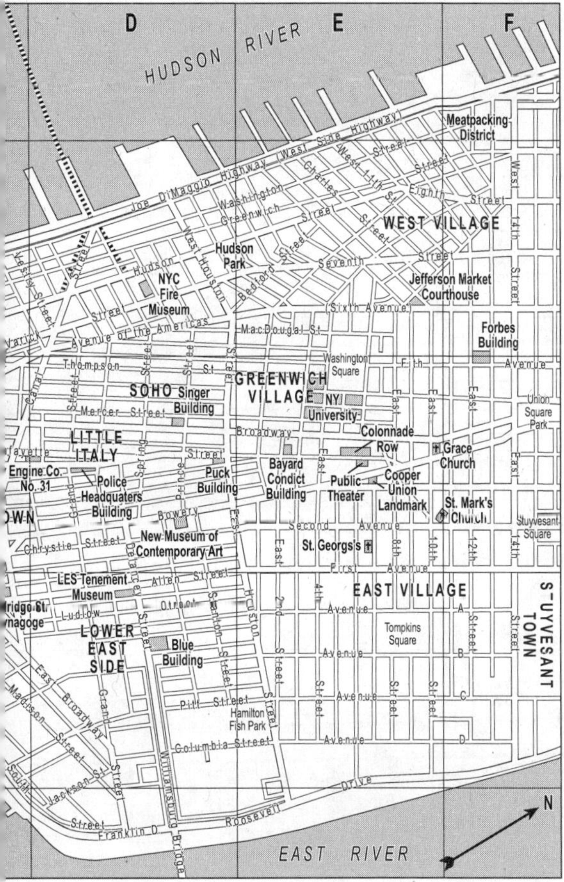
D
E
F
HUDSON RIVER
Joe DiMaggio Highway (West Side Highway)
Meatpacking District
West 11th Street
Charles Street
Washington
Greenwich Street
Eighth Street
West 14th Street
WEST VILLAGE
Hudson Park
Bedford Street
Seventh
Jefferson Market Courthouse
(Sixth Avenue)
Hudson Street
NYC Fire Museum
West Houston
Avenue of the Americas
MacDougal St
Varick
Canal Street
Thompson St
Forbes Building
Fifth Avenue
Washington Square
GREENWICH VILLAGE
NY University
SOHO
Singer Building
Mercer Street
Union Square Park
LITTLE ITALY
Broadway
Colonnade Row
Grace Church
Lafayette Street
Engine Co. No. 31
Police Headquaters Building
Spring Street
Prince Street
Puck Building
Bayard Condict Building
Public Theater
Cooper Union Landmark
St. Mark's Church
Stuyvesant Square
Bowery
Second Avenue
New Museum of Contemporary Art
Chrystie Street
Delancey Street
St. Georgs's
East 2nd Street
East 4th Street
East 8th Street
East 10th Street
East 12th Street
East 14th Street
First Avenue
EAST VILLAGE
STUYVESANT TOWN
LES Tenement Museum
Allen Street
Stanton Street
Houston
Ludlow
Avenue A
Avenue B
Avenue C
Avenue D
Tompkins Square
LOWER EAST SIDE
Blue Building
Pitt Street
Hamilton Fish Park
Columbia Street
East Broadway
Madison Street
Grand Street
Jackson St
South Street
Franklin D. Roosevelt Drive
Williamsburg Bridge
EAST RIVER
N

Karte II

HUDSON RIVER
G
H
1
2
3
4
Joe DiMaggio Highway (West Side Highway)
Chelsea Piers
Jacob Javits Convention Center
Chelsea-Art Museum
HL 23
High Line Park
Eleventh Avenue
Tenth Avenue
Ninth Avenue
Eighth Avenue
Seventh Avenue
Avenue of the Americas (Sixth Avenue)
Fifth Avenue
Madison Avenue
Park Avenue South
Lexington Avenue
Third Avenue
Second Avenue
First Avenue
Empire Diner
Chelsea Market
CHELSEA
Chelsea Hotel
General Post Office
Madison Square Garden
St. John
Penn Station
GARMENT DISTRICT
Macy's
NY Times Building
Times Squ
New 42nd Street
Bryant Park
NY Public Library
Bank Ameri Buildi
Empire State Building
Morgan Library & Museum
Broadway
Flatiron Building
Madison Square Park
Museum of Sex
Theodore Roosevelt Birthplace
Church of Incarnation
Grand Cen Station
Chrysler Building
425 Lexing Stree
Daily News Building
Pete's Tavern
Gramercy Park
GRAMERCY
Hotel 17
Sniffen Court
MURRAY HILL
Tudor City
Unit
STUYVESANT TOWN
Franklin D. Roosevelt Drive
EAST RIVER
West 30th Street
West 34th Street
West 39th Street
West 42nd Street
West 23rd Street
West 27th Street
West 19th Street
East 18th St
East 23rd Street
East 28th St
East 30th Street
East 34th Street
East 39th Street
East 42nd St

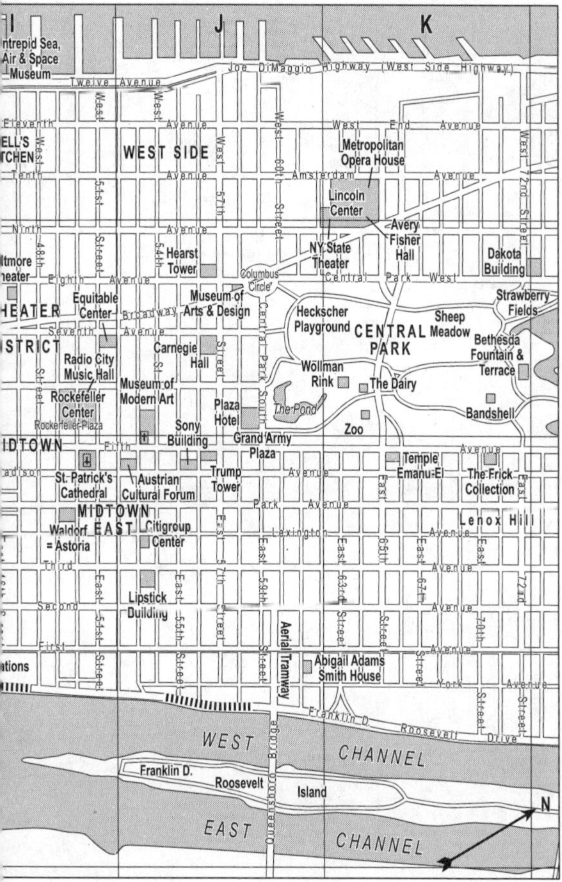

I
J
K
Intrepid Sea, Air & Space Museum
Joe DiMaggio Highway (West Side Highway)
Twelve Avenue
Eleventh Avenue
West End Avenue
HELL'S KITCHEN
WEST SIDE
Metropolitan Opera House
Tenth Avenue
Amsterdam Avenue
Lincoln Center
Avery Fisher Hall
NY State Theater
Ninth Avenue
Hearst Tower
Dakota Building
Columbus Circle
Eighth Avenue
Central Park West
Museum of Arts & Design
Equitable Center
Broadway
Strawberry Fields
Heckscher Playground
CENTRAL PARK
Sheep Meadow
Seventh Avenue
Bethesda Fountain & Terrace
Carnegie Hall
Radio City Music Hall
Wollman Rink
The Dairy
Rockefeller Center
Rockefeller Plaza
Museum of Modern Art
Plaza Hotel
The Pond
Bandshell
Sony Building
Zoo
Grand Army Plaza
MIDTOWN
Fifth Avenue
Temple Emanu-El
The Frick Collection
St. Patrick's Cathedral
Austrian Cultural Forum
Trump Tower
Madison Avenue
Park Avenue
MIDTOWN EAST
Lenox Hill
Waldorf = Astoria
Citigroup Center
Lexington Avenue
Third Avenue
Lipstick Building
Second Avenue
First Avenue
York Avenue
Aerial Tramway
Abigail Adams Smith House
West 48th Street
West 51st Street
West 54th Street
West 57th Street
West 60th Street
West 72nd Street
Central Park South
East 51st Street
East 55th Street
East 57th Street
East 59th Street
East 63rd Street
East 65th Street
East 67th Street
East 70th Street
East 72nd Street
Franklin D. Roosevelt Drive
WEST CHANNEL
Queensboro Bridge
Franklin D. Roosevelt Island
EAST CHANNEL
N

Karte III

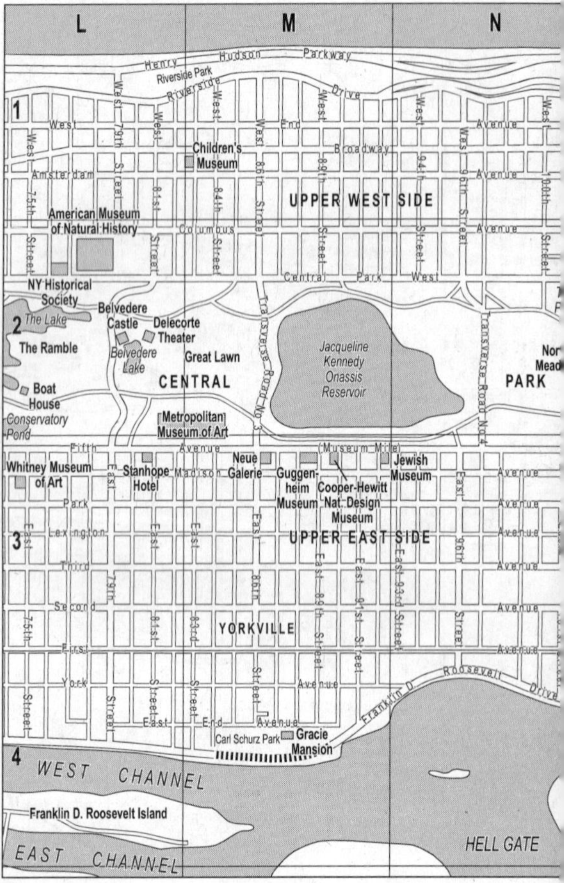
L
M
N
1
2
3
4
Henry Hudson Parkway
Riverside Park
Riverside Drive
West End Avenue
Broadway
Amsterdam Avenue
Columbus Avenue
Central Park West
West 75th Street
West 79th Street
West 81st Street
West 84th Street
West 86th Street
West 89th Street
West 94th Street
West 96th Street
West 100th Street
Children's Museum
UPPER WEST SIDE
American Museum of Natural History
NY Historical Society
The Lake
The Ramble
Belvedere Castle
Delecorte Theater
Belvedere Lake
Great Lawn
CENTRAL
PARK
Transverse Road No 3
Transverse Road No 4
Jacqueline Kennedy Onassis Reservoir
Boat House
Conservatory Pond
Metropolitan Museum of Art
Fifth Avenue
(Museum Mile)
Madison Avenue
Park Avenue
Lexington Avenue
Third Avenue
Second Avenue
First Avenue
York Avenue
East End Avenue
Whitney Museum of Art
Stanhope Hotel
Neue Galerie
Guggenheim Museum
Cooper-Hewitt Nat. Design Museum
Jewish Museum
UPPER EAST SIDE
YORKVILLE
East 75th Street
East 79th Street
East 81st Street
East 83rd Street
East 86th Street
East 89th Street
East 91st Street
East 93rd Street
East 96th Street
Franklin D. Roosevelt Drive
Carl Schurz Park
Gracie Mansion
WEST CHANNEL
Franklin D. Roosevelt Island
EAST CHANNEL
HELL GATE

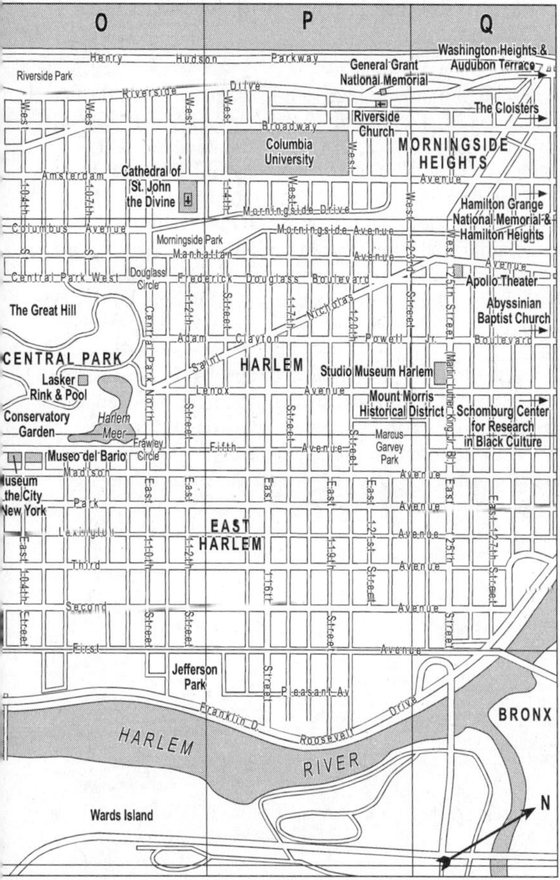
O
P
Q
Henry Hudson Parkway
Riverside Park
Riverside Drive
General Grant National Memorial
Washington Heights & Audubon Terrace
The Cloisters
Riverside Church
Broadway
Columbia University
MORNINGSIDE HEIGHTS
Amsterdam Avenue
Cathedral of St. John the Divine
Morningside Drive
Morningside Avenue
Hamilton Grange National Memorial & Hamilton Heights
Columbus Avenue
Morningside Park
Manhattan Avenue
Central Park West
Douglass Circle
Frederick Douglass Boulevard
Apollo Theater
Saint Nicholas
Abyssinian Baptist Church
The Great Hill
Adam Clayton Powell Jr. Boulevard
CENTRAL PARK
HARLEM
Studio Museum Harlem
Lasker Rink & Pool
Lenox Avenue
Mount Morris Historical District
Schomburg Center for Research in Black Culture
Conservatory Garden
Harlem Meer
Central Park North
Frawley Circle
Fifth Avenue
Marcus Garvey Park
Museo del Bario
Madison Avenue
Park Avenue
Lexington Avenue
Third Avenue
Second Avenue
First Avenue
EAST HARLEM
Jefferson Park
Pleasant Av
Franklin D. Roosevelt Drive
BRONX
HARLEM RIVER
Wards Island
N
West 104th St
West 107th St
West 112th Street
West 114th
West 117th Street
West 120th Street
West 123rd Street
West 125th Street (Martin Luther King Jr. Bl.)
East 104th Street
East 110th Street
East 112th Street
East 116th
East 119th Street
East 121st Street
East 125th Street
East 127th Street

Nachweis der Karten und Abbildungen

Gerhard Baumann: S. 102, 156 – Margit Brinke und Peter Kränzle: S. 30, 47, 64, 73, 78, 94, 109, 119, 121, 134, 139, 152, 160, 165, 170, 177, 188, 199, 208, 221, 240, 251 – Roland Geyer Grafik Design / www.roland-geyer.de: S. 117, 178 – Lewis Hine, 1931. George Eastman House: S. 18 – Picture Collection, The New York Public Library, Astor Lenox and Tilden Foundations: S. 56, 130 – Anna Schulze, Hannover: S. 258–263 – Anna Schulze, Hannover, und Klaus Kühner, Hüttenwerke: Karten in den Umschlagklappen

Der Verlag Philipp Reclam jun. dankt den Rechteinhabern für die Reproduktionsgenehmigung. Nicht nachgewiesene Abbildungen entstammen dem Archiv des Verlags. In einigen Fällen konnten die Rechteinhaber nicht ermittelt werden. Hier ist der Verlag bereit, nach Anforderung rechtmäßige Ansprüche abzugelten.

Weiterführende Informationen

Literaturhinweise

AIA Guide to New York. Oxford [5]2010. (Oxford University Press.) [Umfassender Führer zur Architektur der Stadt.]

J. Anderson: This was Harlem. A cultural portrait, 1900–1950. New York 1982.

Appleton's Dictionary of New York and its Vicinity. New York 1892. – Neu aufgelegt als: Appleton's Dictionary Of Greater New York And Its Neighborhood. Ann Arbor 2006. [Immer noch lesenswerter erster Reiseführer über die Stadt.]

G. Arndt: Spaziergänge durch das literarische New York. Zürich/Hamburg 1997.

K. Ascher: The Works: Anatomy of a City. New York 2005. [Interessantes und gut illustriertes Buch über die Infrastruktur New Yorks.]

S. Aust / C. Schnibben (Hrsg.): 11. September. Geschichte eines Terrorangriffs. Hamburg 2002.

P. Auster: The New York Trilogy. London 1987. – Dt.: Die New-York-Trilogie. Reinbek 1989.

M. Brinke / P. Kränzle: City Guide New York City. Bielefeld 2010. [Wird jährlich aktualisiert.]

– / – CityTrip New York. Bielefeld 2010.

M. Campbell [u. a.]: Harlem Renaissance Art of Black America. New York 1987.

J. Dos Passos: Manhattan Transfer. New York 1925. Dt.: Manhattan Transfer. Hamburg 1966.

A. L. Huxtable: On Architecture. Collected Reflections on a Century of Change. New York 2008. [Lesenswerte Gedanken zur Baukunst von der angesehenen Architekturkritikerin der New York Times.]

K. T. Jackson (Hrsg.): The Encyclopedia of New York City. New York [2]2009.

H. Klotz (Hrsg.): New York Architecture 1970–90. Ausstellungskatalog des Deutschen Architekturmuseums Frankfurt. Frankfurt a. M. 1989.

E. Barlow Rogers: Frederick Law Olmsted's New York. (Whitney Museum) New York 1972.

Arthur Schwartz's New York City Food. New York 2008. [Lesenswerte Einführung in die kulinarische Szene und Besonderheiten.]
C. Thomas: New York Sleeps. München 2009.

Internetseiten

Webpage von NYC & Company, des New Yorker Tourismusamtes – mit Infos, Tipps, Veranstaltungen und Wissenswertem:
www.nycgo.com
Deutschsprachige Version obiger Webpage von NYC & Company:
www.nycgo.com/de
Webseite des American Institute of Architects, New York Chapter – Informationen zu Architektur, Vierteln und Bauten:
http://main.aiany.org
Webpage der Landmarks Preservation Commission – Überblick über alle denkmalgeschützten Bauten der Stadt:
www.nyc.gov/html/lpc/html/home/home.shtml
Zur Neubebauung der World Trade Center Site:
www.panynj.gov/wtcprogress/index.html (zum Baufortschritt)
www.wtc.com (World Trade Center)
www.national911memorial.org (National September 11 Memorial & Museum)
Seite der Lower Manhattan Development Corporation zu Projekten und Programmen zur Reanimierung Lower Manhattans:
www.renewnyc.com
Webpage der Nationalparks in New York (National Parks of New York Harbor):
www.nps.gov/npnh
Webpage mit Auflistung der Museen der Stadt und des Großraums mit Links:
www.ny.com/museums/all.museums.html
Webpage zur Lower East Side:
www.lowereastsideny.com
Webpage zur Chinatown:
www.explorechinatown.com
Interessante Informationen zum Times Square:
www.timessquarenyc.org

Webseite des New York Department of Parks And Recreation (öffentliche Parkverwaltung):
www.nycparks.org

Hilfreich in Sachen »Veranstaltungen«:
www.newyork.de (Rubrik »Events«) bzw.
www.nycgo.com/events
Außerdem hilft die Freitagsbeilage der *New York Times* (»Weekend Guide«) oder auch das Wochenmagazin *Time Out* mit aktuellem Veranstaltungskalender weiter.

Objektregister

Personenregister

Zu den Autoren

MARGIT BRINKE und PETER KRÄNZLE sind promovierte Klassische Archäologen (mit Nebenfächern Kunstgeschichte und Alte Geschichte) und seit über 15 Jahren als freie Buchautoren und Journalisten in Bürogemeinschaft tätig. Sie arbeiten regelmäßig für verschiedene Magazine, Tageszeitungen und Webseiten und haben in verschiedenen Buchverlagen, u. a. Bruckmann, Reise Know-How, Iwanowski's und Copress, bereits über 60 Titel zu Reise, Sport und Kultur, mit Schwerpunkt Nordamerika, publiziert. Bei Reclam liegt von ihnen bereits der Titel *Rom. Ein archäologischer Führer* vor.